Vorwort

Liebe Leserin, lieber Leser,

solide Kenntnisse in der Anwendung der PC-Standardsoftware werden heutzutage in nahezu jedem Beruf benötigt und sind daher auch wichtiger Bestandteil der modernen Berufsbilder. Mit dem dir vorliegenden Buch eignest du dir diese Kenntnisse an. Die Inhalte sind am Lehrplan (Syllabus) des ECDL® ausgerichtet. Der ECDL® ist eine Zertifizierung der internationalen ECDL® Foundation für Anwender der Standardsoftware. Der Lehrplan ist zum Download auf der Website der DLGI verfügbar. In Deutschland ist die DLGI die einzige Akkreditierungs- und Zertifizierungsstelle für den ECDL®: **www.dlgi.de**

In diesem Buch werden alle Inhalte für die jeweiligen Modul-Prüfungen vermittelt, auf die dieses Buch vorbereitet. Das ECDL®-Zertifikat bescheinigt dem Absolventen, dass er die an einem PC-Arbeitsplatz üblicherweise eingesetzte Standardsoftware sicher beherrscht und über die dafür erforderlichen IT-Kenntnisse verfügt. ECDL®-Prüfungen können abgelegt werden zu den Modulen:

1. Grundlagen der Informationsverarbeitung (IT),
2. Betriebssysteme,
3. Textverarbeitung,
4. Tabellenkalkulation,
5. Datenbanken,
6. Präsentation und
7. Internet/Kommunikation.

Nach vier bestandenen Modulprüfungen wird das ECDL®-Start-Zertifikat ausgestellt, nach sieben das ECDL®-Core-Zertifikat.

Der ECDL® als umfassende Grundqualifizierung bietet einen in der Wirtschaft anerkannten Nachweis. Weltweit haben bereits **mehrere Millionen Teilnehmer/-innen** in 148 Ländern ein ECDL®-Zertifikat erhalten.

Du kannst in Deutschland an **mehr als 1.400 ECDL®-Prüfungszentren die Prüfungen zum ECDL® absolvieren**. Eine Übersicht über die Prüfungszentren findest du ebenfalls auf der Website der DLGI: **www.dlgi.de**

Viel Freude beim Lernen und viel Erfolg für deine berufliche Zukunft
wünscht dir

Thomas Michel, FBCS
Geschäftsführer der DLGI

Inhalt

 Windows 7

1	Willkommen zu Windows 7	9
2	Computer-Fenster öffnen	14
3	Programme bedienen	20
4	Dateien und Ordner verwalten	26
5	Dateieigenschaften anzeigen	32
6	Dateien suchen	37
7	Dateien sichern und komprimieren	41
8	Programme und Geräte installieren	44
9	Probleme beheben	49
10	Windows anpassen	55

 Word 2010

1	Willkommen zu Word 2010	61
2	Dokumente anlegen, öffnen und bearbeiten	67
3	Eingabe- und Korrekturhilfen nutzen	70
4	Zeichen formatieren	76
5	Absätze formatieren	79
6	Listen und Hervorhebungen erzeugen	83
7	Dokumente formatieren	89
8	Tabellen bearbeiten	93
9	Bilder und Diagramme bearbeiten	97
10	Dokumente drucken und exportieren	102
11	Serienbriefe erzeugen	106
12	Word anpassen	112

Excel 2010

1 Willkommen zu Excel 2010 117

2 Tabellen mit Inhalt füllen 126

3 Zellen formatieren 130

4 Mit Formeln rechnen 137

5 Funktionen nutzen 141

6 Zahlen in Diagrammen darstellen 147

7 Große Tabellen bearbeiten 155

8 Arbeitsmappen und Arbeitsblätter verwalten 160

9 Arbeitsmappen drucken 163

10 Excel anpassen und Hilfe nutzen 168

PowerPoint 2010

1 Willkommen zu PowerPoint 2010 173

2 Präsentationen bearbeiten 180

3 Text bearbeiten 184

4 Bilder und Zeichnungen einfügen 192

5 Diagramme einfügen 200

6 Folien übergreifend bearbeiten 207

7 Effekte anwenden 209

8 Präsentationen fertig stellen 211

9 PowerPoint anpassen 215

Stichwortverzeichnis 218

Einleitung

Was bedeutet ECDL Start?

ECDL Start ist ein Zertifikat (Nachweis), das dir bescheinigt, dass du dich gut mit dem Computer auskennst. Es eignet sich ideal, um dich auf deinen Berufseinstieg vorzubereiten. Um den ECDL Start bestehen zu können, musst du in vier Themengebieten (**Module**) fit sein. Das vorliegende Buch hilft dir dabei, indem es dich mit den folgenden Modulen vertraut macht:

1. Windows 7
2. Word 2010
3. Excel 2010
4. PowerPoint 2010

Das brauchst du:

- Computer mit Bildschirm, Tastatur, Maus und Drucker
- Microsoft Windows 7
- Microsoft Office 2010 bzw. Word 2010, Excel 2010 und PowerPoint 2010

Kennzeichnungen und Symbole in diesem Buch

ℹ️	Gut zu wissen	Menübefehle und Namen, z. B. von Bedienelementen, sind kursiv.	*Abbrechen*
Bsp.	Beispiel	Wichtige Begriffe, die du dir merken solltest, sind fett.	**Zwischenablage**
👉	Tipp, um Zeit zu sparen	Müssen Bedienelemente in einer bestimmten Reihenfolge angeklickt werden, ist die Schrittfolge mit Ziffern gekennzeichnet.	2 **Bild anklicken**
❗	Wichtiger Hinweis		

Mausbedienung

Dieses Buch geht davon aus, dass du grundlegende Maustechniken wie z. B. den Doppelklick beherrschst. Falls du aufgefordert wirst, etwas anzuklicken, drückst du immer die linke Maustaste. Die rechte Maustaste verwendest du nur, wenn dies ausdrücklich im Text vermerkt ist.

Mögliche Einschränkungen

Bei Computern, die in der Schule oder in Workshops genutzt werden, können bestimmte Funktionen aus Sicherheitsgründen gesperrt oder nur eingeschränkt nutzbar sein. Dann ist es möglich, dass einige der in diesem Buch beschriebenen Schritte nicht durchführbar sind. Wende dich in einem solchen Fall an deinen Lehrer bzw. Kursleiter.

Windows 7

Windows 7

Inhalt

1 Willkommen zu Windows 7   **9**
Was ist Windows 7? 9
Computer einschalten 9
Desktophintergrund ändern 10
Bildschirmschoner einstellen 12
Desktopsymbole verschieben 13
Computer ausschalten 13
Zusammenfassung 13

2 Computer-Fenster öffnen   **14**
Übersicht 14
Computer-Fenster öffnen 14
Bedienelemente kennenlernen 15
Fenster verschieben 16
Fensterstatus ändern 16
Fenster vergrößern oder verkleinern 16
Zwischen Fenstern wechseln 17
Funktion des Computer-Fensters 17
Inhalt eines Laufwerks anzeigen 18

3 Programme bedienen   **20**
Übersicht 20
Editor starten 20
Datei erstellen 21
Menü bedienen 21
Datei speichern 23
Datei öffnen 24
Editor beenden 25

4 Dateien und Ordner verwalten   **26**
Übersicht 26
Benutzerdateien-Ordner aufrufen 26
Anderen Speicherort aufrufen 26
Speicherort beim Öffnen oder Speichern wählen 27
Ordner erstellen 28
Ordner/Datei per Maus kopieren oder verschieben ... 28
Ordner/Datei über die Zwischenablage bewegen 29
Ordner/Datei/Verknüpfung löschen 30
Ordner/Datei wiederherstellen 30
Papierkorb leeren 30
Mehrere Objekte auswählen 31

5 Dateieigenschaften anzeigen   **32**
Übersicht 32
Dateinamenerweiterung einblenden 32
Dateitypen kennen 33
Eigenschaften eines Ordners anzeigen 34
Objekt umbenennen 34
Eigenschaften einer Datei anzeigen 35
Ordner/Dateien sortiert anzeigen 36

6 Dateien suchen   **37**
Übersicht 37
Laufwerke/Ordner durchsuchen 37
Nach Dateigröße suchen 38
Nach Datum suchen 38
Weitere Suchfilter verwenden 39
Über das Startmenü suchen 39
Zuletzt benutzte Dateien und Ordner anzeigen 40
Verknüpfung erstellen 40

7 Dateien sichern und komprimieren   **41**
Übersicht 41
Sicherheitskopie erstellen 41
Wechselmedium formatieren 41
Dateien platzsparend archivieren 42
Ordner oder Datei komprimieren 42
Komprimierte Datei auspacken 43

8 Programme und Geräte installieren   **44**
Übersicht 44
Systeminformationen abrufen 44
Programm installieren 44
Programm entfernen 46
Drucker installieren 46
Standarddrucker ändern 48

9 Probleme beheben   **49**
Übersicht 49
Programm abbrechen 49
Windows neu starten 50
Screenshot erstellen 50
Screenshot in WordPad einfügen 51
Fehlerbeschreibung ausdrucken 52
Druckerstatus kontrollieren 53
Was sind Computerviren? 53
Viren erkennen 54
Ordner oder Datei auf Viren prüfen 54

10 Windows anpassen   **55**
Übersicht 55
Datum und Zeit einstellen 55
Lautstärke einstellen 56
Tastatursprache ändern 56
Design ändern 56
Farbschema ändern 57
Bildschirmauflösung ändern 57
Windows-Hilfe bedienen 58

1   Willkommen zu Windows 7

Was ist Windows 7?

Damit ein Computer funktionieren kann, benötigt er ein spezielles Programm, das sogenannte **Betriebssystem**. Das Betriebssystem bildet die Grundlage für alle Anwendungen, die auf dem Computer laufen. Ein Betriebssystem

- hilft beim Speichern und Verwalten der Daten
- vereinheitlicht die Bedienung
- stellt oft benötigte Funktionen bereit
- stellt die Verbindung zwischen den Programmen und deinem Computer her

Ein bekanntes Betriebssystem ist **Windows 7**. Dieses Kapitel erklärt dir, wie man das Arbeiten mit einem Computer, auf dem Windows 7 läuft, beginnt und beendet.

Computer einschalten

Windows wird nach dem Einschalten des Computers automatisch gestartet.

- ▶ Schalte den Bildschirm ein.
- ▶ Schalte den Computer ein.

Das Starten des Betriebssystems wird **Booten** genannt:

Nach etwa einer Minute siehst du den sogenannten **Anmeldebildschirm**. Auf dem Anmeldebildschirm musst du deinen **Benutzernamen** anklicken, gegebenenfalls ein **Kennwort** eingeben und ⏎ drücken.

 Wenn am Computer nur ein einzelner Benutzer ohne Kennwort angelegt ist, zeigt Windows 7 keinen Anmeldebildschirm an.

Sobald der **Desktop** zu sehen ist, ist Windows betriebsbereit.

Der Desktop ist der Ausgangspunkt für viele Aktivitäten am Computer. Er besteht aus den folgenden Elementen:

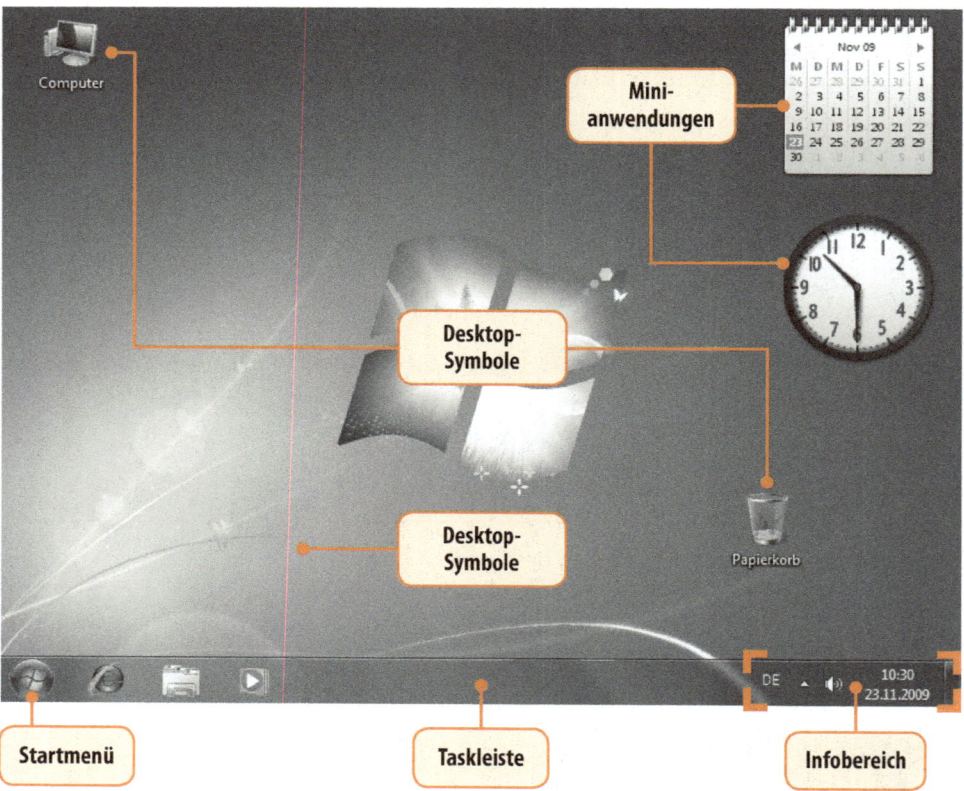

Möglicherweise sieht der Desktop deines Computers anders aus. Du kannst das Erscheinungsbild des Desktops nämlich nach Belieben ändern, z. B. indem du die **Symbole** (auch **Icons** genannt) verschiebst oder ein anderes Bild als Hintergrund wählst. Außerdem kannst du bestimmen, welche Symbole auf dem Desktop angezeigt werden.

Desktophintergrund ändern

▶ Klicke mit der rechten Maustaste auf eine freie Stelle des Desktops.

Das, was du nun siehst, nennt man **Kontextmenü**:

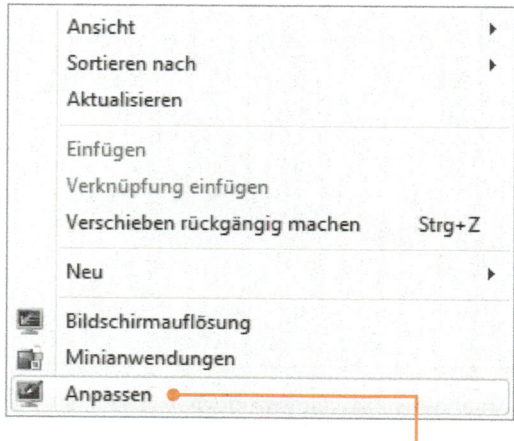

▶ Klicke im Kontextmenü auf *Anpassen*.

▶ Klicke unten im Fenster auf *Desktophintergrund*.

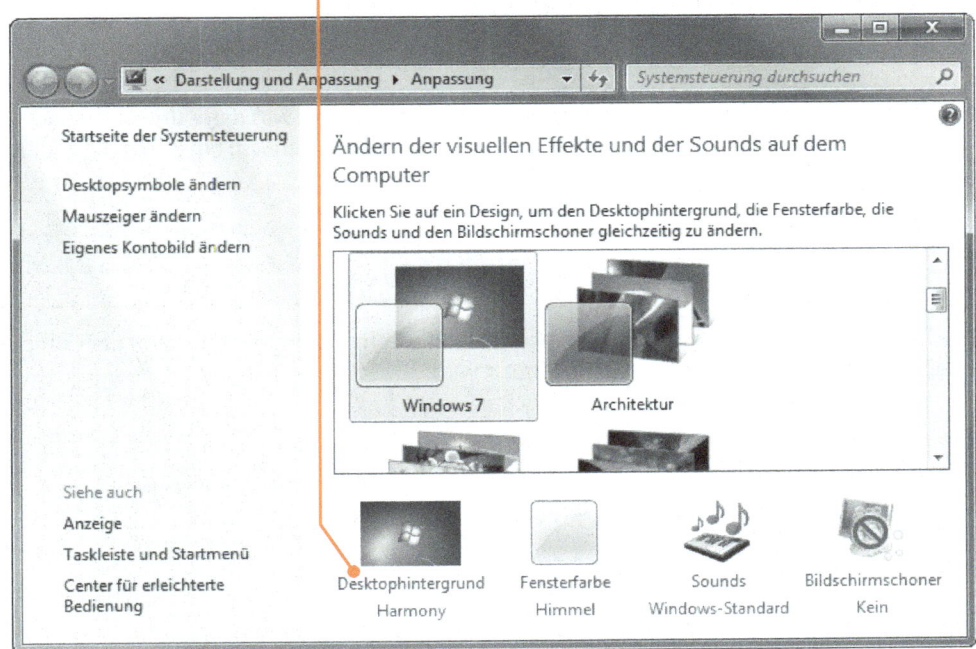

Nun kannst du ein anderes Bild oder einen einfarbigen Hintergrund auswählen:

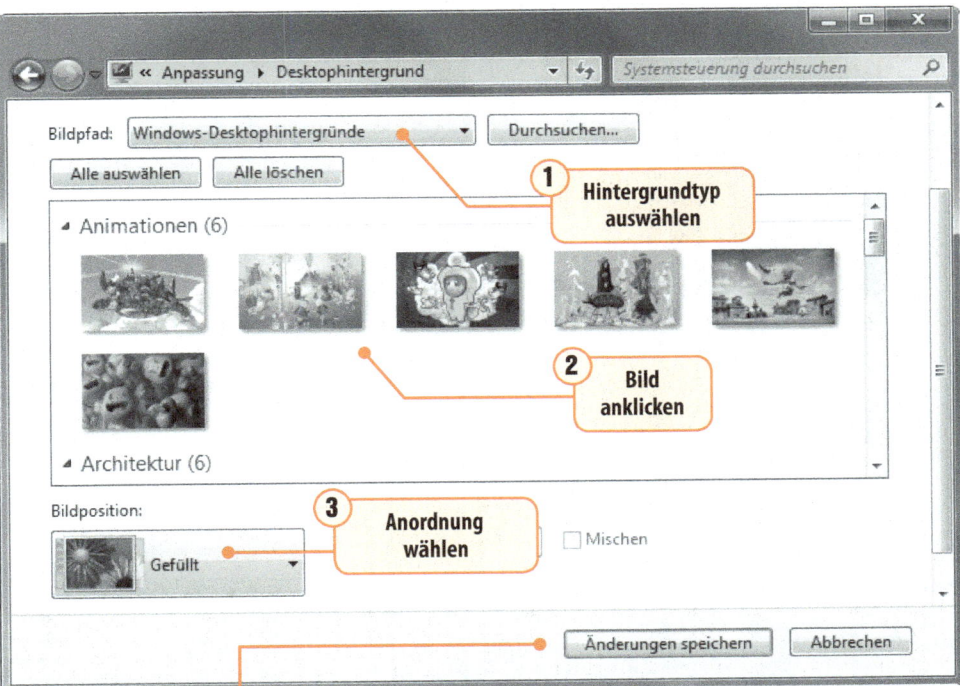

Mit den beiden **Schaltflächen** bestimmst du, wie es weitergeht:

Änderungen speichern	Das Fenster wird geschlossen, das Hintergrundbild geändert.
Abbrechen	Das Fenster wird geschlossen, das vorhandene Bild bleibt erhalten.

In vielen Fenstern wird zusätzlich noch die Schaltfläche **Übernehmen** angezeigt. In diesem Fall werden deine Änderungen aktiv, das Fenster bleibt aber für weitere Einstellungen geöffnet.

 Im weiteren Verlauf dieses Buchs wird davon ausgegangen, dass du weißt, was diese drei Schaltflächen bedeuten. Es wird nicht mehr darauf hingewiesen, dass du z. B. **OK** anklicken musst, um etwas zu bestätigen.

Bildschirmschoner einstellen

Ein **Bildschirmschoner** ist eine bewegte Bildschirmgrafik (Animation), die immer dann startet, wenn der Computer zwar eingeschaltet ist, aber eine bestimmte Zeit lang nicht benutzt wird.

 Bildschirmschoner sollen verhindern, dass sich der Bildschirminhalt in die Bildröhre einbrennt. Bei aktuellen Flachbildschirmen besteht diese Gefahr normalerweise nicht.

▶ Klicke mit der rechten Maustaste auf den Desktop und wähle **Anpassen**.
▶ Klicke unten im Fenster auf **Bildschirmschoner**.

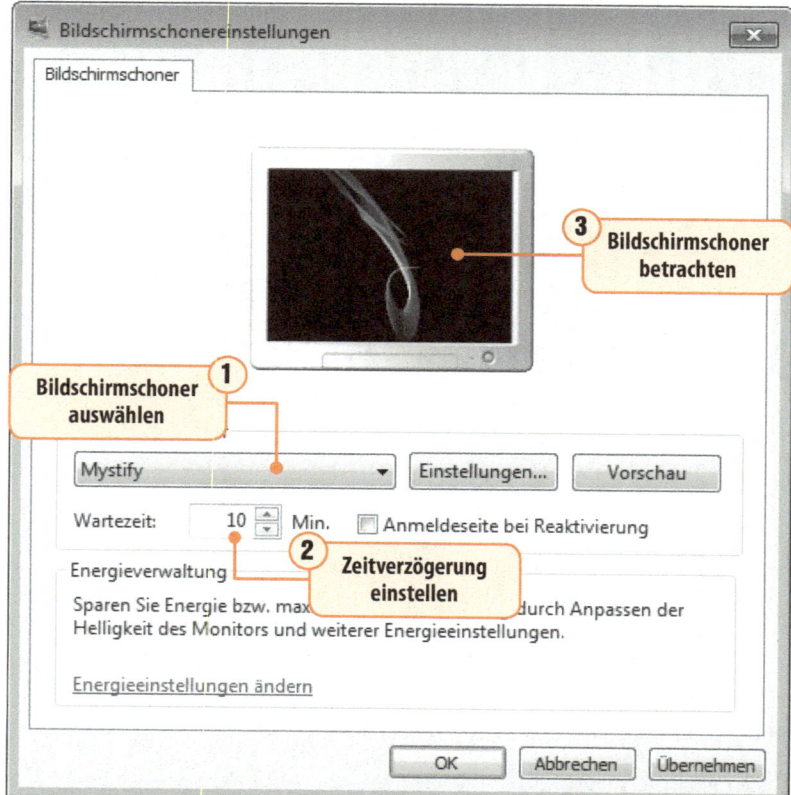

 Wenn du die Schaltfläche **Vorschau** anklickst, kannst du den Bildschirmschoner in voller Größe kontrollieren. Klicke kurz mit der Maus, um die Vorschau zu beenden.

Desktopsymbole verschieben

▶ Klicke ein Symbol (z. B. den Papierkorb) an und verschiebe es mit gedrückter Maustaste. Beobachte, wie das Symbol beim Verschieben am Mauszeiger „klebt".

▶ Lass die Maustaste erst los, wenn das Symbol an der gewünschten Position ist.

 Eventuell ist dein Desktop so eingestellt, dass Symbole automatisch angeordnet bzw. sortiert angezeigt werden. Dann kannst du die Symbole nicht beliebig verschieben. Diese Einstellung kannst du über das Kontextmenü des Desktops mit den Befehlen *Ansicht* bzw. *Sortieren nach* ändern.

Computer ausschalten

Bevor du deinen Computer ausschalten kannst, musst du Windows **herunterfahren**.

▶ Öffne das Startmenü, indem du auf [image] klickst.

▶ Klicke auf *Herunterfahren*.

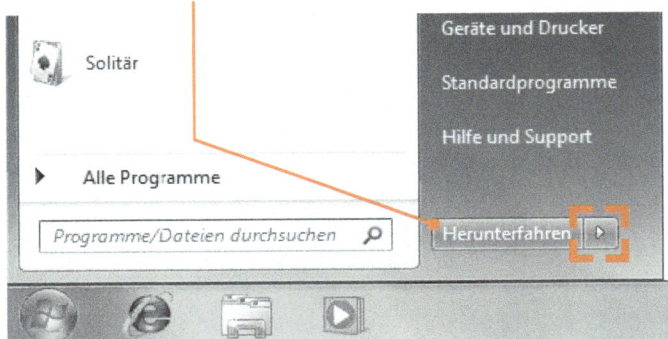

 Neuere Computer schalten sich nach dem Herunterfahren von selbst ab. Bei älteren Rechnern musst du den Ausschaltknopf selbst drücken.

▶ Warte nun, bis sich der Computer von selbst abschaltet.

▶ Schalte den Bildschirm aus.

 Viele Computer kannst du nach Anklicken von [image] und Auswahl von *Energie sparen* in den Energiesparmodus versetzen. Dabei wird der aktuelle Zustand gespeichert und du kannst später schnell an der gleichen Stelle weiterarbeiten.

Zusammenfassung

Du weißt nun, wie man einen Computer ein- bzw. ausschaltet und wie der Desktop von Windows 7 aussieht. Hier ist noch einmal die grundsätzliche Vorgehensweise:

- Bildschirm einschalten
- Windows herunterfahren
- Bildschirm ausschalten
- Computer einschalten
- Computer ausschalten

2   Computer-Fenster öffnen

Übersicht

Fenster spielen bei Windows eine sehr wichtige Rolle. Wie Fenster bedient werden, erfährst du am Beispiel des Fensters *Computer*:

- Fenster öffnen
- Fenster bedienen
- Laufwerke öffnen

Computer-Fenster öffnen

Das Computer-Fenster öffnest du über das Startmenü:

- ▶ Klicke auf [ ] .
- ▶ Klicke im Startmenü auf *Computer*.

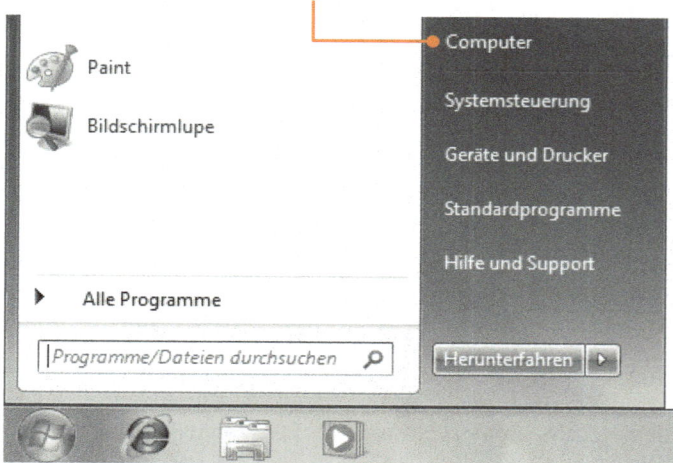

Alternativ dazu kannst du auch das folgende Desktopsymbol doppelt anklicken:

Computer

Falls das Symbol nicht auf dem Desktop angezeigt wird, gehst du folgendermaßen vor:

- ▶ Klicke mit der rechten Maustaste auf den Desktop und wähle *Anpassen*.
- ▶ Klicke auf *Desktopsymbole ändern*.

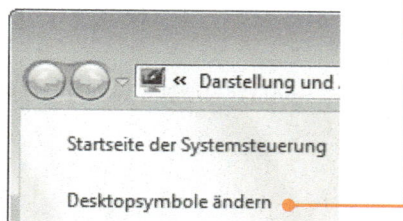

▶ Schalte nun das Häkchen neben *Computer* ein.

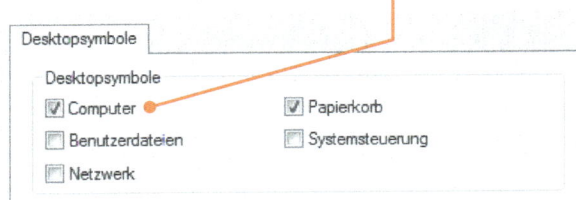

▶ Schalte bei dieser Gelegenheit auch das Häkchen neben *Benutzerdateien* ein.

Wenn alles geklappt hat, werden auf dem Desktop die folgenden Symbole sichtbar:

Dieser Ordner bekommt automatisch den Namen des Benutzers zugewiesen.

Bedienelemente kennenlernen

Das Computer-Fenster ist ein sogenanntes **Ordnerfenster**. Es besteht aus folgenden Bedienelementen, deren Bezeichnung du dir merken solltest:

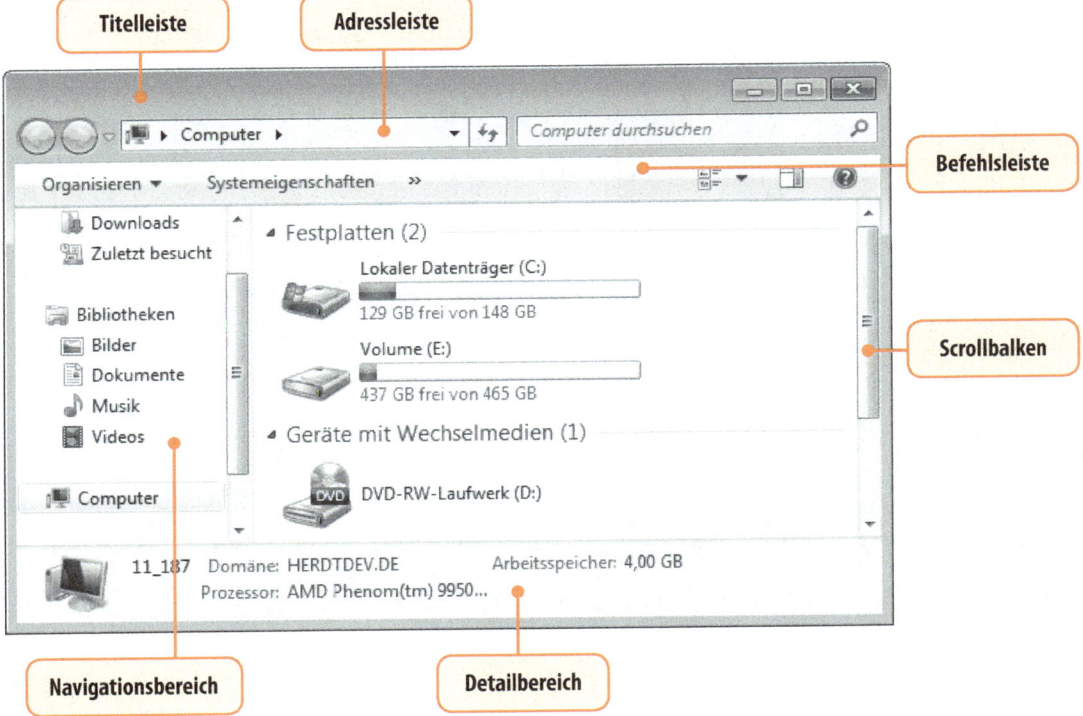

Es ist möglich, dass einzelne Bereiche (z. B. der Detailbereich) ausgeblendet wurden, also nicht sichtbar sind. Wenn du in der Befehlsleiste auf *Organisieren* klickst, kannst du unter *Layout* auswählen, welche Bereiche angezeigt werden sollen.

Fenster verschieben

Fenster lassen sich beliebig auf dem Bildschirm anordnen. Falls z. B. ein Fenster etwas Wichtiges verdeckt, schiebst du es einfach an eine andere Stelle:

▶ Klicke die Titelleiste an, halte die Maustaste gedrückt und verschiebe das Fenster.

▶ Lass die Maustaste los, sobald sich das Fenster an der gewünschten Position befindet.

Fensterstatus ändern

Du kannst ein Fenster vorübergehend ausblenden (minimieren) oder auf maximale Größe bringen (maximieren). Diesen sogenannten Fensterstatus änderst du über die Fenstersymbole:

	Fenster minimieren	Das Fenster wird ausgeblendet (**inaktiv**). Es ist nur noch als Schaltfläche in der Taskleiste sichtbar.
	Fenster maximieren	Das Fenster wird in maximaler Größe dargestellt (Vollbild).
	Fenster wiederherstellen	Das Fenster wird wieder in der ursprünglichen Größe dargestellt. Dieses Symbol ist nur sichtbar, wenn das Fenster vorher maximiert wurde.
	Fenster schließen	Das Fenster wird geschlossen, die Schaltfläche aus der Taskleiste entfernt. Alternativ kannst du ein Fenster auch mit Alt + F4 schließen.

 Mit einem Doppelklick in die Titelleiste kannst du ein Fenster ebenfalls maximieren bzw. wiederherstellen.

Fenster vergrößern oder verkleinern

So änderst du die Breite oder Höhe eines (nicht maximierten) Fensters:

▶ Bewege die Maus an einen Fensterrand. Der Mauszeiger ändert sich in ↔ oder ↕.

▶ Halte die Maustaste gedrückt und ziehe das Fenster auf die gewünschte Größe.

Du kannst die Fenstergröße aber auch in beide Richtungen gleichzeitig ändern:

▶ Bewege die Maus an eine Fensterecke. Der Mauszeiger ändert sich in ↘ oder ↗.

▶ Ziehe die Fensterecke, bis die gewünschte Größe eingestellt ist.

Zwischen Fenstern wechseln

Die Taskleiste zeigt dir geöffnete Ordner- und Programmfenster als Schaltfläche an:

▶ Klicke auf [ ], um eine Liste der geöffneten Ordner aufzuklappen:

> Klicke einen Ordner an, um sein Fenster in den Vordergrund zu bringen.

Die anderen Schaltflächen zeigen dir an, welche Programme gerade geöffnet sind. Durch Anklicken einer dieser Schaltflächen wechselst du in das entsprechende Programm.

Wenn du ein Programmsymbol mit rechts anklickst und *Dieses Programm an Taskleiste anheften* wählst, wird das Programm auch dann in der Taskleiste angezeigt, wenn es nicht läuft. Du kannst das Programm dann mit einem einfachen Mausklick schnell starten – was gerade bei oft benötigten Programmen sehr praktisch ist.

So wechselst du mit der Tastatur zwischen den Programm- bzw. Ordnerfenstern:

▶ Halte [Alt] gedrückt und drücke so oft [⇆], bis der Name des gewünschten Fensters angezeigt wird.

▶ Lasse beide Tasten los.

Funktion des Computer-Fensters

Bisher hast du das Computer-Fenster dazu genutzt, um die Bedienung von Fenstern zu erlernen. Die eigentliche Aufgabe des Computer-Fensters ist jedoch der Zugang zu allen **Laufwerken** deines Computers:

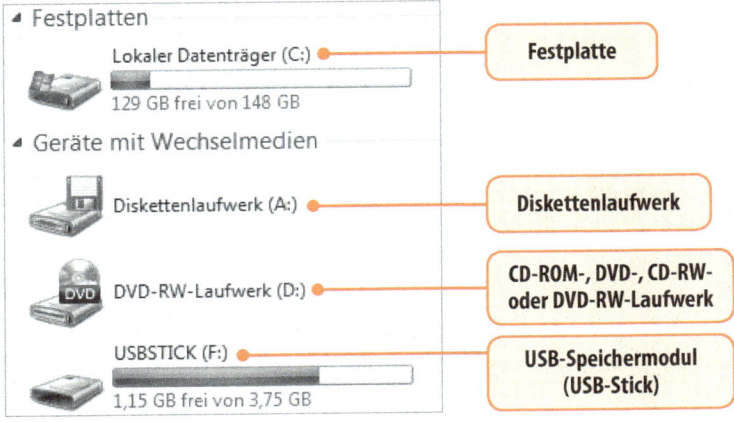

Festplatte

Diskettenlaufwerk

CD-ROM-, DVD-, CD-RW- oder DVD-RW-Laufwerk

USB-Speichermodul (USB-Stick)

 Laufwerke sind **Datenträger**, auf denen Dateien, Programme und auch das Betriebssystem selbst gespeichert werden.

Da ein Computer auch über mehrere Datenträger des gleichen Typs (also z. B. mehrere Festplatten) verfügen kann, ist jedes Laufwerk mit einem **Laufwerksbuchstaben** eindeutig gekennzeichnet, z. B. mit **C:**.

Die Größe von Dateien bzw. Ordnern wird in **KB** (Kilobyte), **MB** (Megabyte), **GB** (Gigabyte) oder **TB** (Terabyte) angegeben. 1 MB entspricht 1.024 KB, 1 GB entspricht 1.024 MB und 1 TB entspricht 1.024 GB. Jedes Speichermedium kann nur eine begrenzte Menge an Daten aufnehmen. Die folgende Tabelle verdeutlicht die (ungefähren) Größenordnungen:

Diskette	1,4 MB
CD	700 MB
USB-Stick	1 – 16 GB
DVD	4,7 GB
Festplatte	500 GB – 1 TB

Falls dein Computer über ein **Netzwerk** mit anderen Computern verbunden ist, werden sogenannte **Netzlaufwerke** im Computer-Fenster angezeigt:

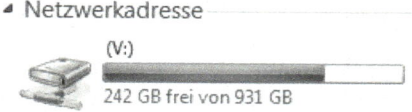

Netzlaufwerke erfüllen im Grunde die gleiche Funktion wie andere Datenträger, befinden sich aber auf einem anderen Computer. Auf Daten, die **online** (also im Internet) gespeichert sind, kannst du bequem von jedem Ort der Welt aus zugreifen – zum Beispiel wenn du in Mexiko im Urlaub bist und eine Adresse für eine Ansichtskarte nachschlagen möchtest. Außerdem können, wenn du es wünschst, weltweit auch andere Personen auf deine Daten zugreifen – etwa, um mit dir an einem gemeinsamen Projekt zu arbeiten.

 Online- oder Web-Speicherplatz bezeichnet Speicherplatz auf einem Computer, auf den über das Internet zugegriffen werden kann. Viele Provider bieten ihren Kunden kostenlosen Online-Speicherplatz in einer bestimmten Größe an (z. B. 100 MB).

Inhalt eines Laufwerks anzeigen

Möchtest du den Inhalt eines Laufwerks betrachten oder bearbeiten, öffnest du zuerst das Computer-Fenster und dann das gewünschte Laufwerk. Probiere dies jetzt einmal mit Laufwerk C: aus, das ist normalerweise die Festplatte.

▶ Klicke doppelt auf das Symbol von Laufwerk C:.

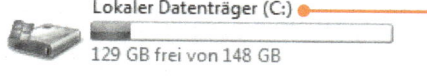 Eventuell hat dein Laufwerk C: eine andere Bezeichnung. Wichtig ist der Laufwerksbuchstabe.

Das Fenster zeigt dir nun den Inhalt von Laufwerk C: an.

 Möchtest du, dass Windows den Inhalt eines Laufwerks bzw. Ordners in einem eigenen Fenster anzeigt, hältst du beim Doppelklicken auf das Ordnersymbol Strg gedrückt.

Im Fenster von Laufwerk C: siehst du mehrere **Ordner** (auch **Verzeichnisse** genannt):

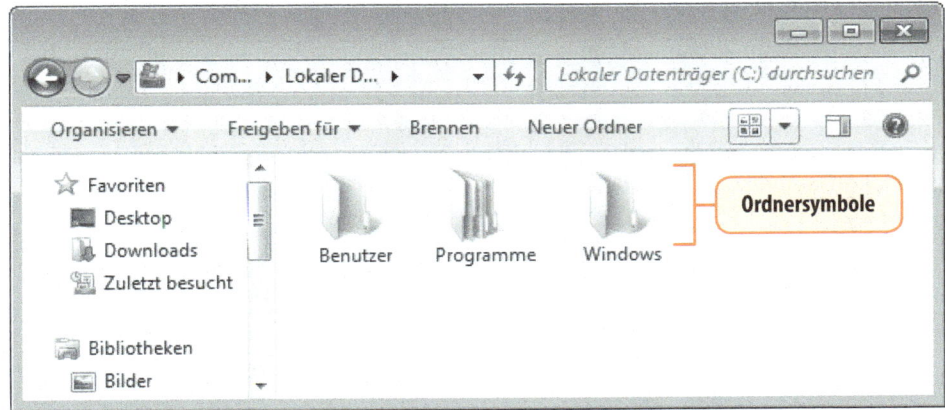

Um einen Ordner zu öffnen, klickst du ihn doppelt an. Danach bekommst du eventuell weitere Ordner angezeigt, auch **Unterordner** genannt. Klicke auch die Unterordner doppelt an, um sie zu öffnen. Mit  wechselst du zurück in den vorherigen Ordner.

Die Adressleiste zeigt dir an, wo du dich gerade befindest. Um eine Ordnerebene höher zu gelangen, klickst du auf den jeweils vorletzten Eintrag:

Das hierarchische Prinzip, mit dem das Betriebssystem die Laufwerke verwaltet, nennt man **Baumstruktur**: Der Computer ist sozusagen der Stamm, die Laufwerke und Ordner sind die Äste, die immer weiter verzweigen:

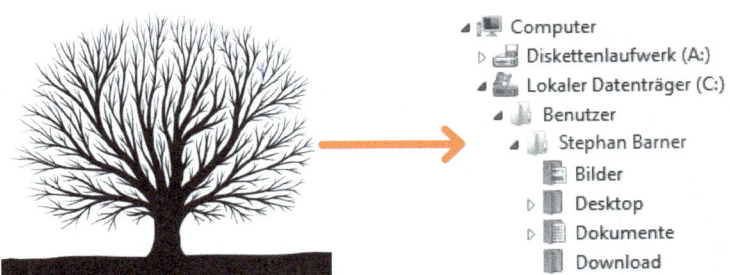

 Bevor du ein Laufwerk mit einem **Wechselmedium** (z. B. CD-ROM- oder Diskettenlaufwerk) öffnest, musst du sicherstellen, dass ein Speichermedium eingelegt ist.

3   Programme bedienen

Übersicht

Um zu erfahren, wie Programme gestartet und bedient werden, gibst du im Editor einen Text ein und speicherst ihn als Datei. Dabei lernst du folgende Aktionen kennen:

- Programm starten
- Datei erstellen
- Datei speichern
- Datei öffnen
- Programm beenden

Editor starten

Mit einem **Editor** kannst du einfache Texte schreiben und speichern. Der Editor (und auch alle anderen Programme) werden über das Startmenü geöffnet.

▶ Klicke auf [ ], um das Startmenü zu öffnen.

Sämtliche Programme, die auf deinem Computer installiert sind, findest du im Bereich ***Alle Programme***.

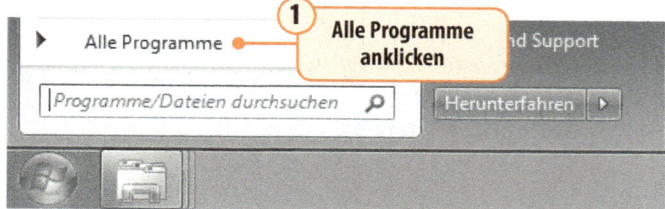

Den Editor findest du unter Zubehör.

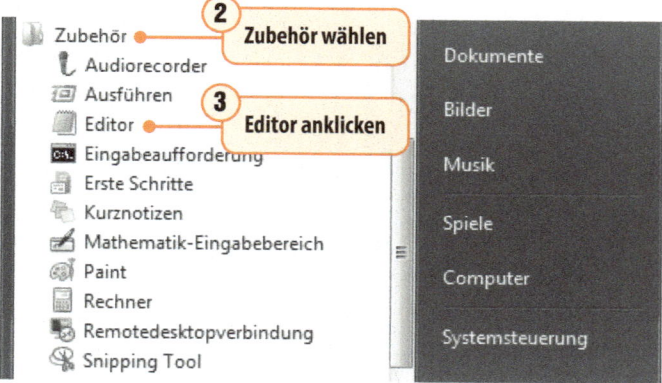

Datei erstellen

Nachdem du den Editor gestartet hast, erscheint er als Fenster auf dem Desktop. Wie viele andere Programme wird der Editor über eine Menüleiste bedient. Mehr dazu gleich.

Um einen Text zu erstellen, beginnst du einfach zu schreiben. Der **Cursor** zeigt die Stelle an, an der beim Tippen das nächste Zeichen erscheint.

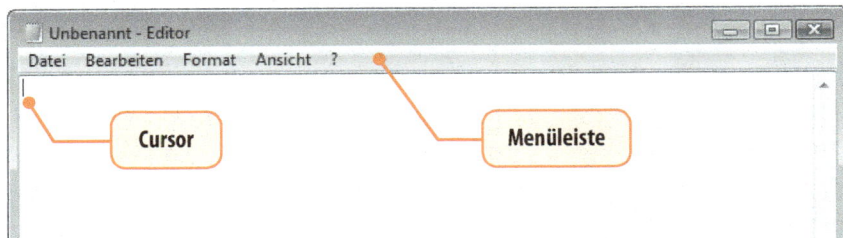

▶ Gib einen Text deiner Wahl ein. Drücke ⏎, um eine neue Zeile zu beginnen.

Wenn dein Text so lang wird, dass er nicht mehr vollständig im Fenster angezeigt werden kann, erscheint eine **Bildlaufleiste** (auch **Scrollbalken** genannt):

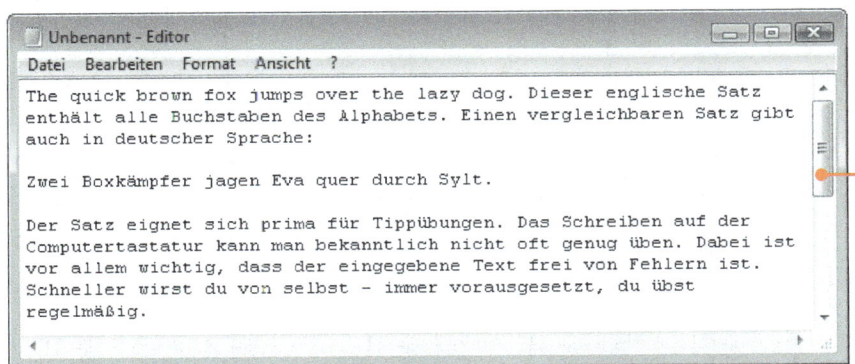

Verschiebe den Scrollbalken mit der Maus, um den verborgenen Text sichtbar zu machen.

 Durch Anklicken von ▲ bzw. ▼ bewegst du den Scrollbalken in kleinen Schritten.

Menü bedienen

Mit den **Menüs** nimmst du Einstellungen vor oder teilst dem Programm mit, was es als Nächstes für dich tun soll. Als kleine Übung fügst du nun die Uhrzeit und das Datum in deinen Text ein:

▶ Klicke auf *Bearbeiten*, um die Befehle des Menüs sichtbar zu machen.

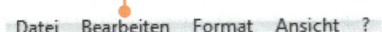

► Klicke auf den Menüeintrag **Uhrzeit**/**Datum**.

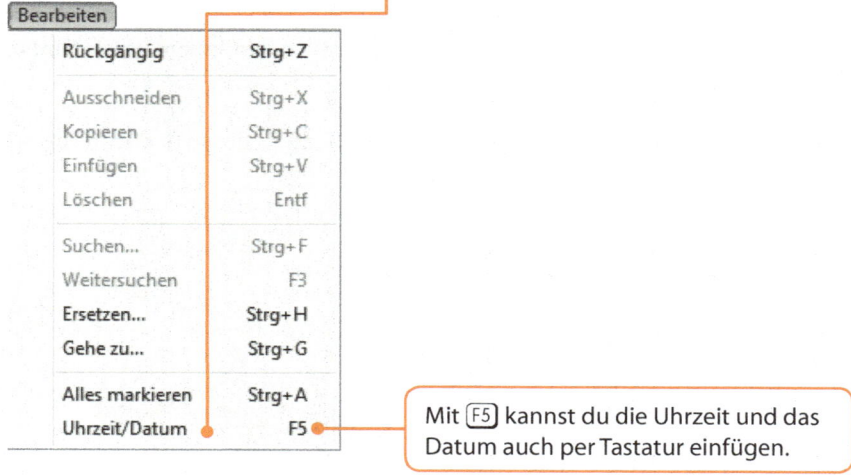

Mit F5 kannst du die Uhrzeit und das Datum auch per Tastatur einfügen.

An der Cursorposition erscheinen nun die Uhrzeit und das Datum:

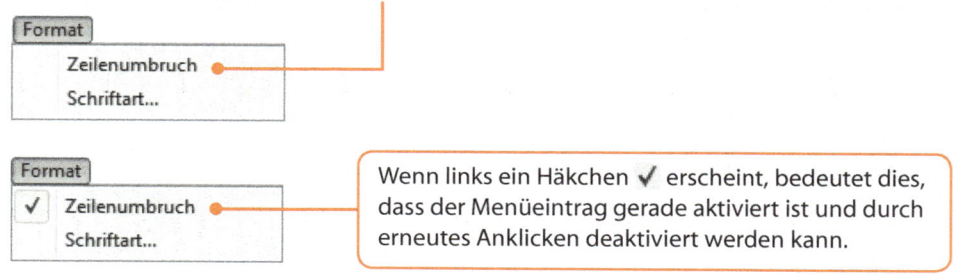

Über die Menüs kannst du auch Einstellungen vornehmen:

► Klicke im Menü Format auf **Zeilenumbruch**.

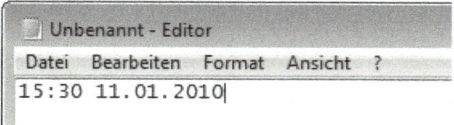

Wenn links ein Häkchen ✓ erscheint, bedeutet dies, dass der Menüeintrag gerade aktiviert ist und durch erneutes Anklicken deaktiviert werden kann.

 Wenn du **Format – Zeilenumbruch** einschaltest, wird automatisch eine neue Zeile erzeugt, wenn dein Text den rechten Fensterrand erreicht.

In einigen Programmen findest du Menüeinträge, die mit einem kleinen Dreieck ▶ markiert sind, das sind die sogenannten **Untermenüs**:

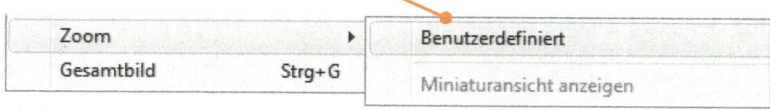

 Im weiteren Verlauf dieses Buches werden Menübefehle nach dem folgenden Schema dargestellt: **Format – Zeilenumbruch**.

Datei speichern

Damit deine Arbeit beim Beenden des Editors oder beim Ausschalten des Computers nicht verloren geht, **speicherst** du den Text als Datei. Das erledigst du über das Menü.

▶ Klicke auf **Datei – Speichern unter**.

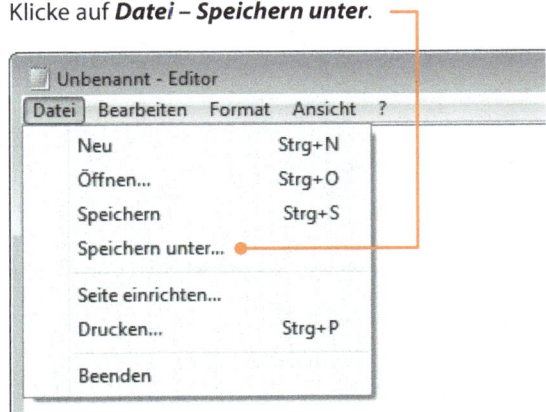

Nun bestimmst du den Namen und den Speicherort deiner Datei. Gegebenenfalls musst du auf ⊙ Ordner durchsuchen klicken, damit das Fenster vollständig angezeigt wird:

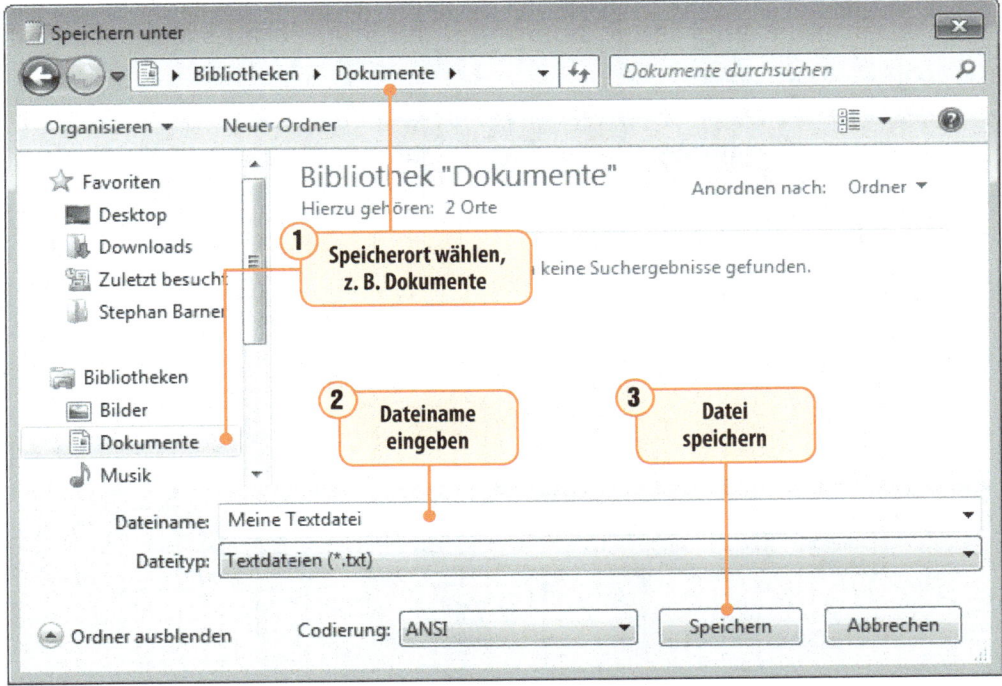

Du kannst deine Dateien in einen bestimmten Ordner oder in eine bestimmte **Bibliothek** speichern. Bibliotheken sind eine Art Sammelstelle für Dateien eines ähnlichen Typs. Eine Bibliothek kann die Inhalte mehrerer Ordner zusammenfassen. Unter Windows 7 gibt es Bibliotheken für Bilder, Dokumente, Filme und Musik.

 Am besten, du speicherst deine Dateien unter **Dokumente**, dort findest du sie schnell wieder. Zur vorübergehenden Speicherung eignet sich auch der Desktop.

Nach dem ersten Speichern erscheint der Dateiname in der Titelleiste des Editors:

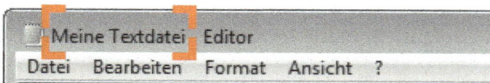

Die Datei selbst wird am von dir gewählten Speicherort als Symbol angezeigt:

Achte beim Speichern darauf, dass du deinen Dateien aussagekräftige Namen gibst – so kannst du, ohne die Dateien öffnen zu müssen, Rückschlüsse auf ihren Inhalt ziehen.

Wenn du nach dem Speichern mit einem neuen Text beginnen möchtest, wählst du **Datei – Neu**.

Datei öffnen

Eine gespeicherte Datei kannst du jederzeit wieder **öffnen** und weiterbearbeiten. Klicke einfach das Symbol der gewünschten Datei doppelt an. Ist der Editor bereits gestartet, kannst du die Datei auch über das Menü öffnen.

▶ Wähle **Datei – Öffnen**.

Im Fenster **Öffnen** wählst du die gewünschte Datei aus:

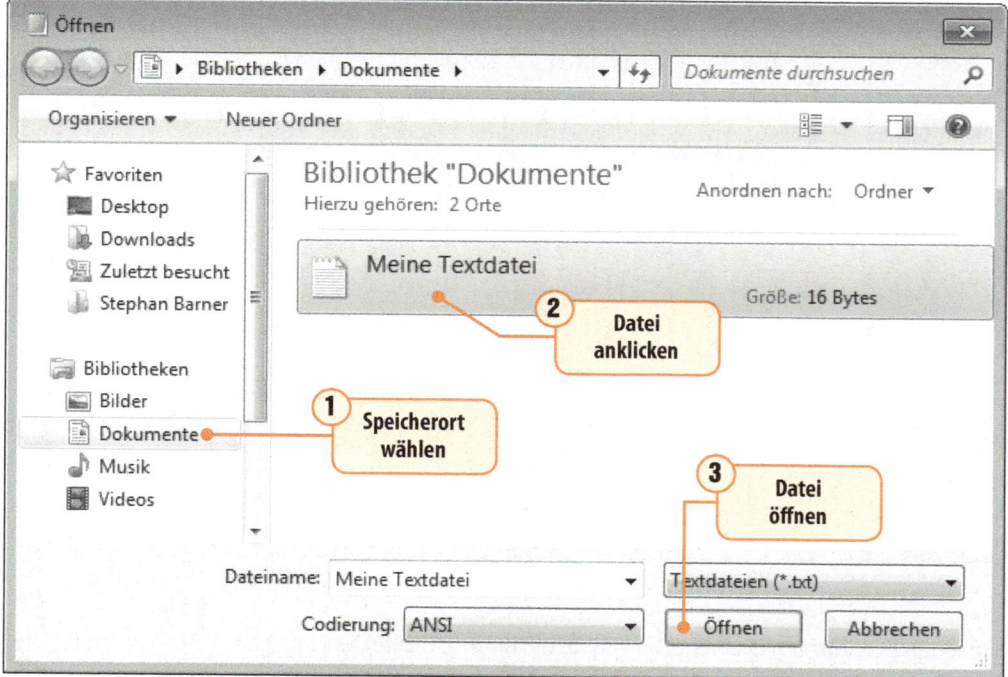

 Du kannst hier die gewünschte Datei auch mit einem Doppelklick auswählen – dann brauchst du nicht extra auf die Schaltfläche **Öffnen** zu klicken.

Editor beenden

Wenn du fertig bist, beendest du den Editor.

▶ Klicke auf *Datei – Beenden*.

Alternativ dazu kannst du den Editor mit der Tastenkombination Alt + F4 oder über das Fenstersymbol [x] beenden.

Falls du den Editor beenden möchtest, deine Datei bzw. Änderungen aber noch nicht gespeichert wurden, erscheint folgender Warnhinweis:

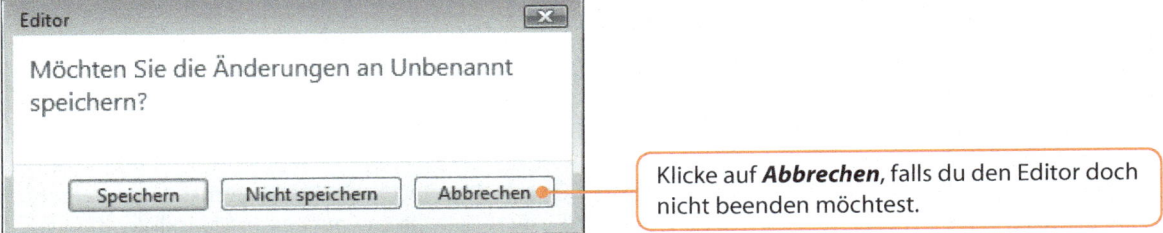

Klicke auf *Abbrechen*, falls du den Editor doch nicht beenden möchtest.

4 Dateien und Ordner verwalten

Übersicht

Damit du wichtige Dateien schnell findest, solltest du auf deiner Festplatte ein wenig Ordnung halten. Dieses Kapitel zeigt dir anhand der folgenden Themen, wie es geht:

- Speicherorte gezielt aufrufen
- Ordner anlegen
- Ordner/Dateien verschieben, kopieren und löschen

Benutzerdateien-Ordner aufrufen

Wenn du deine Dateien im **Benutzerordner** (auch persönlicher Ordner genannt) speicherst, kommst du immer schnell an sie heran: Im Startmenü findest du eine eigene Schaltfläche, die dir diesen Ordner mit einem Mausklick öffnet.

Der Name des Benutzerordners ist identisch mit dem Benutzernamen, im folgenden Beispiel lautet der Benutzername **Stephan Barner**. Mit einem Klick im Startmenü kannst du den Benutzerordner öffnen:

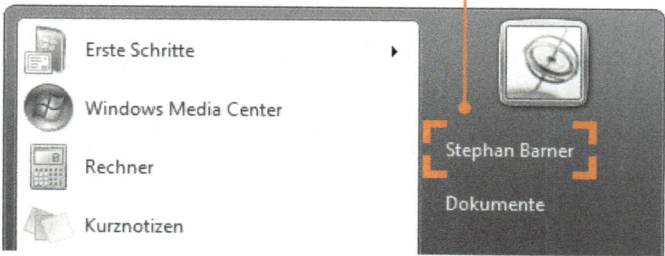

Wenn du Windows wie im zweiten Kapitel beschrieben eingestellt hast, wird auf dem Desktop das Symbol des Benutzerordners angezeigt. Klicke es doppelt an, wenn du den Ordner öffnen möchtest.

Anderen Speicherort aufrufen

Nicht alle Dateien, mit denen du zu tun haben wirst, befinden sich zwangsläufig im Benutzerordner oder in den Bibliotheken. Daher ist es wichtig, dass du weißt, wie du auch an andere Verzeichnisse herankommst.

 Der genaue Speicherort, an dem sich eine Datei befindet, wird auch als **Pfad** bezeichnet. Der Pfad beginnt immer mit dem Laufwerksbuchstaben. Die einzelnen Verzeichnisse sind mit einem Backslash \ getrennt. Beispiel: **D:\Fotos\Freizeit\Urlaub in Spanien**

Erinnere dich daran, dass ein Computer mehrere Laufwerke hat und diese wiederum in Ordner unterteilt sind. Es gibt zwei Vorgehensweisen, um sich durch diese Ordnerstruktur zu bewegen.

- ▶ Öffne das Computer-Fenster.
- ▶ Klicke das entsprechende Laufwerk doppelt an.
- ▶ Bewege dich so lange per Doppelklick durch die Ordner und Unterordner, bis du im gewünschten Verzeichnis angelangt bist.

Schneller und eleganter geht es so:

▶ Öffne das Computer-Fenster, den Benutzerordner oder ein beliebiges anderes Ordnerfenster.

Links im Navigationsbereich werden nun alle Laufwerke, Ordner und Bibliotheken angezeigt. Ordner, die weitere Ordner enthalten, sind mit einem kleinen Dreieck ▷ gekennzeichnet. Rechts im Fenster wird der Inhalt des gerade ausgewählten Pfades angezeigt.

▶ Klicke ▷ an, um einen Ordner aufzuklappen.

▶ Klicke auf ◢, um einen Ordner zu schließen.

▶ Klicke einen Ordner an, um seinen Inhalt rechts im Fenster sichtbar zu machen.

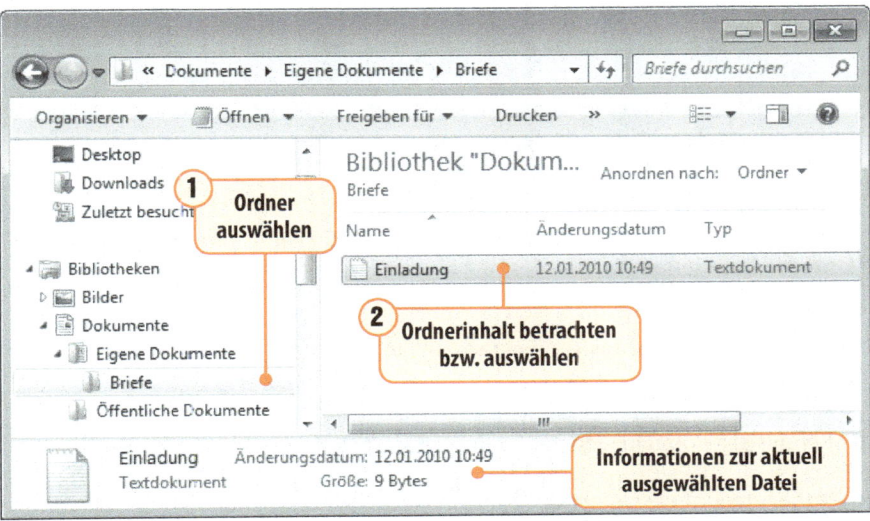

Speicherort beim Öffnen oder Speichern wählen

Arbeitest du gerade mit einem Programm, z. B. mit dem Editor, kannst du auch in den Fenstern **Öffnen** bzw. **Speichern unter** beliebige Speicherorte auswählen:

Wähle aus einer Liste mit oft verwendeten Speicherorten (z. B. eine der Bibliotheken) …

… oder klicke auf **Computer**, um z. B. auf ein anderes Laufwerk zu wechseln.

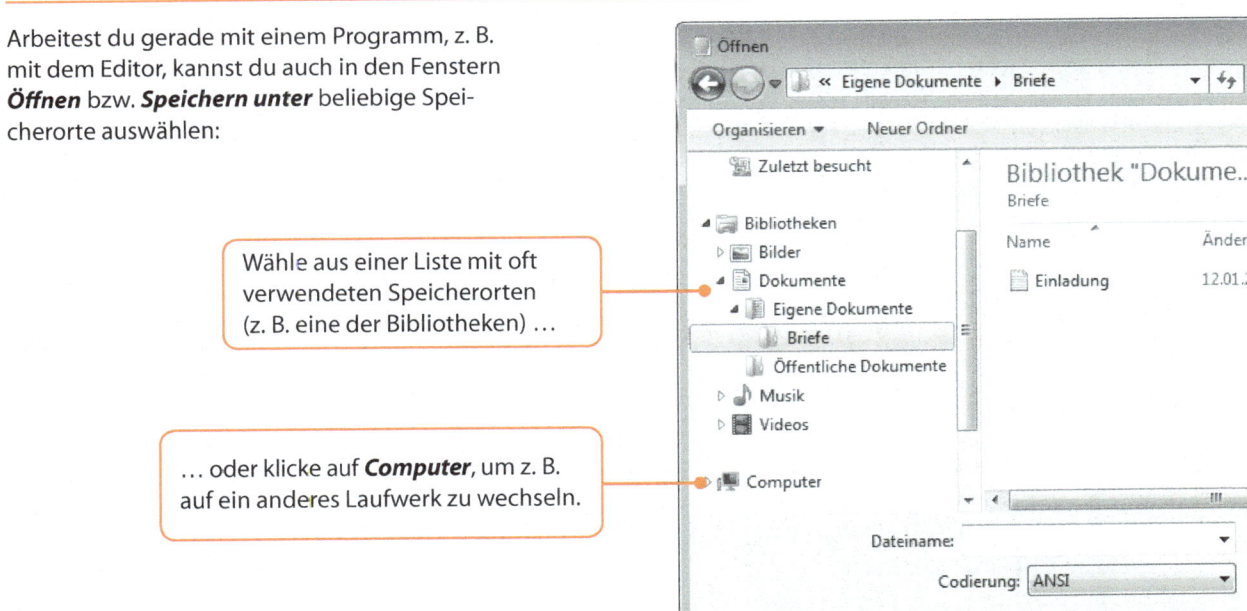

 Klicke auf ⊙ Ordner durchsuchen , falls die Ordnerliste nicht sichtbar ist.

Mithilfe der Adressleiste kannst du ebenfalls den Speicherort auswählen. Um das Computer-Fenster bzw. andere oft benötigte Speicherorte direkt auszuwählen, klickst du auf das Dreieck ▶ ganz links in der Adressleiste.

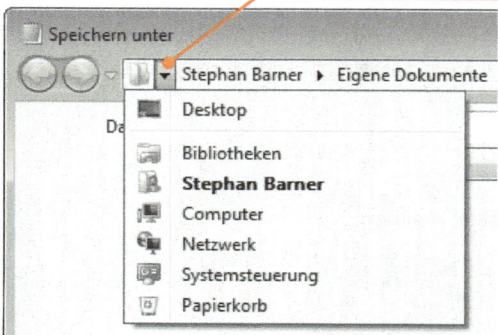

Ordner erstellen

Selbstverständlich kannst du unter Windows auch eigene Ordner anlegen. Und du kannst innerhalb eines Ordners weitere Ordner anlegen (auch **Unterordner** genannt):

- ▶ Öffne das Verzeichnis, in dem du einen Ordner erzeugen möchtest.
- ▶ Klicke im Ordnerfenster mit der rechten Maustaste auf eine leere Stelle.
- ▶ Bewege den Mauszeiger auf **Neu** und klicke auf **Ordner**.

Alternativ dazu kannst du in der Befehlsleiste oder im Fenster **Speichern unter** auf Neuer Ordner klicken.

Gleich nachdem du den neuen Ordner erzeugt hast, gibst du ihm einen Namen. Praktischerweise ist der vorgeschlagene Name **Neuer Ordner** schon markiert, du kannst ihn also direkt überschreiben:

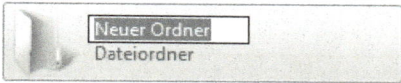

- ▶ Gib den gewünschten Namen ein und drücke ⏎.

 Du erfährst später noch, wie man einen Ordner nachträglich umbenennt.

Ordner/Datei per Maus kopieren oder verschieben

Um z. B. auf der Festplatte aufzuräumen, musst du immer mal wieder Ordner bzw. Dateien verschieben oder kopieren.

 Was die Vorgehensweise beim Kopieren bzw. Verschieben anbelangt, spielt es keine Rolle, ob es sich um eine Datei oder um einen Ordner handelt. Der Einfachheit halber werden Dateien und Ordner nachfolgend als **Objekte** bezeichnet.

Im einfachsten Fall klickst du das gewünschte Objekt an und ziehst es mit gedrückter Maustaste in das **Zielverzeichnis**, z. B. in ein offenes Ordnerfenster, auf den Desktop oder auf ein Laufwerk- bzw. Ordnersymbol. Dieses Vorgehen nennt man **Drag & Drop**.

Beim Drag & Drop von Dateien und Ordnern gelten folgende Regeln:

▶ Befindet sich das Zielverzeichnis auf einem anderen Laufwerk, wird das Objekt grundsätzlich kopiert.

▶ Befindet sich das Zielverzeichnis hingegen auf dem gleichen Laufwerk, wird das Objekt verschoben. Hältst du dabei Strg gedrückt, wird das Objekt kopiert.

Am Mauszeiger siehst du, ob und wohin das Objekt verschoben ➜ bzw. kopiert ✚ wird:

   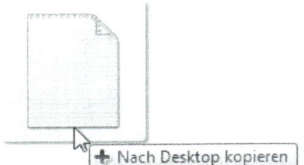

Wenn du ein Objekt mit gedrückter rechter Maustaste bewegst, wird beim Loslassen der Maustaste ein Kontextmenü angezeigt, mit dem du bestimmen kannst, ob das Objekt kopiert oder verschoben werden soll:

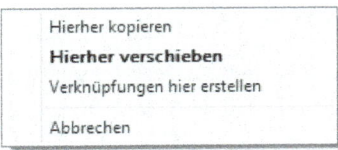

Eine weitere Möglichkeit besteht darin, dass du das Objekt mithilfe der Ordnerliste kopierst oder verschiebst:

▶ Wähle das Verzeichnis aus, in dem sich das gewünschte Objekt befindet.

▶ Ziehe das Objekt mit gedrückter Maustaste links in die Ordnerliste.

▶ Lasse die Maustaste los, sobald sich der Mauszeiger über dem Zielverzeichnis befindet.

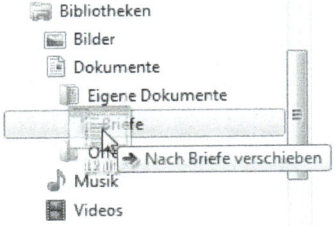

 Wenn du ein Objekt innerhalb der Ordnerliste auf ein Ordnersymbol ziehst, die Maustaste weiter gedrückt hältst und einen Moment wartest, klappt der Ordner automatisch auf.

Ordner/Datei über die Zwischenablage bewegen

Du kannst Objekte auch über die **Zwischenablage** kopieren oder verschieben. Die Zwischenablage ist ein Speicherbereich, in dem Objekte vorübergehend abgelegt werden.

▶ Klicke das Objekt mit der rechten Maustaste an.

▶ Wähle *Kopieren*. Möchtest du das Objekt lieber verschieben, wählst du stattdessen *Ausschneiden*.

Das Objekt befindet sich nun in der Zwischenablage.

▶ Öffne das Zielverzeichnis.

▶ Klicke mit der rechten Maustaste in dessen Ordnerfenster und wähle *Einfügen*.

Du kannst die Zwischenablage auch mit der Tastatur, über die Schaltfläche oder per Menü bedienen:

Ausschneiden	Strg + X	***Bearbeiten – Ausschneiden***
Kopieren	Strg + C	***Bearbeiten – Kopieren***
Einfügen	Strg + V	***Bearbeiten – Einfügen***

> ℹ️ Um in einem Ordnerfenster das Menü sichtbar zu machen, drückst du kurz auf Alt .

Ordner/Datei/Verknüpfung löschen

Nicht mehr benötigte Ordner oder Dateien nehmen auf der Festplatte unnötig Platz weg. Objekte, bei denen du sicher bist, dass du sie nicht mehr brauchst, solltest du löschen:

▶ Klicke das zu löschende Objekt an und ziehe es auf das **Papierkorb**-Symbol, das sich auf dem Desktop befindet.

Papierkorb

Papierkorb

> Am Symbol erkennst du, ob sich im Papierkorb bereits Objekte befinden.

Du kannst Objekte auch auf folgende Weise in den Papierkorb verschieben:

▶ Markiere das zu löschende Objekt, indem du es anklickst.

▶ Drücke Entf und bestätige den Warnhinweis.

Ordner/Datei wiederherstellen

Wenn du irrtümlich ein Objekt in den Papierkorb verschoben hast, kannst du es folgendermaßen wiederherstellen:

▶ Öffne den Papierkorb mit einem Doppelklick.

▶ Ziehe das Objekt vom Papierkorb auf den Desktop.

So stellst du die Datei am ursprünglichen Speicherort wieder her:

▶ Öffne den Papierkorb und klicke das Objekt an.

▶ Klicke in der Befehlsleiste auf Element wiederherstellen .

Papierkorb leeren

Wenn du den Papierkorb leerst, löschst du die darin enthaltenen Ordner und Dateien endgültig.

▶ Öffne den Papierkorb mit einem Doppelklick.

▶ Klicke in der Befehlsleiste auf Papierkorb leeren .

Alternativ dazu kannst du das Papierkorb-Symbol mit der rechten Maustaste anklicken und ***Papierkorb leeren*** wählen.

> ❗ Wenn der Papierkorb geleert wird, können die enthaltenen Objekte nicht mehr wiederhergestellt werden.

Mehrere Objekte auswählen

Du kannst auch mehrere Objekte in einem Rutsch kopieren, verschieben oder löschen. Dazu musst du im Ordnerfenster, im Fenster **Speichern unter** bzw. **Öffnen** oder auf dem Desktop die gewünschten Symbole markieren.

Am einfachsten geht es, wenn du mit gedrückter Maustaste einen **Rahmen** (auch **Gummiband** oder **Mausrahmen**
genannt) über die entsprechenden Objekte ziehst:

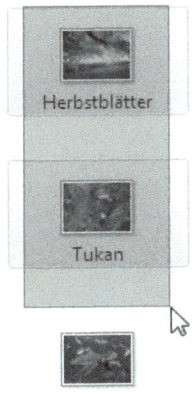

▶ Mehrere benachbarte Objekte markierst du am schnellsten, indem du das erste Objekt normal und das letzte
  Objekt mit gedrückter ⇧-Taste anklickst.

▶ Um alle in einem Ordner enthaltenen Objekte zu markieren, drückst du Strg+A.

▶ Objekte, die nicht benachbart sind, markierst du, indem du Strg gedrückt hältst und dabei die gewünschten
  Symbole anklickst.

 Du kannst auch beide Methoden kombinieren, indem du mehrere Rahmen mit gedrückter
Strg-Taste aufziehst.

5   Dateieigenschaften anzeigen

Übersicht

Oftmals ist es wichtig zu wissen, welche Informationen in einer Datei enthalten sind, wie groß eine Datei ist oder wann sie erstellt wurde. Dieses Kapitel zeigt dir, wie du bestimmte Eigenschaften von Ordnern und Dateien ermittelst bzw. änderst:

- Dateitypen kennen
- Eigenschaften ermitteln
- Ordner/Datei umbenennen
- Ordner/Dateien sortiert anzeigen

Dateinamenerweiterung einblenden

Dateien können alle möglichen Daten und Informationen enthalten, z. B. Texte, Bilder, Musik oder Tabellen. Um welchen Dateityp es sich handelt, erkennst du an der **Dateinamenerweiterung** und am Symbol.

Standardmäßig zeigt Windows die Dateinamenerweiterungen vieler Dateitypen nicht an. Bis du mit den Dateinamenerweiterungen vertraut bist, solltest du Windows so einstellen, dass alle Erweiterungen angezeigt werden:

- ▶ Öffne das Computer-Fenster oder ein beliebiges Ordnerfenster.
- ▶ Klicke auf   Organisieren ▼   und wähle **Ordner- und Suchoptionen**.

Das Fenster **Ordneroptionen** ist in drei Bereiche, die sogenannten **Register** unterteilt:

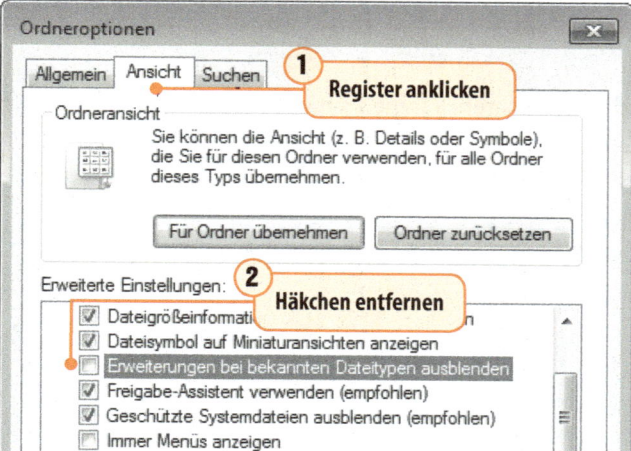

Dateitypen kennen

Dateinamenerweiterungen sind am Dateinamen angehängt und werden durch einen Punkt von ihm getrennt.

Es gibt sehr viele Dateinamenerweiterungen, die du aber nicht alle kennen musst. Hier sind die gebräuchlichsten Dateitypen und ihre Symbole:

Text	.doc (Brief.doc)	.txt (Liste.txt)	.pdf (Katalog.pdf)	.htm (Seite.html)	.rtf (Bewerbung.rtf)	.odt (Lebenslauf.odt)	.docx (Mahnung.docx)
Tabelle	.xls (Tabelle.xls)	.ods (Formeln.ods)	.xlsx (Auswertung.xlsx)				
Programm/ ausführbare Datei	.exe (Programm.exe)	.com (Tool.com)	.bat (Batchdatei.bat)				
Präsentation	.ppt (Präsentation.ppt)	.odp (Workshop.odp)	.pptx (Schulung.pptx)				
Foto/Grafik	.btm (Bild.bmp)	.jpg (Foto.jpg)	.gif (Logo.gif)	.png (Grafik.png)	.tif (Illustration.tif)		
Film/Video	.avi (Film.avi)	.wmv (Hochzeit.wmv)	.mov (Trailer.mov)				
Musik/Audio	.mp3 (Musik.mp3)	.wav (Audio.wav)					
Datenbank	.mdb (Adressen.mdb)	.odb (Bibliothek.odb)	.accdb (Schüler.accdb)				
Komprimierte Datei	.zip (Projekt.zip)						
Temporäre Datei	.tmp (Test.tmp)						

Es folgen ein paar Beispiele, zu welchem Programm welche Dateinamenerweiterung gehört.

Programm	Dateinamenerweiterung
Word 2010, Word 2007	.docx
Excel 2010, Excel 2007	.xlsx
PowerPoint 2010, PowerPoint 2007	.pptx

Eigenschaften eines Ordners anzeigen

So kannst du dir die Eigenschaften eines Ordners in einem Fenster anzeigen lassen:

▶ Klicke den Ordner mit der rechten Maustaste an und wähle *Eigenschaften*.

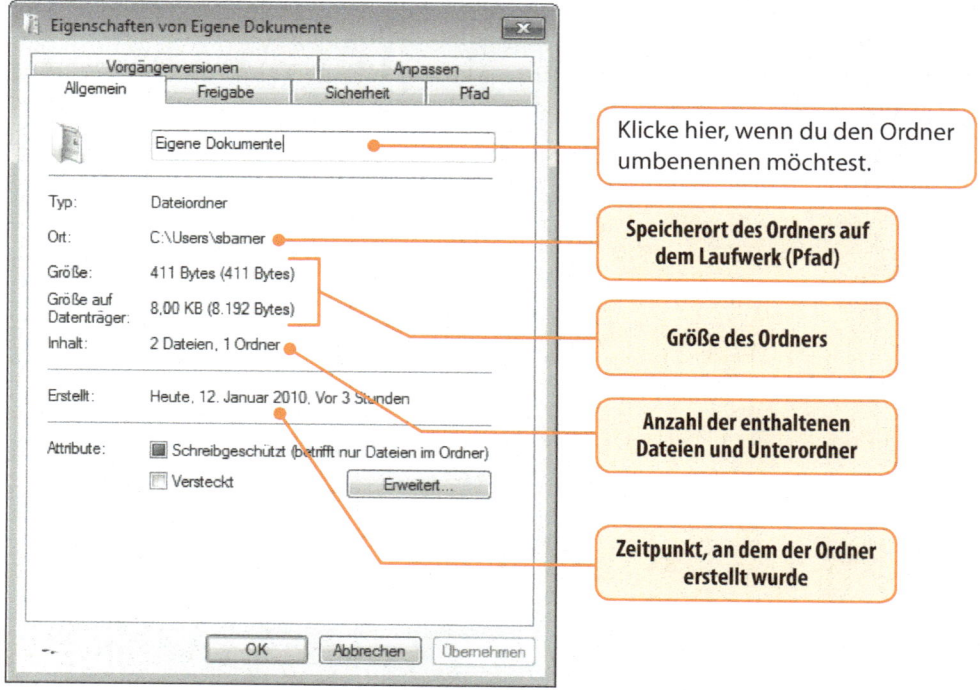

Objekt umbenennen

Du kannst Ordner, Dateien und Laufwerke auch umbenennen, indem du

- ihr Symbol mit der rechten Maustaste anklickst und *Umbenennen* wählst
- den Namen unterhalb des Symbols anklickst und ihn anschließend überschreibst
- sie markierst, auf Organisieren ▾ klickst und *Umbenennen* wählst

 Damit der Bezug zwischen Anwendung und Dateityp nicht durcheinandergerät, musst du beim Umbenennen der Datei die Dateinamenerweiterung beibehalten. Wird die Dateinamenerweiterung geändert, kann die Datei möglicherweise nicht mehr geöffnet werden.

Beachte beim Benennen von Dateien, Ordern oder Laufwerken folgende Regeln:

- Maximal 255 Zeichen (Buchstaben, Ziffern, Sonderzeichen)
- Die Zeichen \:/*?<>|" dürfen nicht verwendet werden.
- Leerzeichen am Anfang oder Ende sind ebenfalls nicht möglich, da sie automatisch von Windows entfernt werden.

 Um den Überblick zu bewahren, solltest du für Dateien und Ordner aussagekräftige Namen verwenden. Am besten, du denkst dir ein System aus, nach dem du die Namen vergibst. So kannst du in den meisten Fällen schon über den Namen auf den Inhalt der Datei bzw. des Ordners schließen.

Fotos Urlaub 2008

Bewerbung Ferienjob.docx

Referat J. S. Bach.pptx

CD-Katalog.xlsx

Passbild Tim.jpg

Eigenschaften einer Datei anzeigen

▶ Klicke die Datei mit der rechten Maustaste an und wähle *Eigenschaften*.

Du bekommst nun alle wichtigen Informationen rund um die Datei angezeigt. Außerdem kannst du hier den **Schreib-schutz** aktivieren und so die Datei vor versehentlichem Überschreiben schützen.

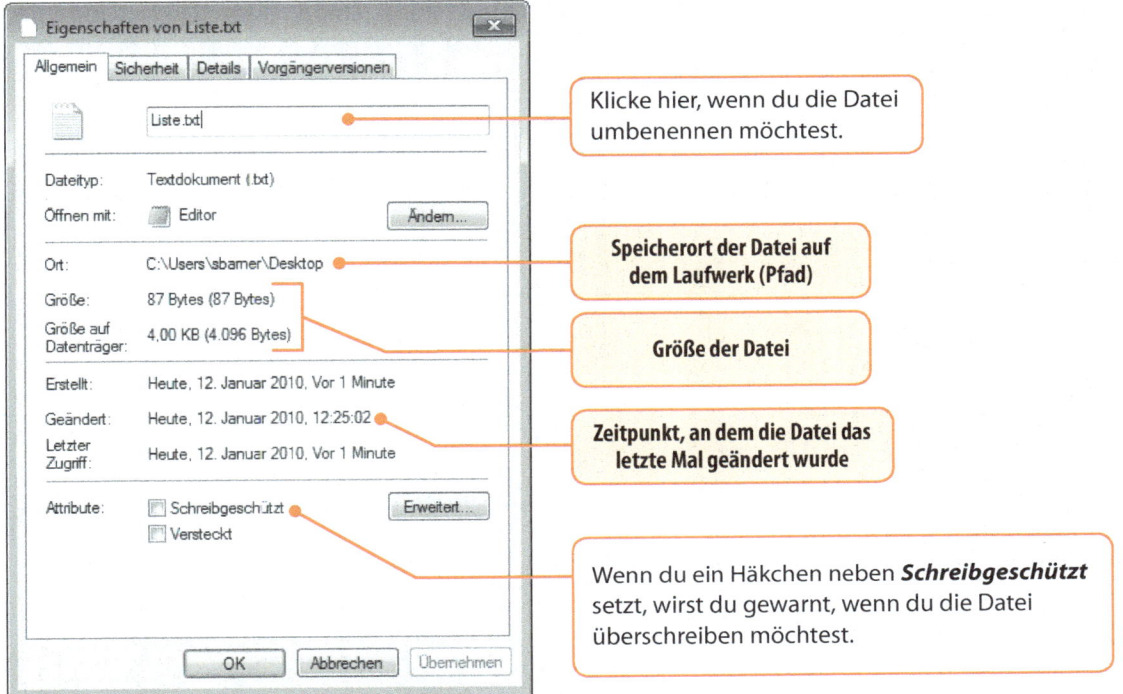

Klicke hier, wenn du die Datei umbenennen möchtest.

Speicherort der Datei auf dem Laufwerk (Pfad)

Größe der Datei

Zeitpunkt, an dem die Datei das letzte Mal geändert wurde

Wenn du ein Häkchen neben *Schreibgeschützt* setzt, wirst du gewarnt, wenn du die Datei überschreiben möchtest.

Dateien, die sich in einem Netzwerk befinden, können mit weiteren Eigenschaften versehen werden. So ist es z. B. möglich, eine Datei zu **sperren**. Dadurch wird vermieden, dass eine Datei irrtümlich von mehreren Personen gleichzeitig verändert wird.

Darüber hinaus kann festgelegt werden, welche Personen die Datei lesen bzw. verändern dürfen (Schreib- und Lesezugriff).

Ordner/Dateien sortiert anzeigen

Damit du bei sehr vielen Dateien bzw. Ordnern nicht die Übersicht verlierst, kannst du sie wahlweise nach Namen, Größe, Typ oder Änderungsdatum sortiert anzeigen lassen:

▶ Öffne das entsprechende Ordnerfenster.

▶ Klicke mit der rechten Maustaste in das Fenster und wähle mit *Sortieren nach* das gewünschte Sortierkriterium und die Sortierrichtung aus:

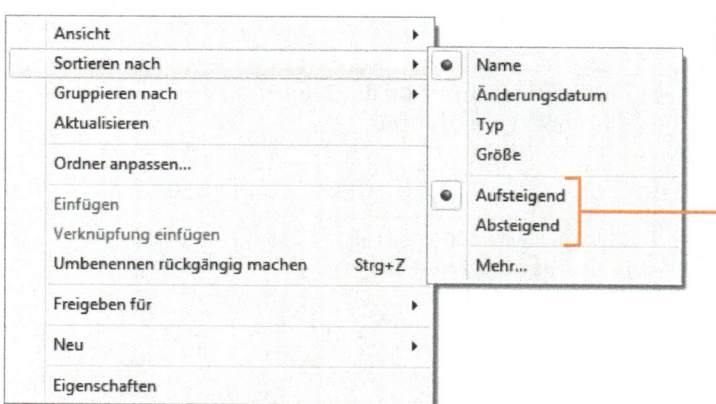

Wenn du in der Befehlsleiste das kleine Dreieck der Schaltfläche ▒▀ ▾ anklickst und *Details* auswählst, bekommst du die wichtigsten Dateieigenschaften direkt angezeigt:

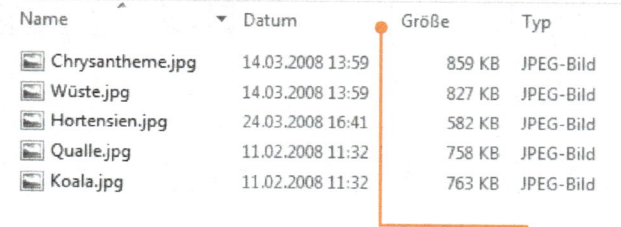

Wenn du mit der rechten Maustaste auf den **Spaltenkopf** klickst, kannst du per Kontextmenü bestimmen, welche Eigenschaft angezeigt werden soll bzw. welche nicht:

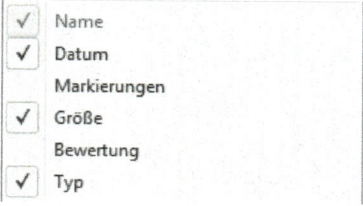

Hier geht das Sortieren besonders einfach: Klicke einfach nur den Spaltenkopf jener Eigenschaft an, nach der sortiert werden soll. Durch erneutes Anklicken derselben Überschrift kehrst du die **Sortierrichtung** (*Aufsteigend* oder *Absteigend*) um.

 Das aktuelle Sortierkriterium und die gewählte Sortierrichtung erkennst du an dem kleinen Dreieck ▲, das im Spaltenkopf angezeigt wird.

6 Dateien suchen

Übersicht

Trotz aller Ordnungsliebe kann es passieren, dass du auch mal nach einer Datei suchen musst. Im folgenden Kapitel erfährst du, wie du Dateien und Ordner schnell und gezielt findest:

- Datei suchen
- Besondere Suchoptionen nutzen
- Zuletzt benutzte Dateien anzeigen
- Verknüpfung erstellen

Laufwerke/Ordner durchsuchen

▶ Öffne im Computer-Fenster das zu durchsuchende Laufwerk mit einem Doppelklick bzw. öffne den Ordner, in dem du suchen möchtest.

▶ Gib im **Suchfeld** den gewünschten Suchbegriff ein.

Bereits während der Eingabe erscheinen alle Dateien bzw. Ordner, die den Suchbegriff enthalten:

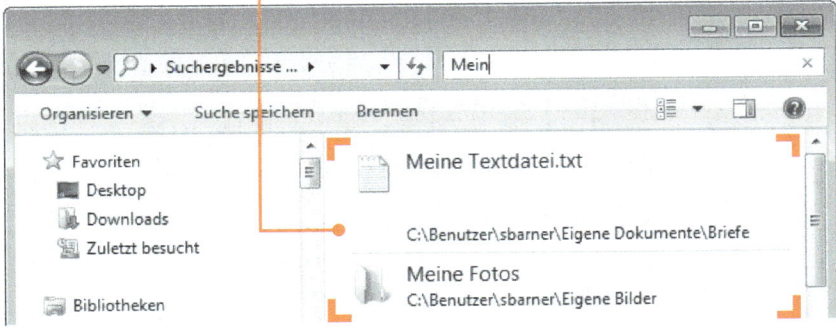

Die gefundenen Ordner und Dateien kannst du auf gewohnte Weise bearbeiten, z. B. mit einem Doppelklick öffnen.

Bei der Suche wird nicht nur der Dateiname, sondern auch der Inhalt der Datei berücksichtigt. Letzteres funktioniert natürlich nur, wenn die Datei auch Text enthält.

Falls das gesuchte Objekt in den Suchergebnissen nicht angezeigt wird, kannst du unten im Fenster die Suche auf weitere Speicherorte ausdehnen:

Nach Dateigröße suchen

 Um eine Suche zu starten, ohne vorher ein Ordnerfenster zu öffnen, drückst du ⊞+F.

▶ Gib im Suchfeld den Suchbegriff ein und wähle einen **Suchfilter** aus.

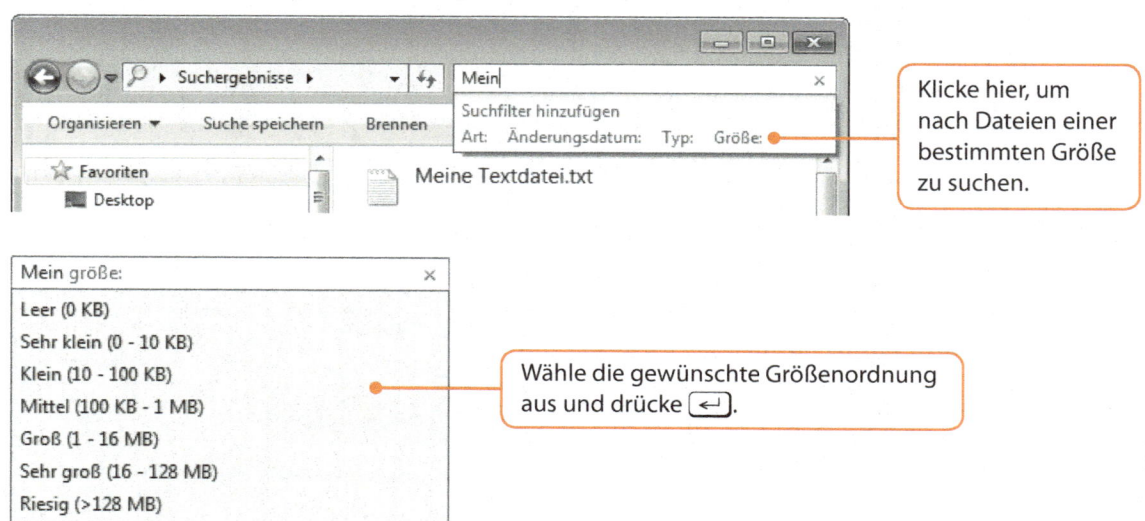

Klicke hier, um nach Dateien einer bestimmten Größe zu suchen.

Wähle die gewünschte Größenordnung aus und drücke ⏎.

In den Suchergebnissen werden jetzt nur Objekte mit der ausgewählten Größe angezeigt.

Nach Datum suchen

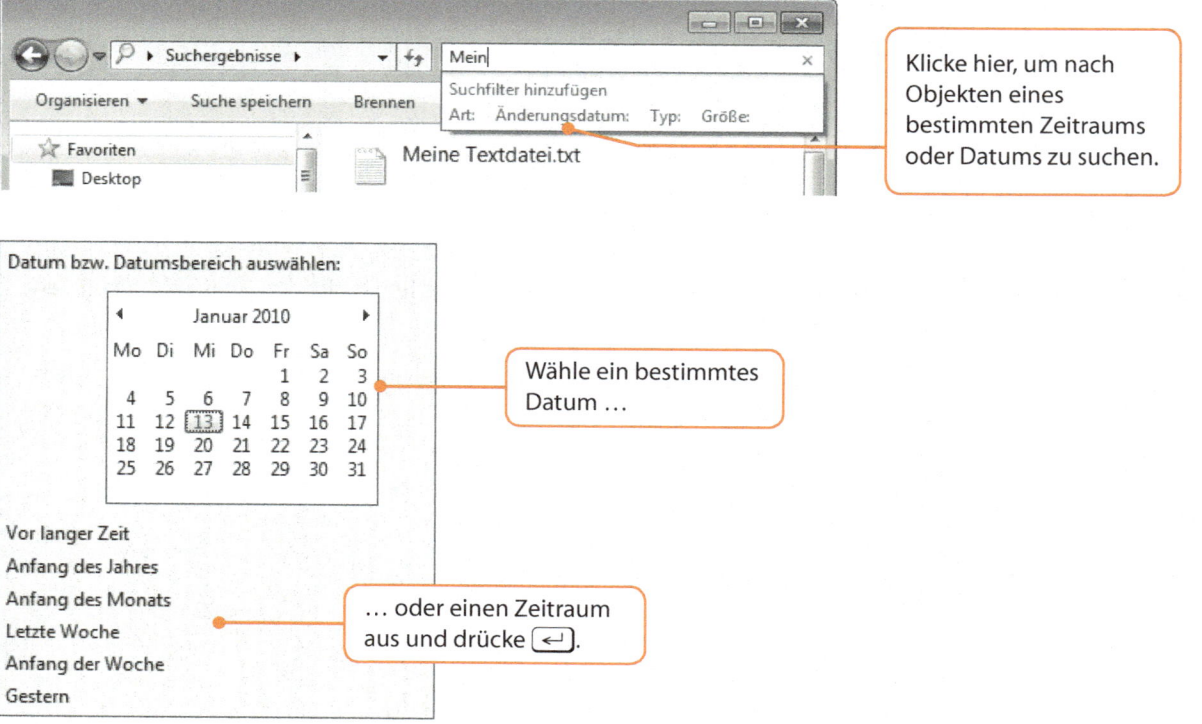

Klicke hier, um nach Objekten eines bestimmten Zeitraums oder Datums zu suchen.

Wähle ein bestimmtes Datum …

… oder einen Zeitraum aus und drücke ⏎.

© HERDT-Verlag

Weitere Suchfilter verwenden

Je nachdem, in welchem Ordner du suchst, stehen dir weitere Suchfilter zur Verfügung:

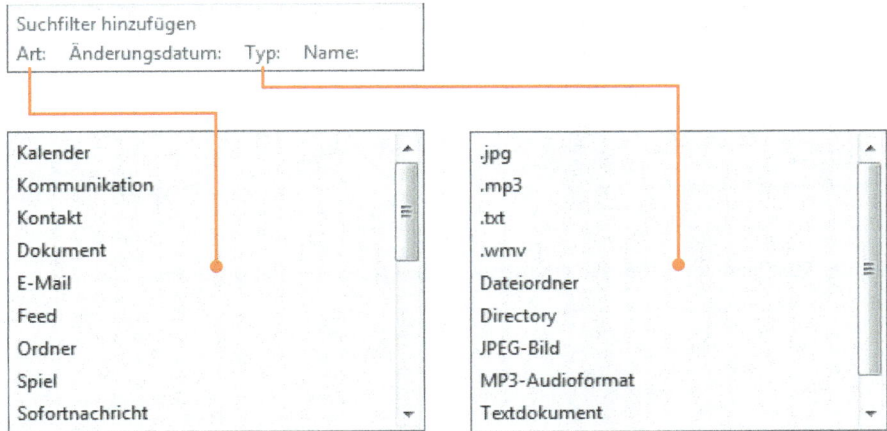

Wenn du nach Dateinamen suchst, können dir **Platzhalter** bei der Suche helfen. Der Stern (*) dient als Platzhalter für mehrere Zeichen. Ein Fragezeichen (?) als Platzhalter ersetzt bei der Suche genau ein Zeichen.

Es folgen ein paar Beispiele zum Einsatz des Platzhalters:

Eingegebener Suchbegriff	Mögliche Suchergebnisse
Einlad*	Einladung.rtf, Einladungskarte.docx
*.mp3	Alle Dateien mit der Endung .mp3
T*.docx	Tim.docx, Tom.docx, Tante.docx
T?nne.jpg	Tanne.jpg, Tonne.jpg

Über das Startmenü suchen

Hier kannst du nicht nur nach Dateien, sondern auch nach Programmen suchen:

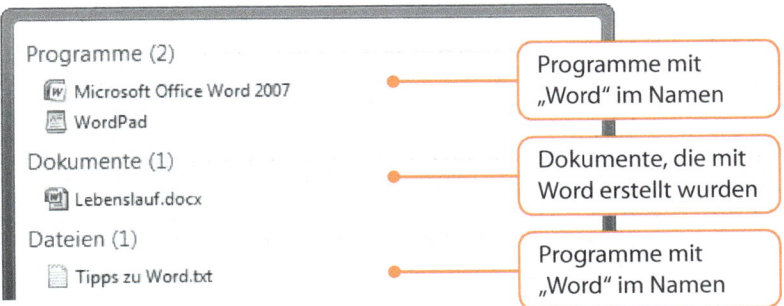

Programme mit „Word" im Namen

Dokumente, die mit Word erstellt wurden

Programme mit „Word" im Namen

Zuletzt benutzte Dateien und Ordner anzeigen

Wenn du eine Datei suchst, die du erst kürzlich bearbeitet hast, schaust du im Startmenü nach:

Verweile mit dem Mauszeiger
auf einem Programm …

… um die Dateien anzuzeigen, die du kürzlich
mit diesem Programm bearbeitet hast.

Wenn ein Programm geöffnet bzw. an die Taskleiste angeheftet ist, kannst du folgendermaßen vorgehen:

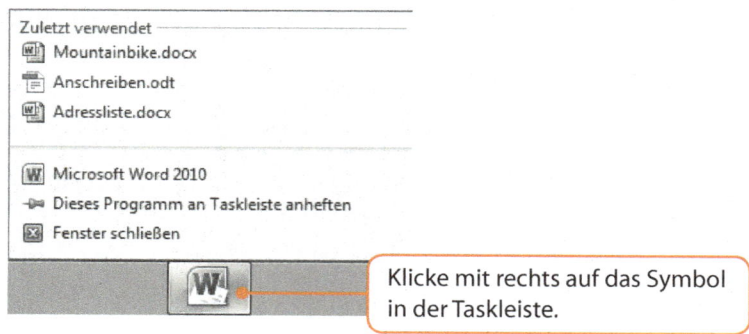

Klicke mit rechts auf das Symbol
in der Taskleiste.

In einem Ordnerfenster kannst du dir im Navigationsbereich unter **Favoriten** die zuletzt verwendeten Ordner anzeigen
lassen:

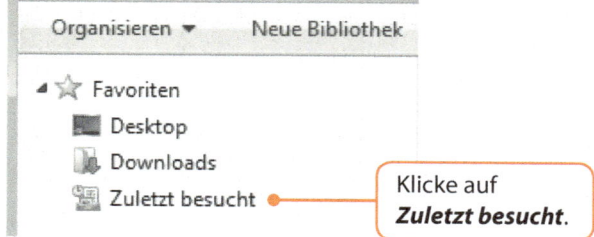

Klicke auf
Zuletzt besucht.

Verknüpfung erstellen

Zu Dateien und Ordnern, auf die du häufig zugreifen musst, solltest du dir auf dem Desktop oder im Startmenü eine
Verknüpfung erstellen. Verknüpfungen enthalten selbst keine Daten, sondern sind Symbole, die auf Dateien oder
Ordner verweisen.

Verknüpfungen erkennst du daran, dass an ihrem Symbol ein kleiner Pfeil „klebt":

So erstellst du eine Verknüpfung:

- Ziehe den Ordner oder die Datei mit gedrückter rechter Maustaste z. B. in einen
  anderen Ordner und wähle ***Verknüpfungen hier erstellen***.
- Um eine Verknüpfung auf dem Desktop zu erstellen, wählst du im Kontextmenü
  Senden an – Desktop (***Verknüpfung erstellen***).
- Um eine Verknüpfung im Startmenü zu erstellen, ziehst du den Ordner bzw. die Datei auf .

Eine Verknüpfung, die du nicht mehr benötigst, ziehst du in den Papierkorb, um sie zu löschen.

7 Dateien sichern und komprimieren

Übersicht

Wichtige Dateien und Ordner solltest du sichern. Mehr dazu im folgenden Kapitel:

- Sicherheitskopie erstellen
- Datenträger formatieren
- Datei komprimieren und extrahieren

Sicherheitskopie erstellen

Geht die Festplatte kaputt oder wird der Rechner gestohlen, sind auch die darauf gespeicherten Dateien verloren. Aus diesem Grund solltest du wichtige Dateien auf **Wechselmedien** kopieren. Wechselmedien können aus dem Laufwerk herausgenommen und an einem sicheren Ort verwahrt werden. So kannst du im Ernstfall immer noch auf eine **Sicherheitskopie** (auch **Backup** oder **Sicherungskopie** genannt) zurückgreifen.

▶ Öffne das Computer-Fenster und ziehe das zu sichernde Objekt auf das entsprechende Laufwerksymbol.

 Beschrifte das Wechselmedium bzw. versieh es mit einem Aufkleber.

Wechselmedium formatieren

Bevor du Wechselmedien wie z. B. Disketten, ZIP-Medien oder USB-Speichersticks zum ersten Mal benutzen kannst, musst du sie auf das Speichern von Daten vorbereiten. Das nennt man **Formatieren**.

▶ Öffne das Computer-Fenster.
▶ Klicke das Symbol des Laufwerks, in dem sich das Wechselmedium befindet, mit der rechten Maustaste an und wähle **Formatieren**.

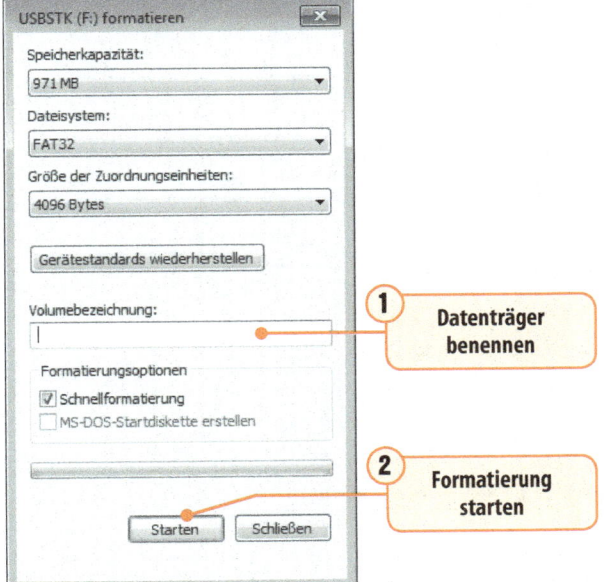

▶ Bestätige den Warnhinweis.

Nachdem der Formatiervorgang (der mehrere Minuten dauern kann) abgeschlossen ist, bekommst du einen entsprechenden Hinweis angezeigt.

> **!** Durch das Formatieren werden sämtliche Dateien und Ordner, die sich bereits auf dem Wechselmedium befinden, unwiderruflich gelöscht

Dateien platzsparend archivieren

Du kannst beliebige Dateien und Ordner in eine einzelne komprimierte Datei zusammenfassen und platzsparend archivieren bzw. weitergeben. Platzsparend deshalb, weil komprimierte Dateien weniger Speicherplatz benötigen.

Windows verwendet zur Komprimierung von Dateien das sogenannte **ZIP**-Verfahren. Dieses arbeitet **verlustfrei**, das heißt, die Daten werden beim Ein- oder Auspacken nicht verändert.

Eine im ZIP-Verfahren komprimierte Datei erkennst du an der Dateinamenerweiterung **.zip** und am Symbol mit dem Reißverschluss:

Archiv.zip

> **i** Ob und wie stark eine Datei verkleinert wird, hängt von ihrem Inhalt ab. Filme, Fotos und Musik werden beim ZIP-Verfahren nicht oder nur sehr wenig verkleinert. Alternativ gibt es das RAR-Verfahren, das Dateien oftmals noch platzsparender komprimiert. Da Windows selbst keine Dateien im RAR-Format erzeugen oder auspacken kann, muss dazu ein spezielles Programm installiert werden.

Ordner oder Datei komprimieren

Um eine ZIP-Datei zu erstellen, gehst du folgendermaßen vor:

▶ Markiere die zu komprimierenden Dateien und/oder Ordner und klicke sie mit der rechten Maustaste an.

▶ Wähle *Senden an – ZIP-komprimierter Ordner*.

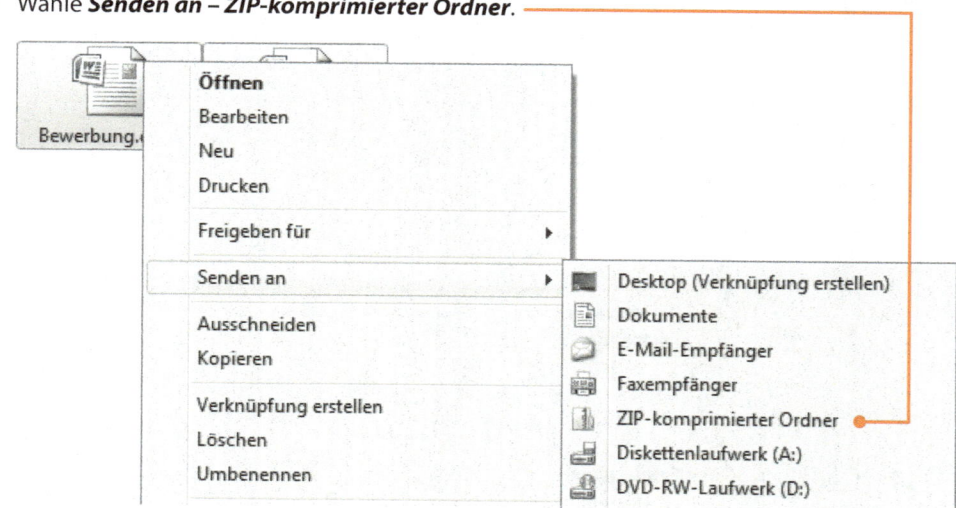

▶ Gib den Namen für die ZIP-Datei ein.

Möchtest du einer bestehenden ZIP-Datei weitere Dateien oder Ordner hinzufügen, ziehst du diese einfach auf das Symbol der ZIP-Datei.

Komprimierte Datei auspacken

Unter Windows 7 werden ZIP-Dateien praktisch wie Ordner behandelt. Das gilt auch für das **Extrahieren** (Auspacken) der enthaltenen Dateien.

▶   Öffne die ZIP-Datei mit einem Doppelklick.

Die in der ZIP-Datei enthaltenen Dateien und Ordner werden wie in einem normalen Ordnerfenster angezeigt:

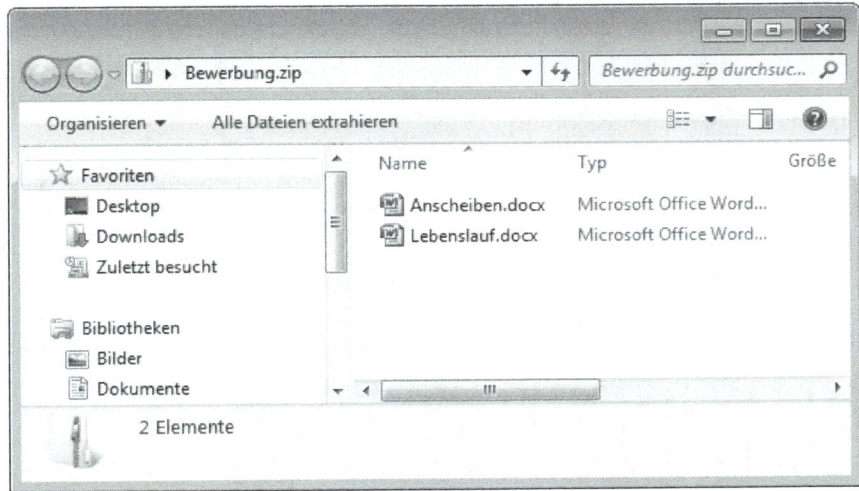

▶   Markiere die gewünschten Objekte und ziehe sie in das Zielverzeichnis bzw. klicke auf Alle Dateien extrahieren , um alle enthaltenen Objekte auszupacken.

   Wenn du Dateien aus der oder in die ZIP-Datei ziehst, werden sie kopiert. Sollen die Dateien stattdessen verschoben werden, hältst du beim Ziehen ⇧ gedrückt.

8 Programme und Geräte installieren

Übersicht

Damit du neue Programme oder Geräte (z. B. Drucker) benutzen kannst, musst du sie mit Windows erst einmal bekannt machen. Wie das geht, erfährst du im folgenden Kapitel:

- Systemeigenschaften ermitteln
- Programm installieren
- Programm entfernen
- Drucker einrichten

Systeminformationen abrufen

Nicht jedes Programm arbeitet mit jedem Computer zusammen. Um zu prüfen, ob die erforderlichen Voraussetzungen (**Systemvoraussetzungen**) erfüllt werden, kannst du dir die wichtigsten Eigenschaften deines Computers in einem Fenster anzeigen lassen:

▶ Klicke im Startmenü mit der rechten Maustaste auf **Computer** und wähle **Eigenschaften**.

Du bekommst nun alle grundlegenden Informationen zu deinem Computer angezeigt:

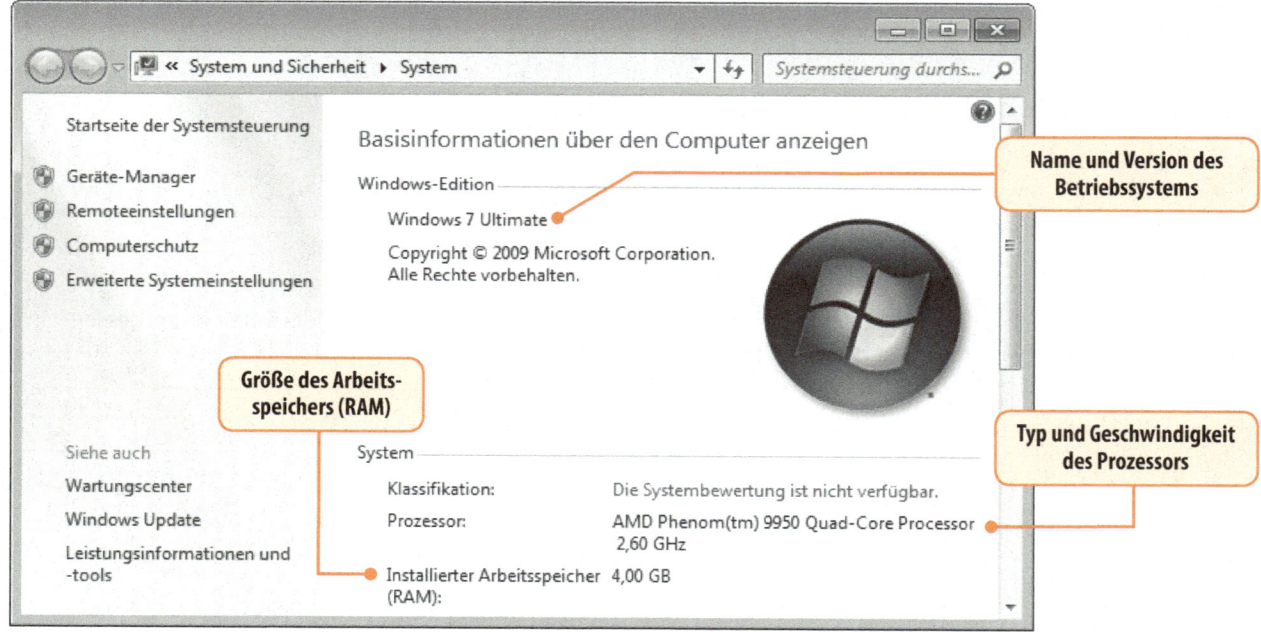

 Noch schneller rufst du das Fenster mit ⊞+[Pause] auf.

Programm installieren

Für viele Programme ist die CD, auf der sie ausgeliefert werden, nur das Transportmedium. Bevor du ein Programm benutzen kannst, musst du es installieren. Dies erfolgt oftmals mithilfe eines **Installationsprogramms** (oft auch als **Setup** bezeichnet).

Das Installationsprogramm befindet sich auf der Programm-CD. Es heißt fast immer **Setup.exe** oder **Setup.msi** und wird oft nach Einlegen der CD automatisch gestartet.

Falls das Installationsprogramm nicht von selbst startet, startest du es manuell:

▶ Öffne im Computer-Fenster das Laufwerk, in dem sich die Programm-CD befindet.

▶ Klicke die Datei **Setup.exe** (oder ähnlich) doppelt an.

▶ Befolge die Anweisungen auf dem Bildschirm und klicke dann auf **Weiter**.

Wahrscheinlich wirst du im Laufe der Installation nach einem Zielverzeichnis gefragt.

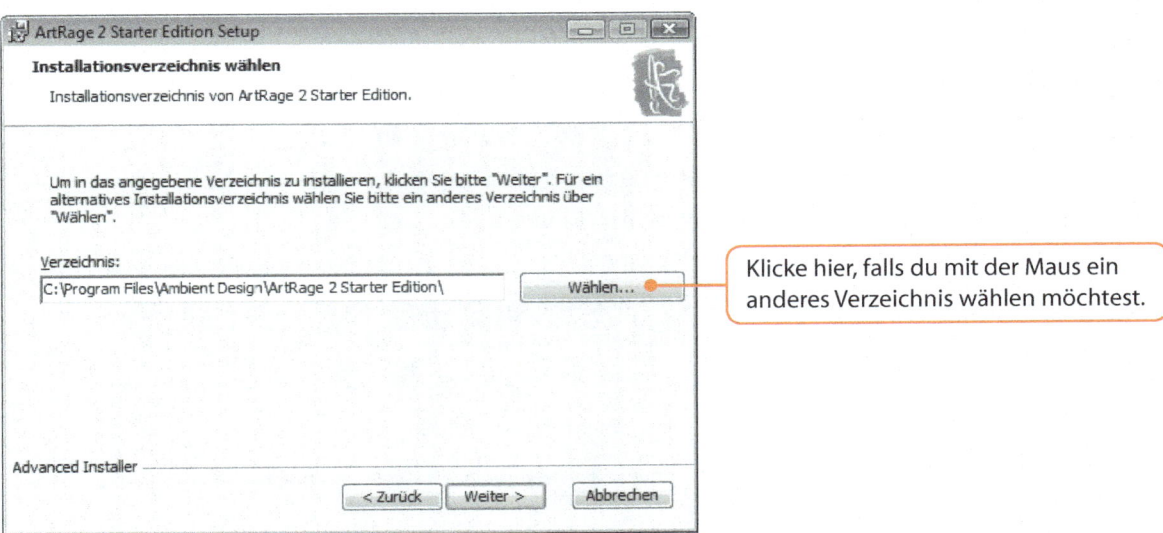

Klicke hier, falls du mit der Maus ein anderes Verzeichnis wählen möchtest.

▶ Übernimm das vorgeschlagene Verzeichnis, indem du auf **Weiter** klickst.

Nachdem du alle erforderlichen Angaben gemacht hast, werden die benötigten Dateien auf die Festplatte kopiert. Ein Balken zeigt dir den Fortschritt an:

Nach erfolgreicher Installation erscheint im Startmenü ein neuer Eintrag.

Klicke in der Rubrik **Alle Programme** auf den entsprechenden Ordner, um die installierten Dateien anzuzeigen.

Manche Setup-Programme richten zusätzlich dazu eine Verknüpfung auf dem Desktop ein:

▶ Klicke doppelt auf das Symbol, um das Programm zu starten.

Programm entfernen

Um ein nicht länger benötigtes Programm zu entfernen, genügt es nicht, einfach seinen Ordner zu löschen. Du musst es **deinstallieren**.

▶ Öffne das Startmenü und gehe auf ***Alle Programme***.

▶ Kontrolliere, ob du im Startmenü-Ordner des Programms einen Eintrag findest, der z. B. mit ***entfernen*** oder ***deinstallieren*** endet.

▶ Falls ja, klicke auf den Eintrag, um die Deinstallation zu starten.

Falls im Startmenü kein derartiger Eintrag enthalten ist, gehst du folgendermaßen vor:

▶ Klicke im Startmenü auf ***Systemsteuerung***.

▶ Wähle ***Programm deinstallieren***.

Nun werden alle Programme aufgelistet, die auf deinem Computer installiert sind:

▶ Wähle das Programm, das du entfernen möchtest, per Mausklick aus.

▶ Klicke auf ***Deinstallieren***.

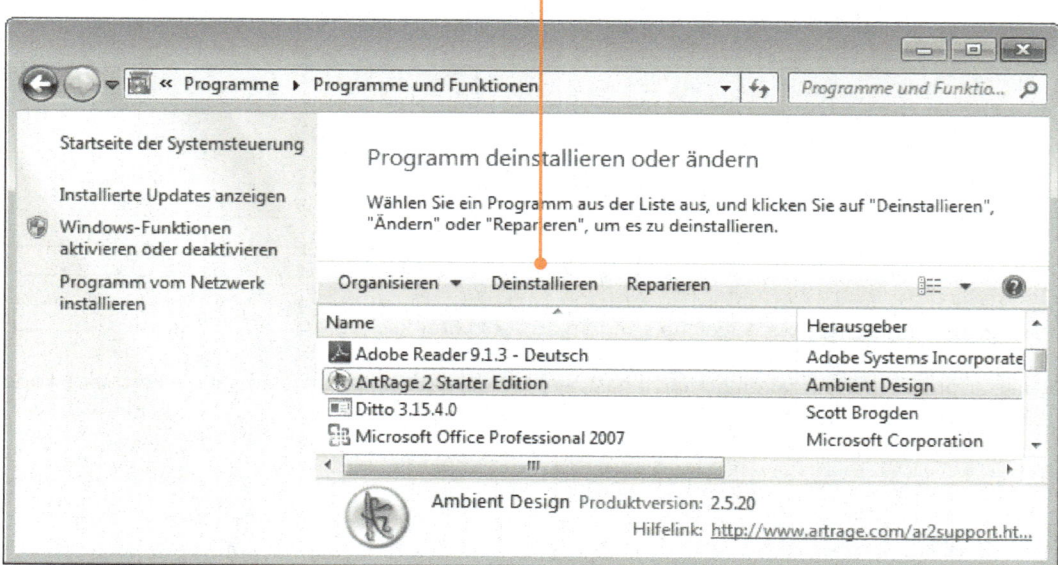

Die weitere Vorgehensweise ist von Programm zu Programm unterschiedlich. Befolge die Anweisungen auf dem Bildschirm, um die Deinstallation abzuschließen.

Drucker installieren

Bevor du einen neuen Drucker erstmalig in Betrieb nehmen kannst, musst du ihn mit Windows bekannt machen. Je nach Drucker erledigst du das über ein Programm, das dem Drucker beiliegt, oder über die Windows-Funktion ***Drucker hinzufügen***.

Lies dir auf jeden Fall die Bedienungsanleitung des Druckers durch, bevor du beginnst. Drucker, die per USB am Rechner angeschlossen sind, werden oft automatisch installiert.

▶ Klicke im Startmenü auf **Systemsteuerung**.

▶ Wähle **Geräte und Drucker anzeigen**.

▶ Klicke in der Befehlsleiste auf Drucker hinzufügen .

Als Erstes teilst du Windows mit, ob der Drucker lokal oder per Netzwerk mit dem Computer verbunden ist:

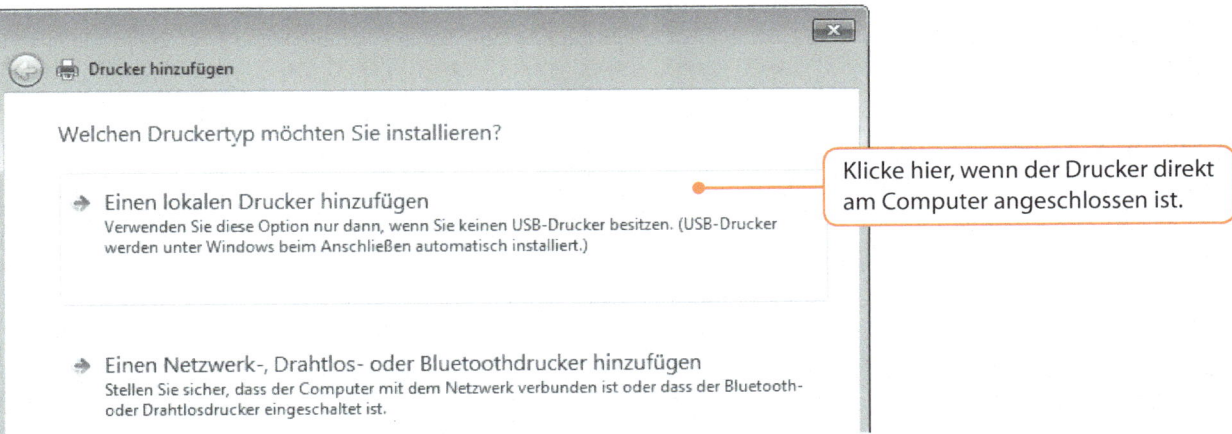

▶ Falls du **Einen lokalen Drucker hinzufügen** gewählt hast, teilst du nun den Anschluss mit, an dem der Drucker angeschlossen ist:

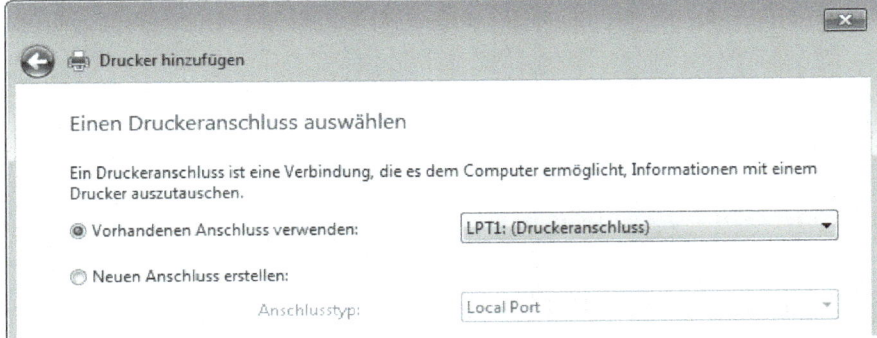

▶ Nun musst du noch den Hersteller und das Druckermodell angeben.

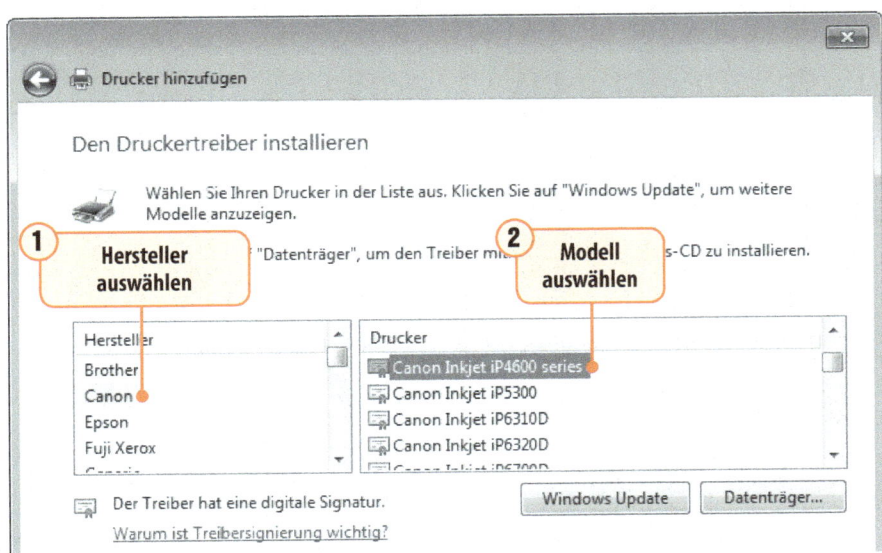

Falls dein Druckermodell nicht angezeigt wird, musst du die CD oder Diskette einlegen, die du mit deinem Drucker bekommen hast, und **Datenträger** anklicken.

Wenn du das erledigt hast, kannst du dem Drucker einen Namen geben.

Im nächsten Schritt kannst du festlegen, ob der Drucker auch von anderen Computern genutzt werden soll.

Anschließend wird der von dir gewählte **Druckertreiber** installiert.

Nachdem der Drucker installiert wurde, bekommst du die Möglichkeit, eine **Testseite** auszudrucken. Dies solltest du auch tun.

Wenn die Seite richtig gedruckt wurde, ist der Drucker betriebsbereit.

Standarddrucker ändern

Um einen bestimmten Drucker als **Standarddrucker** festzulegen, gehst du so vor:

▶ Klicke im Startmenü auf *Systemsteuerung*.

▶ Klicke auf *Geräte und Drucker anzeigen*.

▶ Klicke das Symbol des künftigen Standarddruckers mit der rechten Maustaste an und wähle *Als Standarddrucker festlegen*.

Welcher Drucker aktuell der Standarddrucker ist, erkennst du an einem Häkchen an seinem Symbol:

Canon Inkjet iP4600 series
0 Dokument(e) in der Warteschla...
Drucker: Bereit

   Wenn du aus diesem Fenster ein Drucker-Symbol auf den Desktop ziehst, erstellst du eine **Druckerverknüpfung**. Um eine Datei auszudrucken, musst du sie jetzt nur noch auf das Symbol der Druckerverknüpfung ziehen.

9   Probleme beheben

Übersicht

Computer können hin und wieder auch Probleme verursachen. Im folgenden Kapitel erfährst du, wie du dir im Falle eines Falles selbst helfen kannst:

- Programm abbrechen
- Windows neu starten
- Fehlerbeschreibung erstellen
- Maßnahmen gegen Viren ergreifen

Programm abbrechen

Manchmal kommt es vor, dass ein Programm nicht mehr reagiert und deshalb nicht auf herkömmliche Weise beendet werden kann. Dann musst du das Programm „mit Gewalt" beenden:

▶   Halte Strg + Alt gedrückt und drücke kurz Entf.

Diese Tastenkombination öffnet den **Task-Manager**:

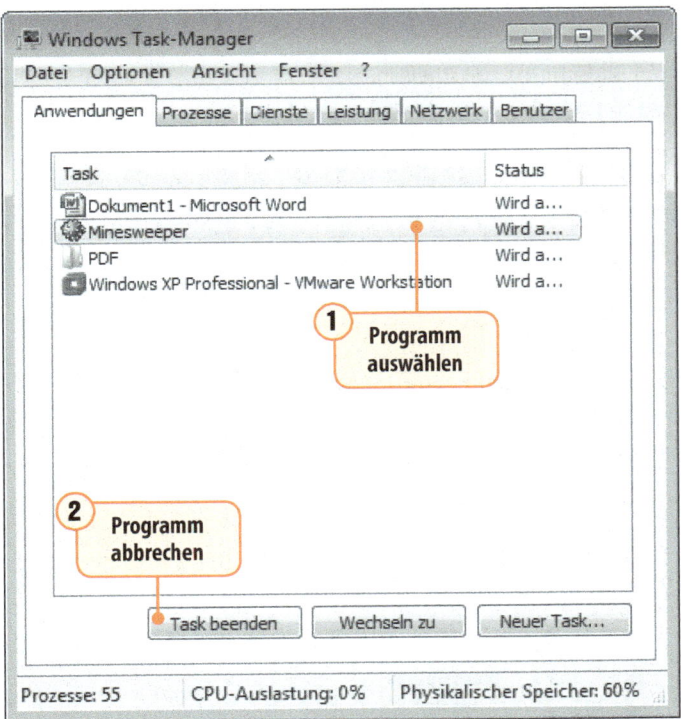

 Manchmal kann es eine Minute dauern, bis der Task-Manager erscheint bzw. bis ein Task bzw. ein Programm beendet wird

Windows neu starten

Wenn du das Gefühl hast, dass sich dein Computer merkwürdig verhält oder Windows nur noch extrem langsam reagiert, solltest du als erste Maßnahme Windows neu starten.

▶ Klicke im Startmenü auf ▶ und wähle **Neu starten**.

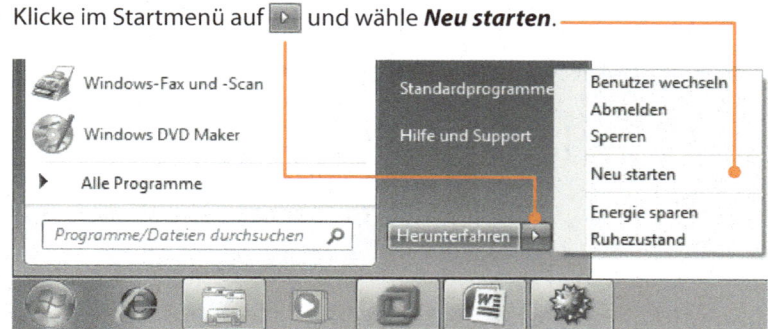

Nun wird Windows heruntergefahren und automatisch neu gestartet.

Screenshot erstellen

Falls du bei Problemen jemanden um Hilfe bitten willst, bringst du am besten eine Fehlerbeschreibung mit. Um eine Fehlermeldung oder einen anderen Bildschirmausschnitt hinzuzufügen, kannst du ein Bildschirmfoto (**Screenshot**) anfertigen.

▶ Drücke ⌈Druck⌋, um einen Screenshot des gesamten Bildschirms zu schießen.

▶ Drücke ⌈Alt⌋+⌈Druck⌋, um einen Screenshot vom aktuell ausgewählten Fenster zu erstellen.

 Der Screenshot wird hier nicht als Datei gespeichert, sondern in die Zwischenablage abgelegt. Um ihn zu betrachten bzw. zu speichern, musst du ihn in eine Datei einfügen.

Möchtest du einen Screenshot von einem beliebigen Bildschirmausschnitt anfertigen, verwendest du das Programm **Snipping Tool**.

▶ Gehe im Startmenü auf **Alle Programme** und klicke unter **Zubehör** auf **Snipping Tool**.

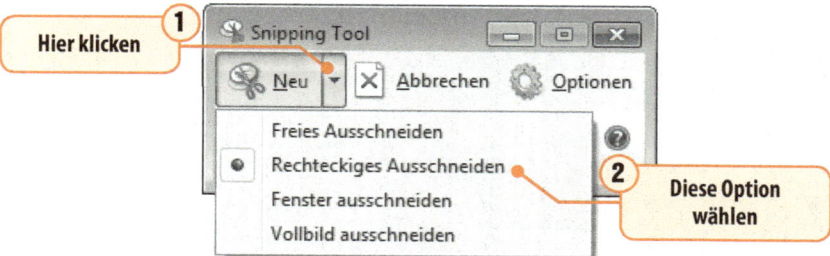

▶ Ziehe mit gedrückter linker Maustaste einen Rahmen um den gewünschten Bildschirmbereich.

▶ Klicke auf 🗐 oder wähle im Menü **Bearbeiten – Kopieren**.

Screenshot in WordPad einfügen

Wenn du den Screenshot in eine Textdatei einfügst, kannst du dann auch gleich den Fehler beschreiben. Da du im Editor keine Bilder einfügen kannst, verwendest du das Programm **WordPad**.

- ▶ Klicke im Startmenü auf **Alle Programme** und dann auf **Zubehör**.
- ▶ Wähle **WordPad** aus.

Auch in WordPad zeigt dir der Cursor die Eingabeposition an. WordPad verfügt über eine **Symbolleiste** und ein **Menüband**, mit denen du Befehle aufrufen kannst:

- ▶ Klicke in der Gruppe **Zwischenablage** auf ☐ (**Einfügen**), um den Screenshot an der Cursorposition einzufügen.

Im folgenden Beispiel wurde ein Screenshot des Computer-Fensters eingefügt:

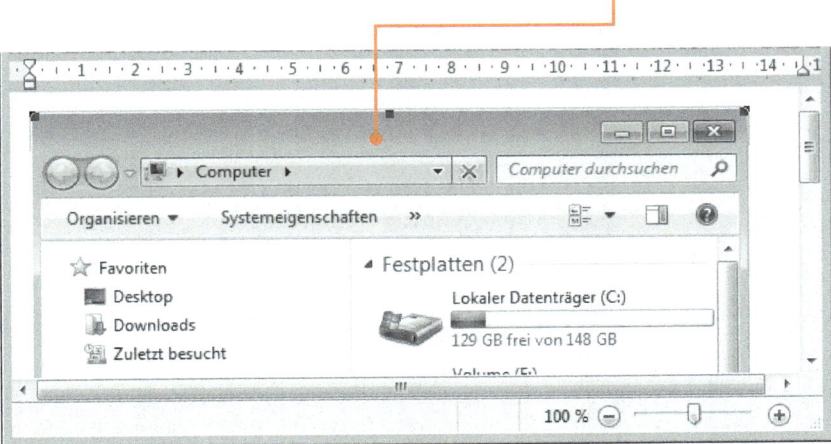

Im Falle einer Fehlerbeschreibung solltest du noch ein paar Zeilen Text dazu schreiben.

- ▶ Klicke in der Symbolleiste auf ☐, um die Datei zu speichern.
- ▶ Um eine bestehende Datei unter einem anderen Namen zu speichern, öffnest du mit ▣▾ das WordPad-Menü und wählst **Speichern unter**.

Fehlerbeschreibung ausdrucken

Wenn ein Drucker an deinem Computer angeschlossen ist, kannst du deine Fehlerbeschreibung auch zu Papier bringen.

> **!** Achte vor dem Drucken darauf, dass der Drucker eingeschaltet und Papier eingelegt ist.

Die Vorgehensweise beim Drucken ist bei den meisten Programmen ganz ähnlich. In den meisten Programmen startest du den Druckvorgang über das Symbol 🖨 .

In WordPad gehst du über das Menü:

- Öffne mit **▤ ▾** das Menü und gehe auf **Drucken**.

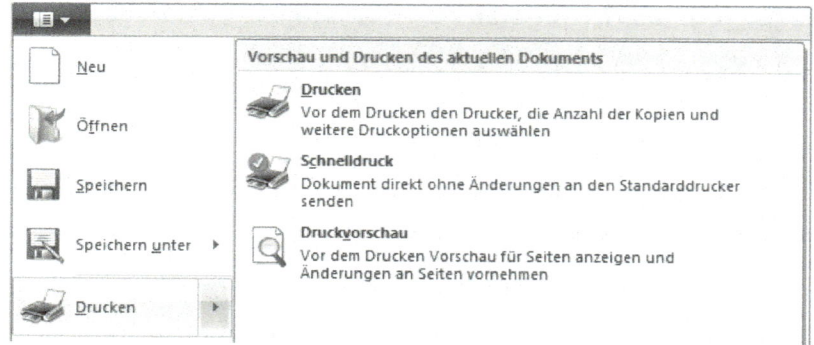

Wenn du **Schnelldruck** wählst, startet der Druckvorgang unmittelbar und ohne weitere Rückfrage. Wenn du hingegen **Drucken** anklickst, kannst du vor dem Druckbeginn noch verschiedene Einstellungen ändern:

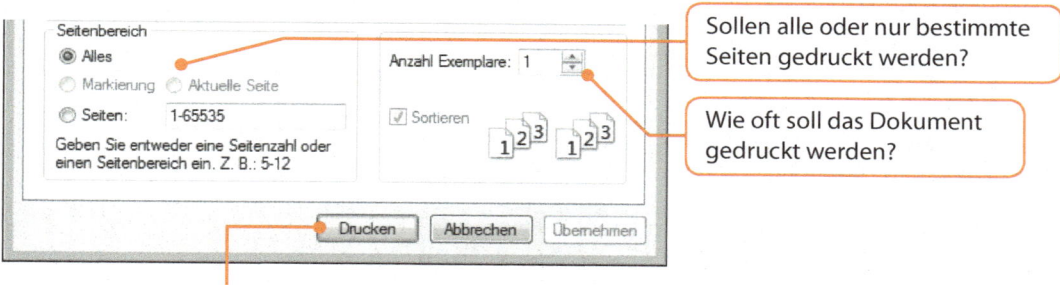

Sollen alle oder nur bestimmte Seiten gedruckt werden?

Wie oft soll das Dokument gedruckt werden?

▶ Klicke auf **Drucken**, um den Druckauftrag zu starten.

> **i** Einige dieser Einstellungen können vom verwendeten Druckermodell anhängig sein. Solche Einstellungen werden dann in der Bedienungsanleitung des Druckers erklärt.

Druckerstatus kontrollieren

Um den Status bzw. Fortschritt eines Druckauftrags zu kontrollieren, klickst du das Druckersymbol rechts in der Taskleiste doppelt an:

Die **Druckerwarteschlange** wird geöffnet. Hier werden alle aktuellen Druckaufträge untereinander aufgelistet. Den verschiedenen Spalten kannst du z. B. entnehmen, wie weit der Druckauftrag fortgeschritten ist und von wem bzw. wann er gestartet wurde.

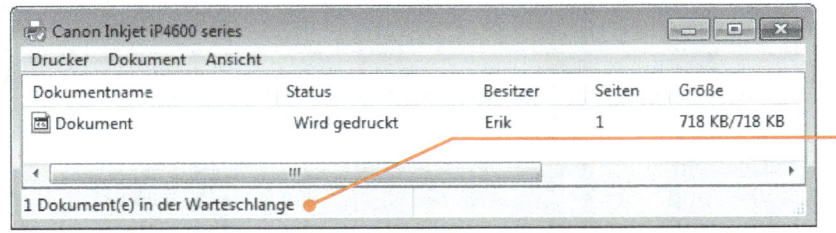

> In der **Statusleiste** wird die Anzahl der unbearbeiteten Druckaufträge angezeigt.

Im gleichen Fenster kannst du laufende Druckaufträge auch anhalten oder löschen:

▶ Wähle **Dokument – Abbrechen** oder drücke (Entf), um den markierten Druckauftrag zu löschen.

▶ Wähle **Dokument – Anhalten**, um den markierten Druckauftrag vorübergehend zu stoppen.

▶ Wähle **Dokument – Fortsetzen**, um einen gestoppten Druckauftrag fortzusetzen.

 Du kannst die Druckerwarteschlange auch öffnen, indem du in der Systemsteuerung **Geräte und Drucker anzeigen** wählst und das Symbol des Druckers doppelt anklickst.

Was sind Computerviren?

Wenn sich dein Computer ungewohnt verhält, könnte auch ein **Virus** die Ursache sein. Viren sind **Schadprogramme**, die sich entweder von selbst oder durch Unachtsamkeit des Benutzers weiterverbreiten und unbemerkt auf anderen Computern installieren.

Die Auswirkungen von Viren sind unterschiedlich, besonders rigorose Viren löschen sogar Daten auf der Festplatte. Doch auch harmlosere Vertreter, die dich vielleicht nur mit einer Bildschirmmeldung ärgern, können fatale Nebenwirkungen haben:

▪ Programme laufen nicht mehr stabil.

▪ Dateien können nicht mehr geöffnet werden.

▪ Computer booten nicht mehr oder schalten plötzlich ab.

Nur, wie kommen Viren auf den Computer? Viren und andere Schadprogramme können

▪ durch das Einlegen fremder Datenträger

▪ durch das Öffnen verseuchter Dateien (z. B. von E-Mails)

▪ durch das Öffnen manipulierter Programme oder Internetseiten

▪ über eine bestehende Verbindung zum Internet

auf deinen Computer gelangen. Du solltest also stets vorsichtig und gegenüber Dateien aus unbekannten Quellen grundsätzlich misstrauisch sein.

Viren erkennen

Einen zusätzlichen Schutz gegen Viren bieten dir **Virenscanner**, das sind Programme, die deinen Computer auf Viren untersuchen. Die meisten dieser Programme arbeiten „im Hintergrund" und überwachen deinen Computer so lange, bis du ihn ausschaltest.

Ein Virenscanner wie z. B. das Programm **AntiVir**

- testet von Zeit zu Zeit die gesamte Festplatte
- ermöglicht es dir, einzelne Dateien oder Ordner zu überprüfen
- meldet verdächtige Aktionen
- überprüft Dateien, die aus dem Internet und von E-Mails stammen

 Wenn du Glück hast, kann der Virenscanner deinen Rechner nach einem Virenbefall „desinfizieren", also den Virus entfernen. Viele Viren sind aber so hartnäckig, dass der letzte Ausweg das Löschen der gesamten Festplatte ist

Da fast täglich neue Viren erscheinen und sich via Internet binnen Stunden über den gesamten Globus verbreiten können, ist es ganz wichtig, dass dein Virenscanner immer auf dem neuesten Stand ist.

Einige Virenscanner aktualisieren sich automatisch über das Internet, bei anderen Programmen musst du dich selbst um die Aktualisierung (das **Update**) kümmern.

Laufwerk, Ordner oder Datei auf Viren prüfen

Am Beispiel von AntiVir wird nun gezeigt, wie du einzelne Ordner bzw. Dateien oder ganze Laufwerke auf Viren überprüfen kannst.

▶ Klicke das Symbol des zu prüfenden Objekts mit der rechten Maustaste an und wähle ***Ausgewählte Dateien mit AntiVir überprüfen***.

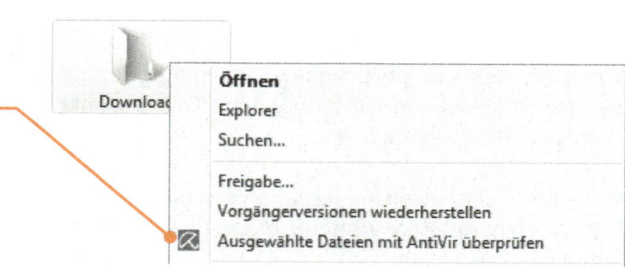

▶ Nachdem die enthaltenen Dateien überprüft wurden, bekommst du das Ergebnis angezeigt. Hier ist alles in Ordnung:

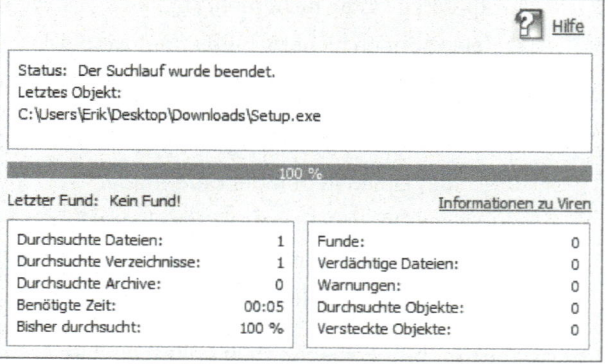

10 Windows anpassen

Übersicht

Im letzten Kapitel lernst du, wie du in Windows weitere Einstellungen vornimmst und Fragen zur Bedienung klärst:

- Datum, Zeit, Lautstärke und Tastatursprache einstellen
- Bildschirmeinstellungen ändern
- Windows-Hilfe nutzen

Datum und Zeit einstellen

Es ist wichtig, dass bei einem Computer Datum und Uhrzeit stimmen. Beides stellst du in der Systemsteuerung ein:

- ▶ Klicke im Startmenü auf **Systemsteuerung**.
- ▶ Klicke auf **Zeit**, **Sprache** und **Region**, danach auf **Datum und Uhrzeit festlegen**.

 Noch schneller öffnest du das folgende Fenster, wenn du die Uhrzeitanzeige der Taskleiste anklickst und **Datum- und Uhrzeiteinstellungen ändern** wählst.

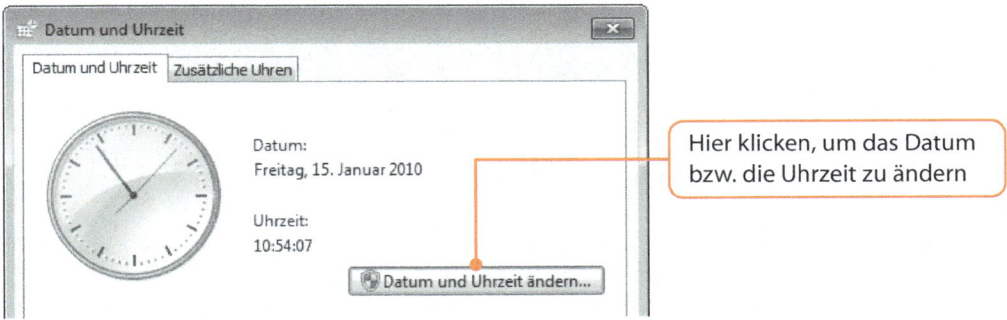

Hier klicken, um das Datum bzw. die Uhrzeit zu ändern

Nun kannst du das Datum oder die Uhrzeit einstellen:

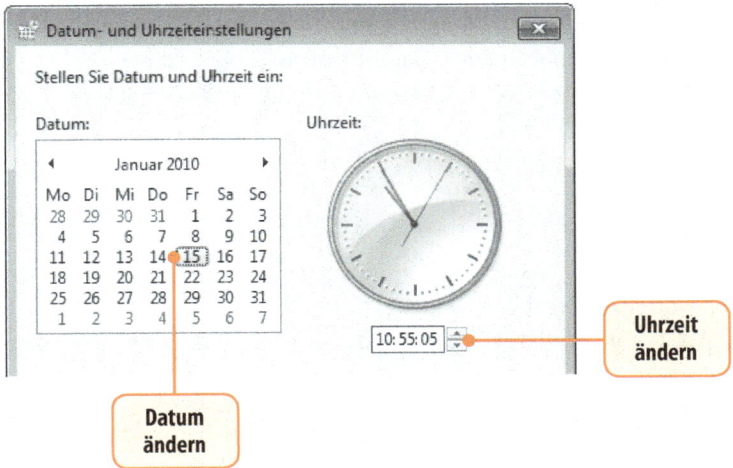

Uhrzeit ändern

Datum ändern

Lautstärke einstellen

▸ Klicke doppelt auf das Lautsprechersymbol in der Taskleiste.

Falls das Symbol gerade ausgeblendet ist, klickst du auf ▲.

Du siehst nun einen Schieberegler, mit dem du die Gesamtlautstärke einstellen kannst:

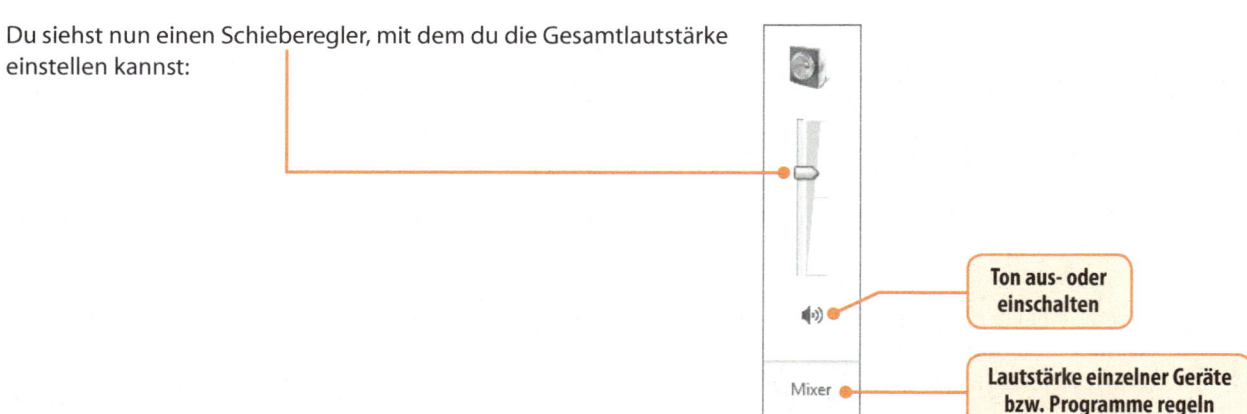

Ton aus- oder einschalten

Lautstärke einzelner Geräte bzw. Programme regeln

Tastatursprache ändern

Die Auswahl und Anordnung der Zeichen auf der Tastatur ist von Land zu Land unterschiedlich. So können z. B. die Zeichen Z und Y vertauscht sein oder bestimmte Zeichen fehlen. Durch Umschaltung der **Tastatursprache** kann man Windows an fremdsprachige Tastaturen anpassen:

▸ Klicke in der Taskleiste auf DE und wähle die gewünschte Sprache aus, z. B. *Englisch*.

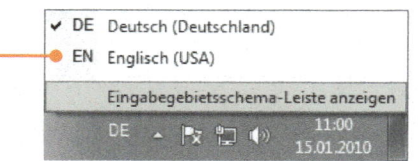

Falls die gewünschte Sprache nicht angezeigt wird, klickst du das Symbol in der Taskleiste mit der rechten Maustaste an, wählst *Einstellungen* und klickst dann auf die Schaltfläche *Hinzufügen*. Klicke doppelt auf das gewünschte Land. Dann klickst du doppelt auf den Eintrag *Tastatur* und setzt ein Häkchen neben die gewünschte Tastatursprache. Wenn du nun auf das Symbol in der Taskleiste klickst, kannst du die neu hinzugefügte Tastatursprache auswählen.

Design ändern

Mithilfe von **Designs** kannst du das Erscheinungsbild von Windows schnell ändern.

▸ Klicke mit der rechten Maustaste auf den Desktop und wähle *Anpassen*.

▸ Wähle das gewünschte Design aus:

Das Design **Windows 7** wirkt bunt und peppig. **Windows – klassisch** hingegen sieht unscheinbarer aus und lehnt sich an das Aussehen früherer Windows-Versionen an.

Farbschema ändern

Über das **Farbschema** bestimmst du die Farbauswahl und die Transparenz von Fenstern.

▶ Klicke mit der rechten Maustaste auf den Desktop und wähle *Anpassen*.

▶ Wähle die Funktion *Fensterfarbe*.

Falls *Windows 7* als Design ausgewählt wurde, stehen dir folgende Einstellmöglichkeiten zur Verfügung:

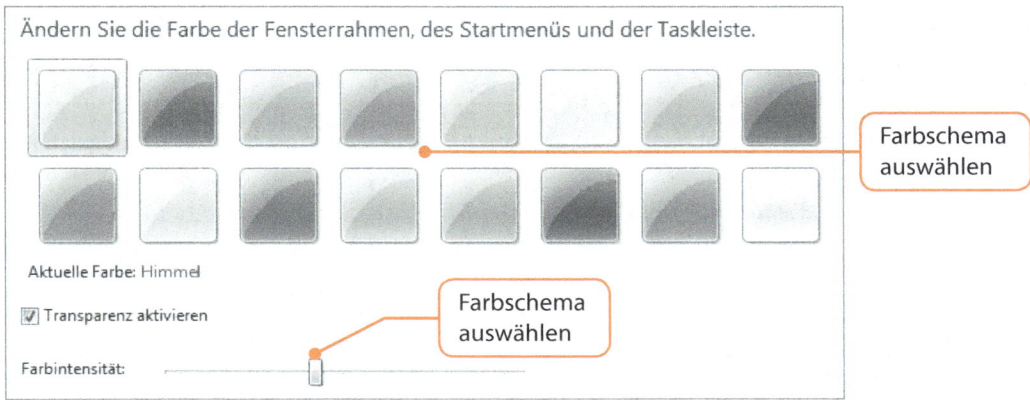

Farbschema auswählen

Farbschema auswählen

Bildschirmauflösung ändern

Über die **Bildschirmauflösung** bestimmst du, wie viel Fläche dir auf dem Desktop zur Verfügung steht. Je höher die Bildschirmauflösung ist, desto mehr Platz hast du für Fenster und Fensterinhalte.

 Die Auflösung ist durch die Größe des Bildschirms und durch dein Sehvermögen begrenzt. Ist die Bildschirmauflösung zu hoch eingestellt, erscheint das Bild undeutlich und die Schrift unleserlich.

Du solltest die Bildschirmauflösung so einstellen, dass du möglichst viel auf dem Bildschirm unterbringen, dabei aber alles gut erkennen und Texte mühelos lesen kannst.

▶ Klicke mit der rechten Maustaste auf den Desktop und wähle *Bildschirmauflösung*.

▶ Klicke im Feld *Auflösung* auf das kleine Dreieck ▾.

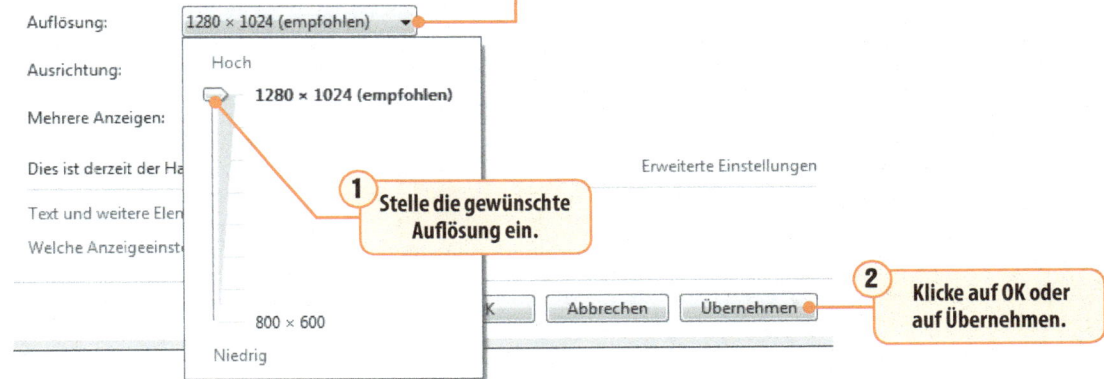

Stelle die gewünschte Auflösung ein.

Klicke auf OK oder auf Übernehmen.

▶ Falls du die Auflösung geändert hast, wirst du gefragt, ob du die neue Einstellung beibehalten willst:

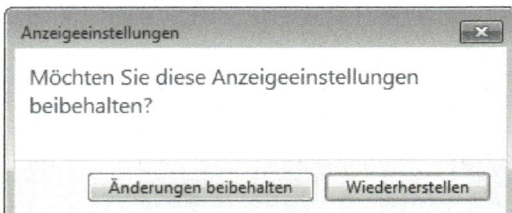

▶ Klicke nur dann auf **Änderungen beibehalten**, wenn das Bild in Ordnung ist und du die Schrift gut lesen kannst!

 Falls du nichts mehr auf dem Bildschirm erkennen kannst, drückst du ⏎ oder wartest kurz, bis die ursprüngliche Auflösung automatisch wiederhergestellt wird.

Windows-Hilfe bedienen

Falls du Fragen zur Bedienung von Windows hast, ist das Fenster **Windows-Hilfe und Support** deine erste Anlaufstelle. Es ist die Bedienungsanleitung von Windows.

▶ Öffne das Startmenü und klicke auf **Hilfe und Support**.

 Befindest du dich gerade auf dem Desktop, öffnest du das Hilfe-System am schnellsten mit ⊞+F1. In einem Ordnerfenster rufst du die Hilfe mit ❓ auf.

Du hast nun mehrere Möglichkeiten, an die benötigten Informationen zu gelangen:

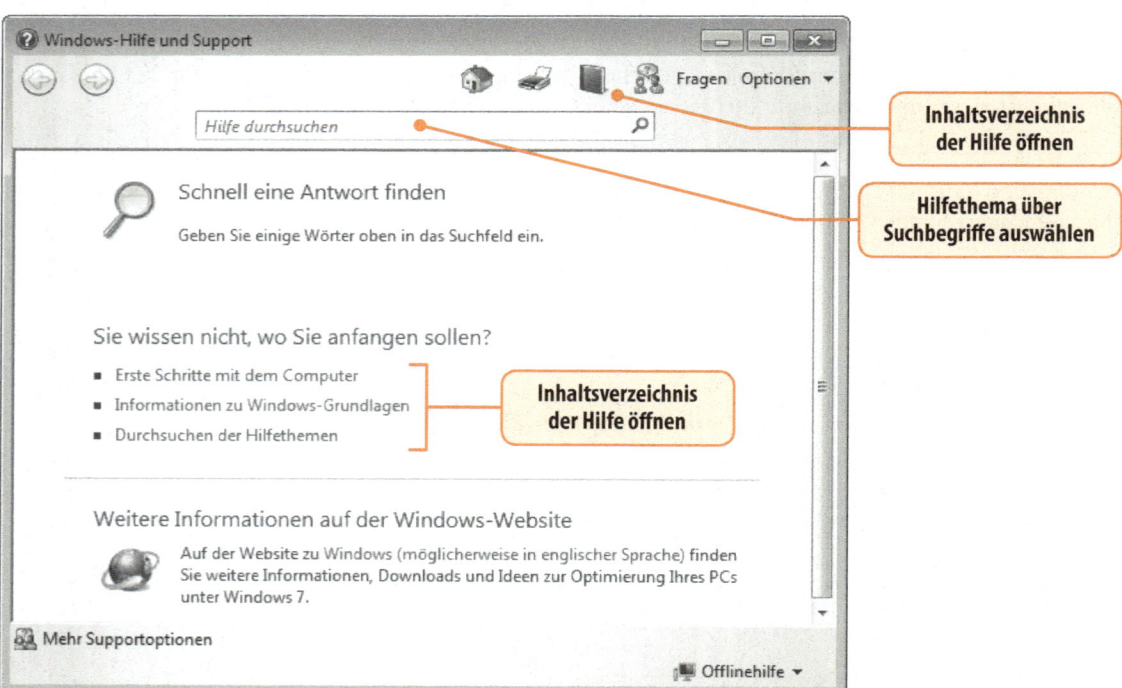

Nachdem du ein Thema gewählt hast, stehen dir folgende Funktionen zur Verfügung:

▶ Mithilfe der Symbole ◀ ▶ wechselst du zwischen bereits betrachteten Seiten, mit 🏠 kehrst du zur Startseite zurück.

▶ Klicke auf 🖨, falls du das ausgewählte Hilfethema ausdrucken möchtest.

Word 2010

Word 2010

Word 2010

Inhalt

1 Willkommen zu Word 2010 — **61**
Was ist Word 2010? 61
Word starten 61
Word im Überblick 61
Text eingeben 62
Text korrigieren, einfügen und überschreiben 62
Text markieren 63
Aktionen rückgängig machen 64
Text formatieren 64
Dokument speichern 65
Dokument drucken 66
Word beenden 66
Zusammenfassung 66

2 Dokumente anlegen, öffnen und bearbeiten — **67**
Übersicht 67
Dokument anlegen 67
Dokument auf Basis einer Vorlage anlegen 67
Dokument öffnen 68
Zwischen gleichzeitig geöffneten Dokumenten
    wechseln 68
Text mit der Maus verschieben oder kopieren
    (Drag & Drop) 69
Text über die Zwischenablage verschieben oder
    kopieren 69
Dokument schließen 69

3 Eingabe- und Korrekturhilfen nutzen — **70**
Übersicht 70
Symbol einfügen 70
Sonderzeichen einfügen 71
Text suchen 71
Text ersetzen 72
Suchoptionen nutzen 72
Korrekturhilfen einschalten 73
Rechtschreib- und Grammatikfehler beheben 73
Wörterbuch erweitern 74
Gesamtes Dokument prüfen 75

4 Zeichen formatieren — **76**
Übersicht 76
Schriftfarbe ändern 76
Besondere Zeichenformate auswählen 76
Groß- und Kleinschreibung ändern 77
Zeichenformat übertragen 78
Formatvorlage nutzen 78

5 Absätze formatieren — **79**
Übersicht 79
Absatz erstellen oder entfernen 79
Formatierungszeichen anzeigen 79
Absatz ausrichten 80
Absatz einziehen 80
Absatz- und Zeilenabstand einstellen 82
Automatische Silbentrennung einschalten 82

6 Listen und Hervorhebungen erzeugen — **83**
Übersicht 83
Text als Aufzählung formatieren 83
Text als Nummerierung formatieren 83
Aufzählung / Nummerierung erstellen 83

Aufzählung / Nummerierung aufheben 84
Aufzählung / Nummerierung ändern 84
Mit Tabulatoren Wörter ausrichten 85
Tabstopp setzen 85
Tabstopp millimetergenau bearbeiten 86
Absatz hervorheben 86
Rahmen erstellen 87
Schattierung auswählen 88

7 Dokumente formatieren — **89**
Übersicht 89
Papiergröße, Seitenausrichtung (Orientierung)
    und Ränder einstellen 89
Seitenumbruch einfügen 91
Kopf- und Fußzeile bearbeiten 91
Automatische Seitennummerierung einfügen 92

8 Tabellen bearbeiten — **93**
Übersicht 93
Tabelle anlegen 93
Tabelle ausfüllen 93
Tabellenbereich markieren 94
Zeilen und Spalten hinzufügen oder löschen 94
Zeilenhöhe und Spaltenbreite einstellen 95
Tabelle schnell in Form bringen 95
Rahmenlinien bearbeiten 95
Zelle schattieren 96

9 Bilder und Diagramme bearbeiten — **97**
Übersicht 97
Bild einfügen 97
Bildgröße bearbeiten 98
Bild verschieben, kopieren oder löschen 98
Zeichnungsobjekte einfügen und bearbeiten 99
Diagramm einfügen 100
Diagramm bearbeiten 100
Zoom-Einstellung ändern 101

10 Dokumente drucken und exportieren — **102**
Übersicht 102
Ansicht wechseln 102
Dokument vor dem Druck prüfen 102
Seitenansicht nutzen 103
Dokument mit bestimmten Einstellungen
    drucken 103
Schnelldruckfunktion verwenden 104
Dokument exportieren 105

11 Serienbriefe erzeugen — **106**
Übersicht 106
Was ist ein Serienbrief? 106
Datenquelle vorbereiten 106
Seriendruck-Assistent starten 107
Seriendruck ohne Assistent 111

12 Word anpassen — **112**
Übersicht 112
Symbolleiste für den Schnellzugriff anpassen 112
Programmeinstellungen ändern 112
Hilfesystem nutzen 113
Weitere Hilfen 114

1 Willkommen zu Word 2010

Was ist Word 2010?

Ein **Textverarbeitungsprogramm** ermöglicht dir das Schreiben, Gestalten und Drucken von Briefen, Einladungen, Broschüren und beliebigen anderen Schriftstücken. Mit einem Textverarbeitungsprogramm kannst du

- Text eingeben
- Text bearbeiten
- Text speichern
- Text drucken

Word 2010 ist ein solches Textverarbeitungsprogramm. Dieses Kapitel ist ein kleiner Rundgang, bei dem du grundlegende Bedienschritte lernst und erfährst, wie man einen Text eingibt, speichert und ausdruckt. Du wirst dabei auch sehen, dass Word sehr viele Werkzeuge zur Textbearbeitung enthält.

Word starten

Word startest du über das Startmenü.

- ▶ Öffne das Startmenü und wähle **Alle Programme**.
- ▶ Klicke auf **Microsoft Office** und dann auf **Microsoft Word 2010**.

 Wenn sich auf dem Desktop das Programmsymbol von Word befindet, kannst du Word auch starten, indem du das Symbol doppelt anklickst.

Word im Überblick

Das **Anwendungsfenster** von Word enthält folgende Bedienelemente und Bereiche:

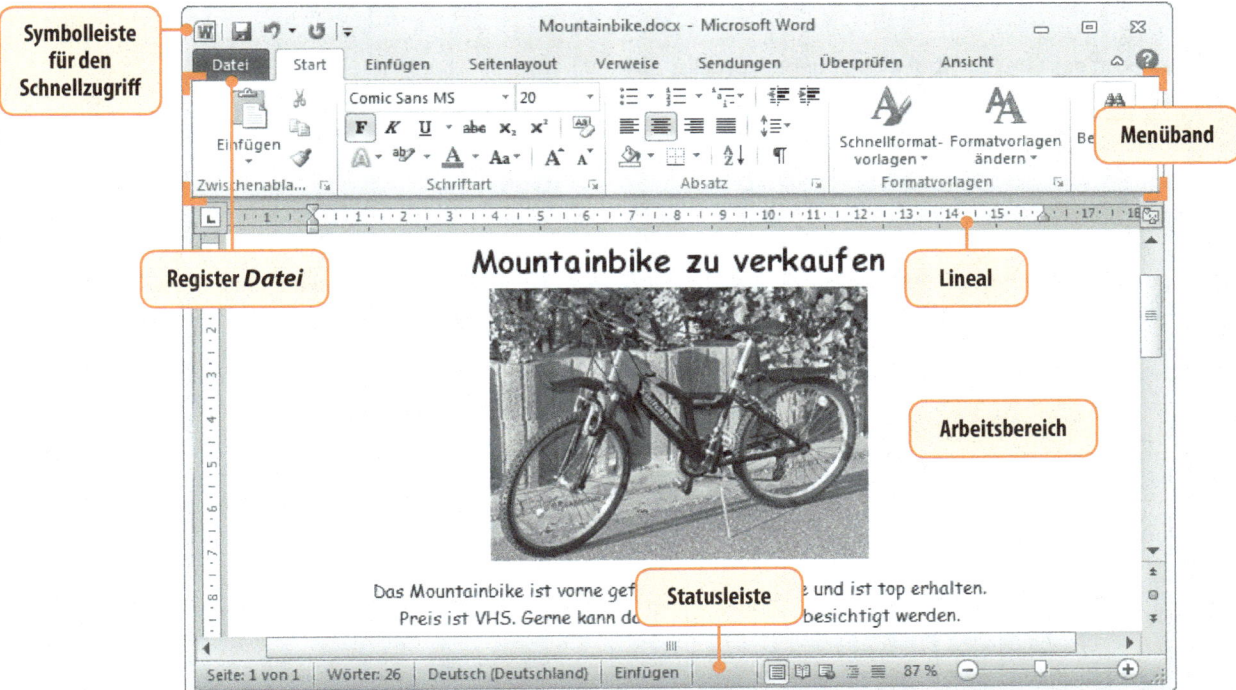

Fast alle Befehle und Funktionen von Word werden über das Menüband aufgerufen. Das Menüband ist in **Register** und **Gruppen** unterteilt:

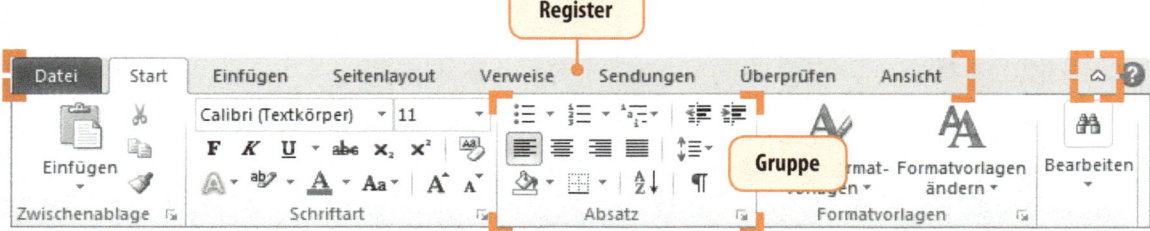

Um in ein anderes Register zu wechseln, klickst du einfach auf seinen Namen.

Durch Anklicken von ⌃ bzw. ⌄ kannst du das Menüband aus- und einblenden. Alternativ kannst du dazu auch den Namen eines Registers doppelklicken oder [Strg]+[F1] drücken.

Text eingeben

Da Word nach dem Starten automatisch ein leeres Dokument anlegt, kannst du mit dem Schreiben direkt loslegen.

Der blinkende Strich im Arbeitsbereich wird **Cursor** genannt. Er wandert beim Schreiben mit und kennzeichnet die Position, an der das nächste Zeichen erscheint.

▶ Schreibe auf der Tastatur einen beliebigen Text. Wenn du am Ende der Zeile angelangt bist, tippst du einfach weiter. Word beginnt automatisch eine neue Zeile:

> Das Mountainbike ist vorne gefedert,
> hat 24 Gänge und ist top erhalten.| **Cursor**

- Für Großbuchstaben und für Zeichen, die auf der Taste ganz oben aufgedruckt sind, hältst du zusätzlich [⇧] gedrückt.
- Für Zeichen, die rechts unten auf der Taste aufgedruckt sind, hältst du zusätzlich [Alt Gr] gedrückt.

Bsp. Um das Euro-Symbol € einzugeben, drückst du [Alt Gr]+[E].

Text korrigieren, einfügen und überschreiben

Wenn du dich vertippt hast oder deinen Text ändern willst, setzt du zuerst den Cursor an die entsprechende Stelle. Das kannst du mit der Maus erledigen, indem du direkt an die gewünschte Textstelle klickst.

Da es beim Schreiben oft lästig ist, extra zur Maus zu greifen, kannst du den Cursor auch mithilfe der Tastatur bewegen:

[←][→]/[↑][↓]	Cursor zeichen-/zeilenweise bewegen
[Pos 1]	Zeilenanfang
[Ende]	Zeilenende

Strg + Pos 1	Textanfang
Strg + Ende	Textende
Strg + ← / →	Wortweise nach links/rechts bewegen

Anschließend löschst du die falschen Zeichen:

⇐	Löscht das Zeichen links vom Cursor
Entf	Löscht das Zeichen rechts vom Cursor
Strg + ⇐	Löscht das Wort links vom Cursor
Strg + Entf	Löscht das Wort rechts vom Cursor

Jetzt gibst du die gewünschten Zeichen ein. Standardmäßig befindet sich Word im Modus **Einfügen**, das bedeutet, dass neu eingegebene Zeichen hinzugefügt werden. Du kannst vorhandenen Text aber auch überschreiben:

▶ Klicke mit der rechten Maustaste auf die Statusleiste und wähle ***Überschreiben***.

   Der aktuelle Status wird nun in der Statusleiste angezeigt und kann dort auch gewechselt werden:

| Seite: 1 von 1 | Wörter: 39 | ✓ | Deutsch (Deutschland) | Einfügen |

▶ Durch Anklicken von Einfügen bzw. Überschreiben wechselst du zwischen den beiden Modi.

Text markieren

Bisher hast du einzelne Zeichen bearbeitet. Du kannst aber auch mehrere Zeichen (Wörter, Sätze, Abschnitte) **markieren** und in einem Rutsch löschen oder überschreiben.

Zum Markieren ziehst du den Mauszeiger mit gedrückter Maustaste über den gewünschten Bereich. Markierter Text wird farbig hinterlegt dargestellt:

Noch schneller geht es, wenn du dir zusätzlich auch diese Methoden angewöhnst:

Wort markieren	Doppelklick in das Wort
Zeile markieren	Links neben der Zeile klicken
Satz markieren	S gedrückt halten und in den Satz klicken
Absatz markieren	Dreifachklick in den Absatz
Gesamten Text markieren	Strg + A

Um eine Markierung aufzuheben, klickst du mit der Maus an eine beliebige Stelle im Text oder drückst eine der Cursortasten.

Aktionen rückgängig machen

Manchmal passiert es, dass du Text aus Versehen löschst oder überschreibst. Solche und andere Pannen kannst du leicht rückgängig machen:

- Mit ⤺ bzw. Strg+Z machst du deine letzte Aktion rückgängig.
- Mit ⤻ bzw. Strg+Y stellst du eine rückgängig gemachte Aktion wieder her.
- Mit ↻ kannst du die letzte Aktion wiederholen.

Text formatieren

Formatieren bedeutet, dass du das Aussehen des Textes bearbeitest. Mit sogenannten **Zeichenformaten** änderst du z. B. die Größe der Schrift oder hebst Begriffe hervor.

- Die **Schriftart** bestimmt das Aussehen der Schrift.
- Der **Schriftgrad** legt die Größe der Schrift fest.
- Mit **Schriftschnitten** wie z. B. kursiv, **fett** oder unterstrichen hebst du einzelne Wörter oder Sätze hervor.

Diese Einstellungen kannst du im Register *Start* in der Gruppe *Schriftart* vornehmen:

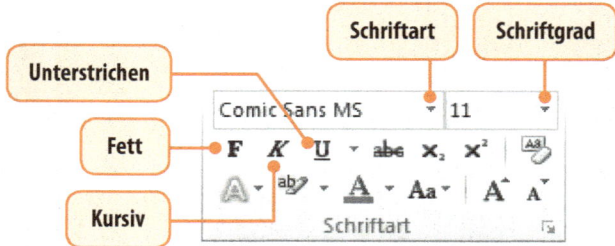

Vorher teilst du Word mit, welchen Abschnitt du formatieren möchtest:

- Bestehenden Text markierst du bzw. du setzt den Cursor in das Wort, das du formatieren möchtest.
- Befindet sich der Cursor außerhalb eines Wortes, gilt das neue Format für Zeichen, die du neu eingibst.

Das Ganze probierst du jetzt mal aus:

- ▶ Schreibe einen beliebigen Satz und markiere ihn vollständig.
- ▶ Öffne mit ⦁ die Liste der Schriftarten und wähle eine beliebige Schriftart durch Anklicken aus.

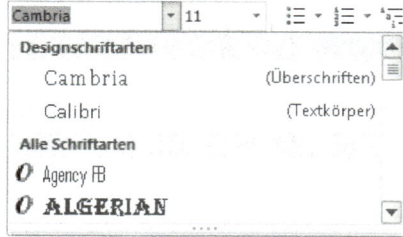

- ▶ Wähle nun den gewünschten Schriftgrad aus.

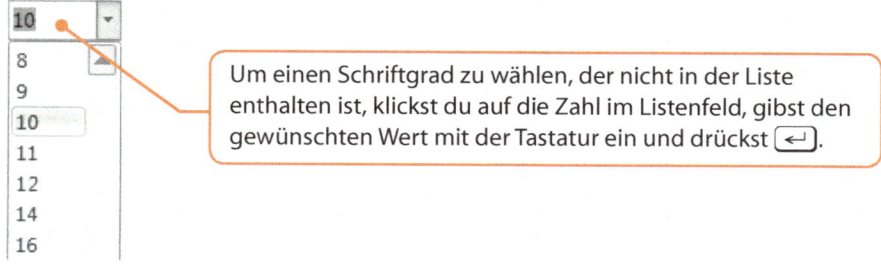

Um einen Schriftgrad zu wählen, der nicht in der Liste enthalten ist, klickst du auf die Zahl im Listenfeld, gibst den gewünschten Wert mit der Tastatur ein und drückst ⏎.

> Klicke in ein Wort und dann auf $\boxed{\text{U}}$, um es zu unterstreichen.

> Markiere ein anderes Wort mit der Maus und wähle $\boxed{\textit{K}}$, um es kursiv zu formatieren.

Dokument speichern

Damit dein Dokument nicht verloren geht, wenn du Word beendest oder den Computer ausschaltest, musst du es **speichern**.

> Klicke in der Symbolleiste für den Schnellzugriff auf 💾.

Wenn das Dokument noch nicht gespeichert wurde, erscheint das Fenster **Speichern unter**. Hier bestimmst du, an welchem Speicherort und unter welchem Namen das Dokument gespeichert wird.

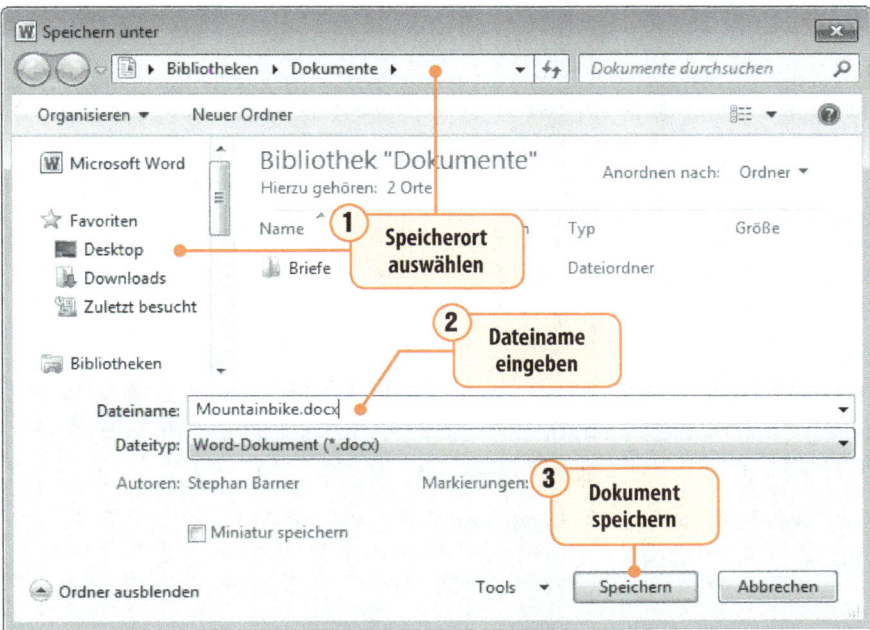

Nach dem Speichern zeigt Word den Dateinamen in der Titelleiste an:

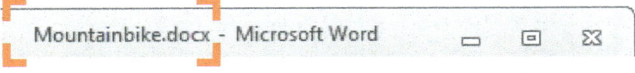

- Wenn du ein bereits gespeichertes Dokument mit einer neuen Fassung überschreiben willst, klickst du auf 💾 oder drückst ⌊Strg⌋+⌊S⌋. Das Fenster **Speichern unter** wird hierbei nicht mehr geöffnet.

- Möchtest du ein Dokument unter einem anderen Namen speichern, öffnest du mit ▐ Datei ▌ das Register **Datei** und wählst **Speichern unter**.

 Wenn du ein Dokument unter einem neuen Namen speicherst, bleibt das ursprüngliche Dokument unverändert erhalten. So kannst du z. B. eine weitere Version bzw. eine Kopie von deinem Dokument anlegen.

Dokument drucken

▶ Stelle sicher, dass der Drucker eingeschaltet ist und Papier enthält.

▶ Klicke auf <kbd>Datei</kbd> und wähle im linken Bereich **Drucken**.

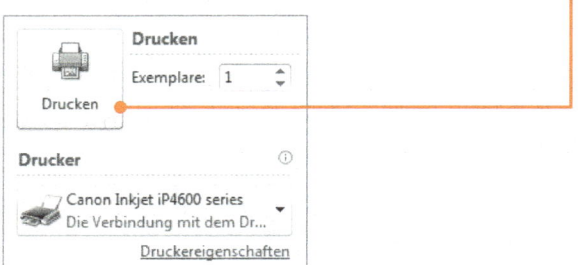

▶ Klicke rechts auf das Symbol **Drucken**, um den Druckvorgang zu starten.

Unterhalb von dieser Schaltfläche kannst du vor dem Start des Druckvorgangs weitere Einstellungen vornehmen, z. B. wenn du eine bestimmte Seite drucken oder einen anderen Drucker auswählen möchtest. Mehr dazu später.

Word beenden

Klicke in der Titelleiste auf ⊠ oder klicke auf <kbd>Datei</kbd> und wähle ⊠ **Beenden**.

Zusammenfassung

Wir sind nun am Ende unseres „Rundgangs" durch Word angelangt. Du weißt jetzt schon so viel, dass du in Word einfache Texte schreiben und speichern kannst.

Hier ist noch einmal die grundlegende Vorgehensweise beim Arbeiten mit Word:

- Word starten
- Text eingeben
- Text korrigieren
- Text formatieren
- Dokument speichern
- Dokument drucken
- Word beenden

2   Dokumente anlegen, öffnen und bearbeiten

Übersicht

Im folgenden Abschnitt geht es um das Öffnen und Anlegen von Word-Dokumenten. Dabei lernst du folgende Punkte:

- Dokumente anlegen
- Mehrere Dokumente öffnen
- Zwischen Dokumenten wechseln
- Text verschieben oder kopieren

Dokument anlegen

Wenn du Word gestartet hast, wird automatisch ein leeres Dokument angelegt. Du kannst aber auch zu einem späteren Zeitpunkt ein neues Dokument anlegen:

▶ Klicke auf Datei und dann auf *Neu*.

▶ Klicke doppelt auf *Leeres Dokument*.

Das auf diese Weise erzeugte Dokument basiert auf den Standardeinstellungen.

> Noch schneller erzeugst du ein neues Dokument mit [Strg]+[N].

Dokument auf Basis einer Vorlage anlegen

Mithilfe von vorinstallierten **Vorlagen** kannst du oft benötigte Dokumente, z. B. Briefe, Faxe, Memos oder Berichte, schnell und mit einheitlicher Formatierung erstellen.

▶ Klicke auf Datei und dann auf *Neu*.

▶ Wähle mit einem Doppelklick die gewünschte Vorlage oder Kategorie aus.

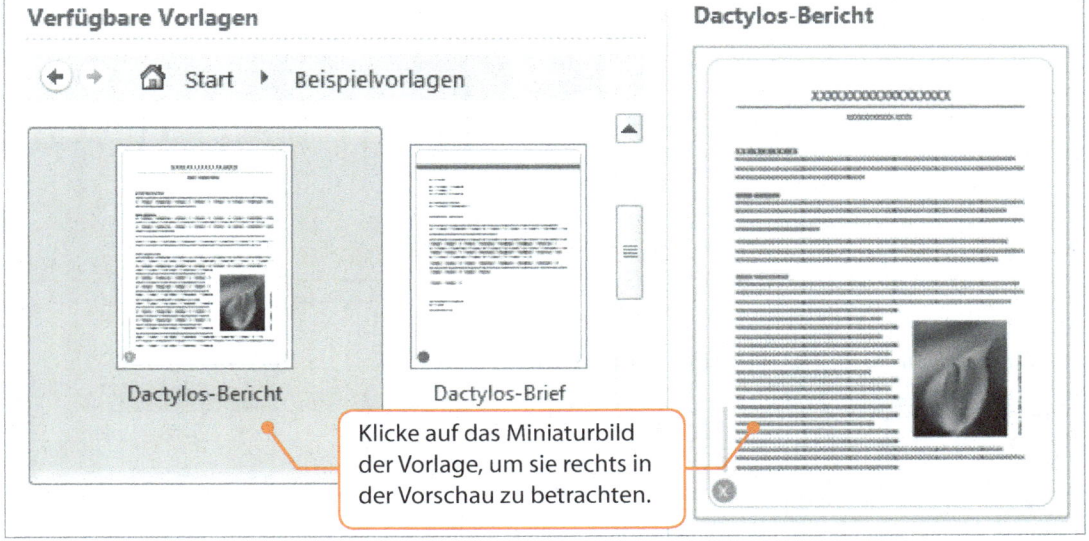

▶ Klicke auf *Erstellen* bzw. auf *Download*, um das ein Dokument anzulegen.

Schneller geht es, wenn du die gewünschte Vorlage mit einem Doppelklick auswählst.

Dokument öffnen

▶ Klicke auf **Datei** und dann auf **Öffnen**.

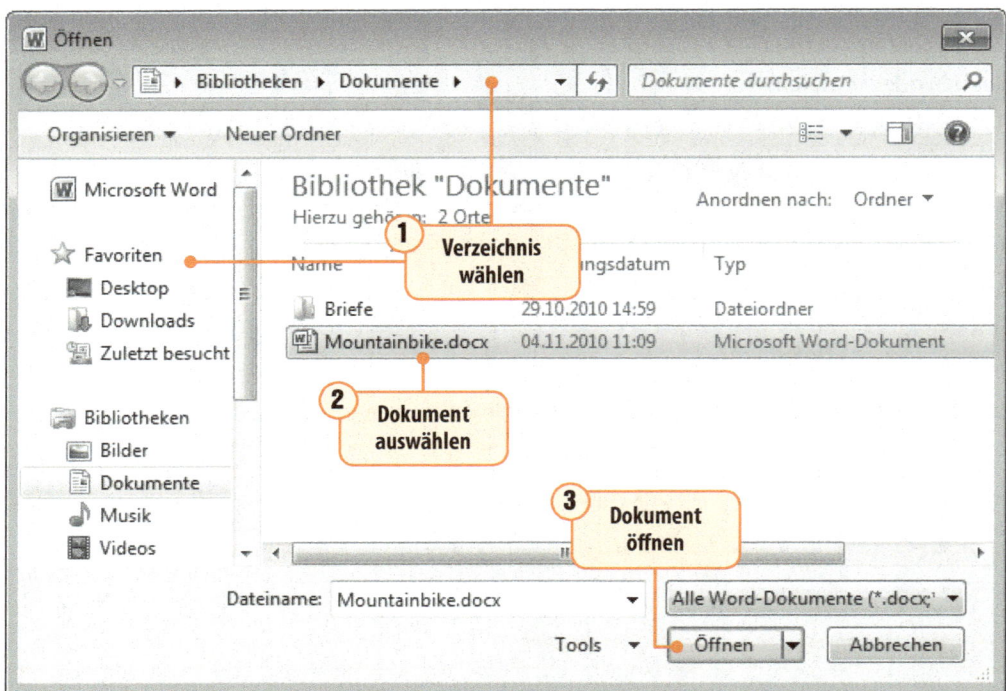

Um mehrere Dokumente in einem Rutsch zu öffnen, markierst du sie mit einem Mausrahmen bzw. hältst Strg gedrückt und klickst nacheinander die gewünschten Dateien an. Danach klickst du auf die Schaltfläche **Öffnen**.

 Ein einzelnes Dokument kannst du auch per Doppelklick öffnen.

Um ein Dokument **schreibgeschützt** oder **als Kopie** zu öffnen, klickst du auf den Pfeil der Schaltfläche **Öffnen** und wählst den entsprechenden Befehl aus.

Zwischen gleichzeitig geöffneten Dokumenten wechseln

- Mit Strg+F6
- Im Register **Ansicht** mit der Schaltfläche **Fenster wechseln**

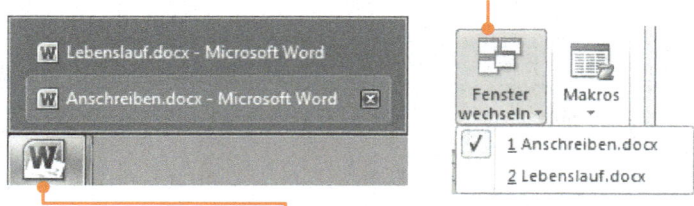

- Nach Anklicken des Word-Symbols in der Taskleiste

© HERDT-Verlag

Text mit der Maus verschieben oder kopieren (Drag & Drop)

▶ Markiere den Text, den du verschieben oder kopieren möchtest.

▶ Klicke in die Markierung und ziehe den markierten Text mit gedrückter Maustaste an die gewünschte Position. Ein gepunkteter Cursor zeigt die Einfügeposition an.

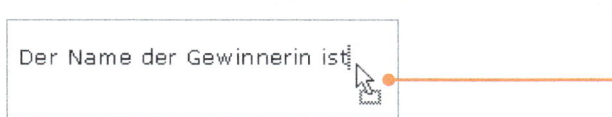

Der Name der Gewinnerin ist

Wenn du den Text nicht verschieben, sondern kopieren möchtest, hältst du beim Ziehen der Maus Strg gedrückt.

Möchtest du einen Textabschnitt in ein anderes geöffnetes Dokument kopieren bzw. verschieben, ziehst du den markierten Text über die Taskleiste auf die Schaltfläche des Zieldokumentes. Warte kurz, bis Word automatisch in das andere Dokument gewechselt wird, und bewege dann den Text an die gewünschte Position.

Text über die Zwischenablage verschieben oder kopieren

Die **Zwischenablage** ist ein Speicherbereich im Computer, in dem du markierten Text (und auch andere markierte Objekte, z. B. Bilder) vorübergehend ablegen kannst.

Du erreichst alle Funktionen der Zwischenablage über die Tastatur oder über die Symbole der Gruppe **Zwischenablage** im Register **Start**. Da du in Word ohnehin die meiste Zeit am Tippen bist, geht es über die Tastatur am schnellsten.

Ausschneiden	Strg + X	✂
Kopieren	Strg + C	📑
Einfügen	Strg + V	📋

▶ Markiere den Textabschnitt, den du kopieren möchtest.

▶ Drücke Strg + C, um den Abschnitt in die Zwischenablage zu kopieren.

▶ Setze den Cursor an die Position, an der du den Text einfügen möchtest; das kann auch in einem anderen Dokument sein.

▶ Drücke Strg + V, um den Text einzufügen.

Wenn du den Text nicht kopieren, sondern verschieben möchtest, verwendest du Strg + X.

Lerne die Tastenbefehle der Zwischenablage auswendig. Dadurch sparst du viel Zeit, und zwar nicht nur in Word: Die Tastenbefehle sind in allen Programmen, in denen du die Zwischenablage benutzen kannst, gleich.

Dokument schließen

Um die Übersicht zu bewahren, schließt du Dokumente, die du nicht länger brauchst:

▶ Klicke auf ☒ bzw. klicke auf Datei und dann auf **Schließen**.

Wenn du an dem Dokument Änderungen vorgenommen hast, musst du es vor dem Schließen speichern!

3 Eingabe- und Korrekturhilfen nutzen

Übersicht

Im folgenden Abschnitt geht es um Funktionen, die dir beim Schreiben deiner Texte helfen können. Dabei lernst du die folgenden Punkte kennen:

- Symbole und Sonderzeichen einfügen
- Text suchen und ersetzen
- Rechtschreibprüfung anwenden
- Wörterbuch ergänzen

Symbol einfügen

Symbole wie z. B. ☎ oder ⬚ lockern deinen Text auf und sparen Platz. Welche Symbole zur Verfügung stehen, ist von der Schriftart abhängig, die gerade ausgewählt ist. Es gibt auch spezielle Schriftarten, z. B. **Wingdings**, die ausschließlich Symbole enthalten.

▶ Setze den Cursor an die Position, an der du das Symbol einfügen möchtest.

▶ Klicke im Register *Einfügen*, Gruppe *Symbole*, auf die Schaltfläche *Symbol*.

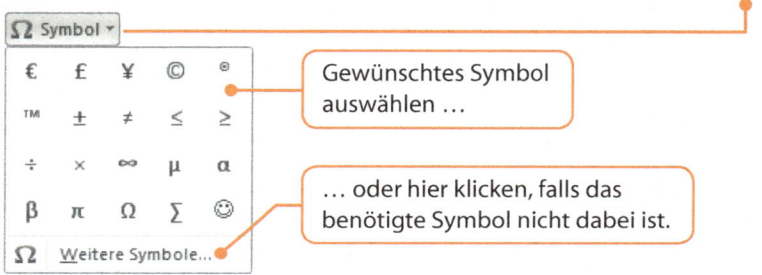

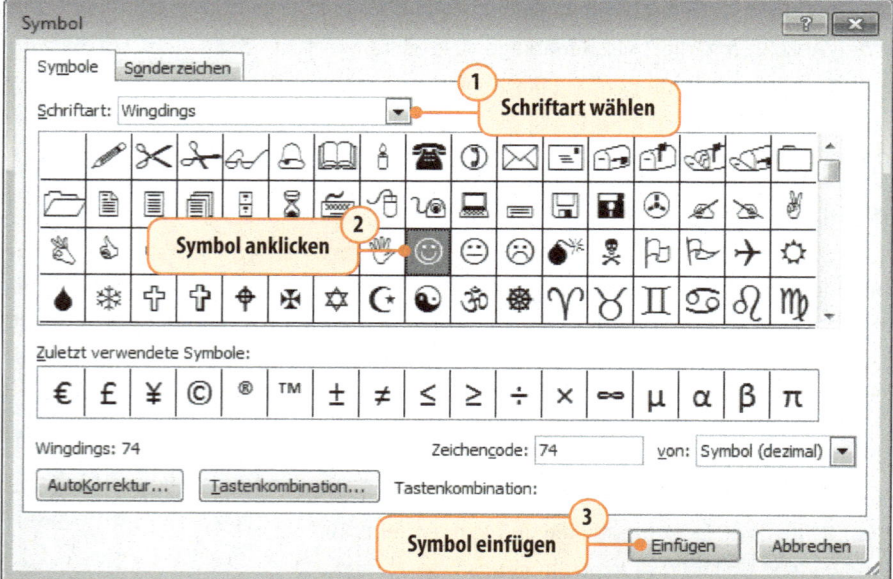

 Noch schneller fügst du das gewünschte Symbol ein, indem du es doppelt anklickst.

Sonderzeichen einfügen

▶ Öffne – wie eben beschrieben – das Fenster **Symbol** und wechsle in das Register **Sonderzeichen**.

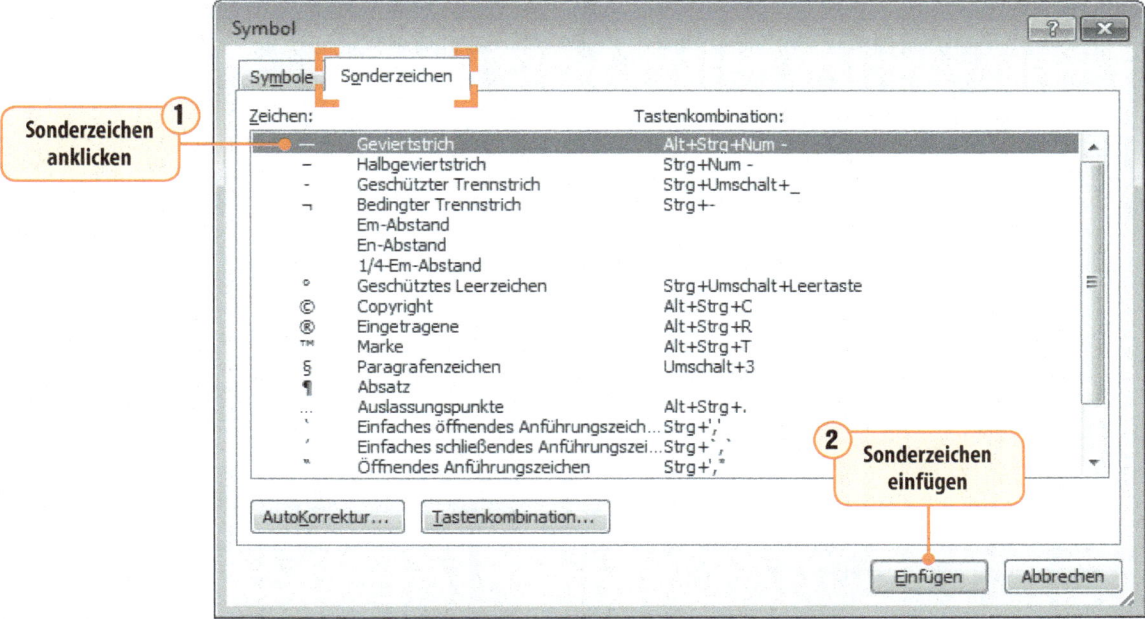

 Wenn du dir die im Fenster angezeigten Tastenkombinationen merkst, kannst du das entsprechende Sonderzeichen zukünftig per Tastatur einfügen. Das geht viel schneller. Die oft benötigten Zeichen € und @ schreibst du direkt per Tastatur, indem du ⎇AltGr gedrückt hältst und dann Ⓔ bzw. Ⓠ drückst.

Text suchen

Wenn du in deinem Dokument eine bestimmte Stelle suchst, hilft dir die Suchfunktion von Word – das ist vor allem dann praktisch, wenn der Text sehr lang ist.

▶ Klicke im Register **Start**, Gruppe **Bearbeiten**, auf **Suchen** oder drücke ⎈Strg+Ⓕ.

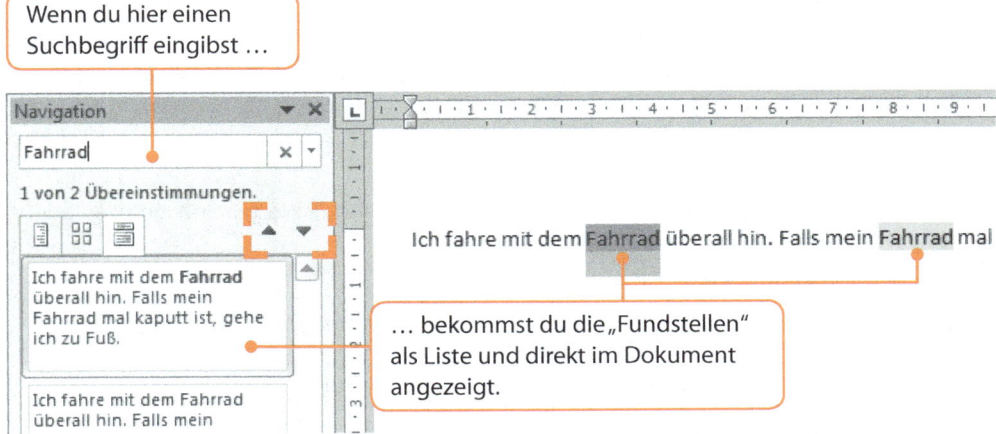

■ Klicke in der Liste auf einen Eintrag, um im Dokument direkt die entsprechende Stelle anzuzeigen.

■ Mit den Pfeilen ▲ ▼ gelangst du zum vorherigen bzw. nächsten Suchergebnis.

Text ersetzen

Wenn du in deinem Dokument ein bestimmtes Wort gegen einen anderen Begriff austauschen willst, verwendest du die Ersetzen-Funktion.

▶ Klicke im Register **Start**, Gruppe **Bearbeiten**, auf **Ersetzen** oder drücke Strg+H.

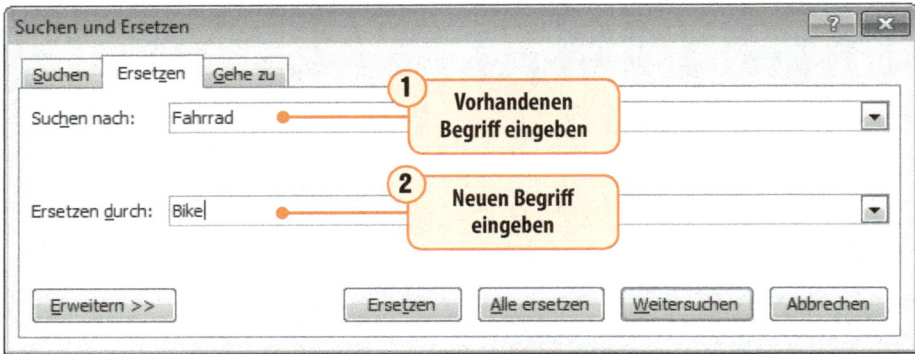

Du hast nun zwei Möglichkeiten. Entweder du entscheidest an jeder Fundstelle, ob das Wort ersetzt werden soll:

▶ Klicke auf **Weitersuchen**. Um ein gefundenes Wort zu ersetzen, klickst du auf **Ersetzen**. Wiederhole den Vorgang, bis du am Textende angelangt bist.

Oder du lässt alle gefundenen Wörter automatisch ersetzen, also ohne Rückfrage:

▶ Klicke auf **Alle ersetzen**.

 Wenn du **Alle ersetzen** verwendet hast, solltest du hinterher kontrollieren, ob keine unbeabsichtigten Ersetzungen vorgenommen wurden.

Suchoptionen nutzen

Word unterscheidet zunächst nicht, ob du nach einzelnen Zeichen, nach Wörtern oder nach einer Phrase mit mehreren Wörtern suchst.

 Wenn du nach dem Wort „Tag" suchst, zeigt dir Word auch Begriffe wie „Dienstag" oder „Tagesordnung" als Fundstellen an.

Um unbeabsichtigte Ersetzungen zu vermeiden, ist es sinnvoll, die Suche auf ganze Wörter einzugrenzen oder zwischen Groß- und Kleinschreibung zu unterscheiden.

▶ Drücke Strg+F, um die Suchfunktion zu öffnen.

▶ Klicke rechts neben dem Suchfeld auf das kleine Dreieck und wähle **Optionen**.

Im Fenster **Suchoptionen** kannst du die Suche nun gezielt eingrenzen:

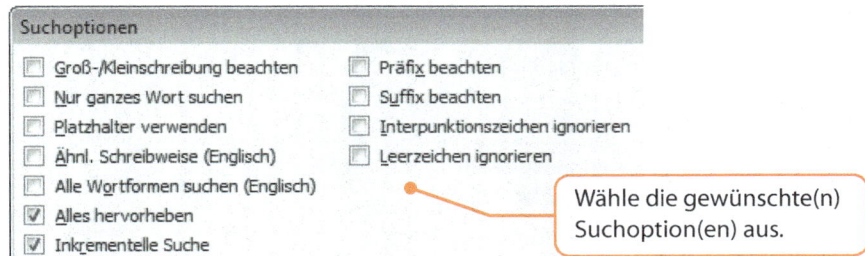

Wähle die gewünschte(n) Suchoption(en) aus.

Wenn **Platzhalter verwenden** eingeschaltet ist, kannst du z. B. den Stern * und das Fragezeichen **?** als Platzhalter benutzen.

- Der Stern kürzt mehrere Zeichen ab. Mit dem Suchbegriff „Fahr*" findest du Begriffe wie z. B. „Fahrrad", „Fahrstuhl" oder „Fahrtenbuch".

- Das Fragezeichen dient als Platzhalter für *ein* Zeichen: Suchst du z. B. nach „T?m", werden Begriffe wie „Tom" oder „Tim" angezeigt.

Korrekturhilfen einschalten

Inhaltliche Fehler kann Word natürlich nicht entdecken, dafür aber viele Tipp- und Rechtschreibfehler – vorausgesetzt, die Rechtschreibprüfung von Word ist eingeschaltet:

▶ Klicke auf [Datei] und dann auf **Optionen**.

▶ Klicke links auf **Dokumentprüfung** und stelle sicher, dass die Einstellungen der folgenden Abbildung entsprechen:

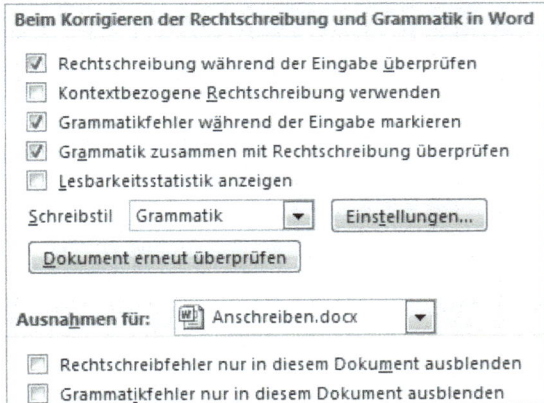

Rechtschreib- und Grammatikfehler beheben

Nachdem du die Einstellungen wie beschrieben vorgenommen hast, werden Rechtschreibfehler mit einer roten Wellenlinie und Grammatikfehler mit einer grünen Wellenlinie gekennzeichnet:

Dieser Satz enthalten einen Grammatikfehler und einen Rechtschreibfähler.

So korrigierst du den Rechtschreibfehler:

▶ Klicke das fehlerhafte Wort mit der rechten Maustaste an.

Das Kontextmenü zeigt dir nun einen oder mehrere Korrekturvorschläge an:

Bei Grammatikfehlern gehst du ähnlich vor:

▶ Klicke die fehlerhafte Stelle mit der rechten Maustaste an.

 Insbesondere bei der Grammatikprüfung kommt es vor, dass kein bzw. ein falscher Vorschlag angezeigt bzw. ein korrekter Satz als fehlerhaft gekennzeichnet wird. Du solltest dich also nicht blind auf die Korrekturhilfen verlassen.

Die Rechtschreibprüfung zeigt dir übrigens auch an, wenn du versehentlich ein und dasselbe Wort zweimal hintereinander eingegeben hast.

▶ Klicke das überflüssige Wort mit der rechten Maustaste an.
▶ Wähle **Wiederholtes Wort löschen**.

Wörterbuch erweitern

Zur Fehlerkorrektur greift Word auf eine Art Wörterbuch zurück. Ist ein Begriff darin nicht enthalten, wird er im Text als Fehler markiert – obwohl er vielleicht richtig geschrieben ist. Um das zu vermeiden, kannst du das Wörterbuch um unbekannte Begriffe erweitern.

▶ Klicke das betreffende Wort mit der rechten Maustaste an.
▶ Wähle **Hinzufügen zum Wörterbuch**.

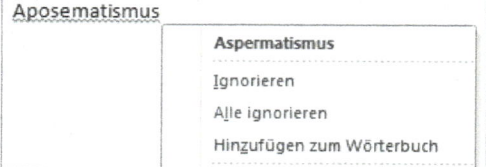

Der Begriff ist nun im Wörterbuch eingetragen und wird nicht länger als Fehler angezeigt:

Aposematismus ist sozusagen das Gegenstück zur Tarnung.

Gesamtes Dokument prüfen

▶ Klicke im Register **Überprüfen**, Gruppe **Dokumentprüfung**, auf **Rechtschreibung und Grammatik** bzw. drücke F7.

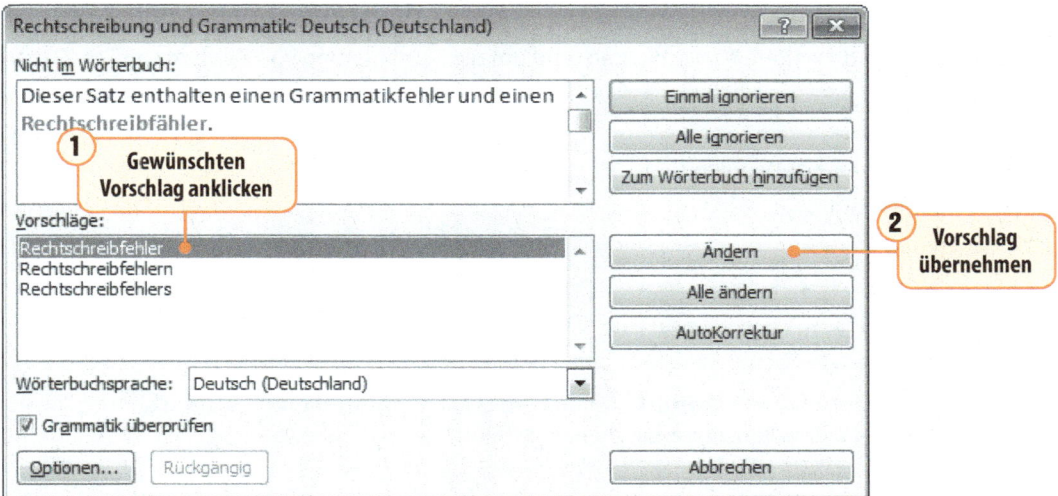

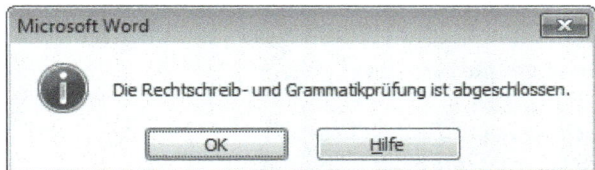

▶ Nachdem du einen Korrekturvorschlag übernommen bzw. durch Anklicken von **Einmal ignorieren** übersprungen hast, bekommst du automatisch den nächsten Fehler angezeigt. Zum Schluss siehst du eine entsprechende Meldung:

4 Zeichen formatieren

Übersicht

Im folgenden Abschnitt lernst du weitere Möglichkeiten rund um die Formatierung von Zeichen kennen. Dabei geht es um diese Themen:

- Schriftfarbe ändern
- Speziellere Zeichenformate auswählen
- Zeichenformate übertragen
- Formatvorlagen nutzen

Schriftfarbe ändern

Die im Register **Start** befindliche Gruppe **Schriftart** hast du bereits kennengelernt und u. a. dazu genutzt, um den Schriftgrad zu ändern oder um Wörter fett zu formatieren.

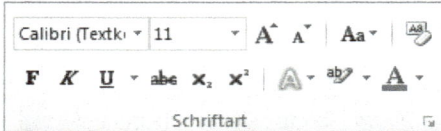

Auch die **Schriftfarbe** kannst du hier einstellen:

- ▶ Markiere den Text, dessen Farbe du ändern möchtest.
- ▶ Klicke auf das kleine Dreieck im Symbol $\boxed{\text{A} \cdot}$ und wähle eine Farbe aus:

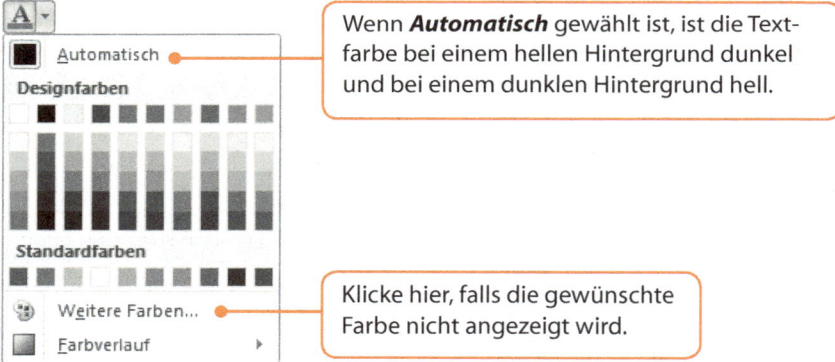

Wenn **Automatisch** gewählt ist, ist die Textfarbe bei einem hellen Hintergrund dunkel und bei einem dunklen Hintergrund hell.

Klicke hier, falls die gewünschte Farbe nicht angezeigt wird.

 Möchtest du nur die Formatierung eines einzelnen Wortes ändern, musst du es nicht unbedingt markieren. Es genügt, wenn sich der Cursor im Wort befindet.

Besondere Zeichenformate auswählen

In Word findest du zusätzliche Zeichenformate, die nicht so oft benötigt werden und daher nicht im Menüband angeboten werden. Hier sind ein paar Beispiele:

- ^{Hoch}gestellt
- $_{Tief}$gestellt
- ~~Durchgestrichen~~
- Kapitälchen
- GROSSBUCHSTABEN

Um solche speziellen Zeichenformate auszuwählen, öffnest du das Fenster **Schriftart**:

▶ Klicke im Register **Start**, rechts unten in der Gruppe **Schriftart**, auf ⌧.

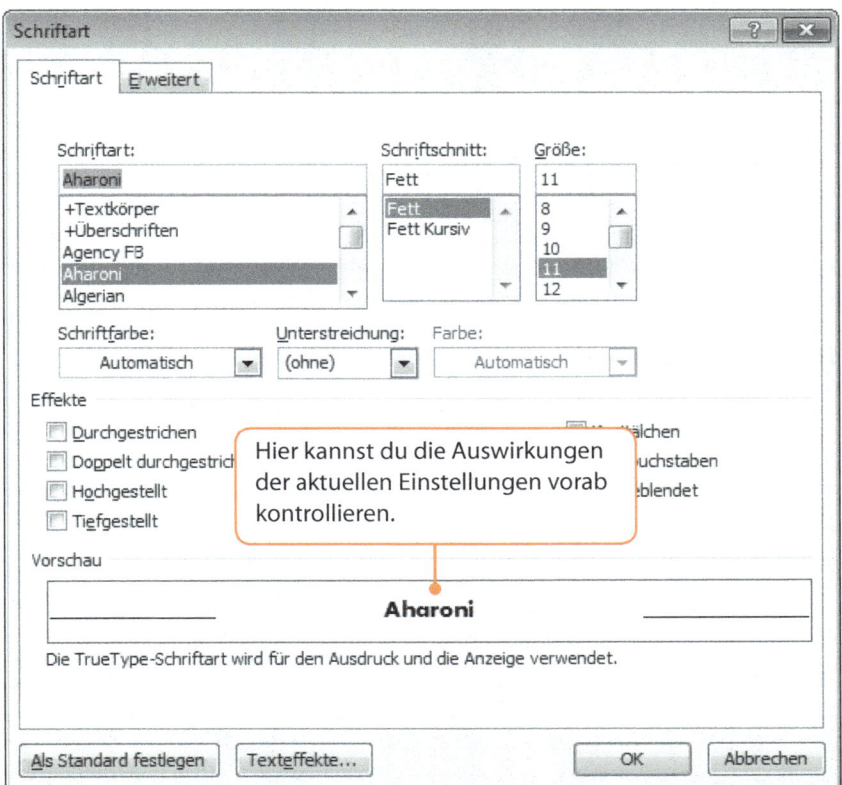

 Durch Anklicken der Schaltfläche **Als Standard festlegen** kannst du bestimmen, dass die gerade aktuellen Einstellungen automatisch nach dem Starten von Word ausgewählt sind.

Groß- und Kleinschreibung ändern

■ Mit ⇧+F3 wandelst du Großbuchstaben in Kleinbuchstaben um (und umgekehrt).

■ Alternativ dazu klickst du im Register **Start**, Gruppe **Schriftart**, auf Aa▾.

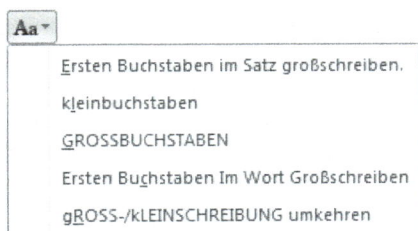

Zeichenformat übertragen

Damit du mehrfach im Dokument vorkommende Zeichenformate nicht jedes Mal neu einstellen musst, lernst du die Funktion **Format übertragen** kennen.

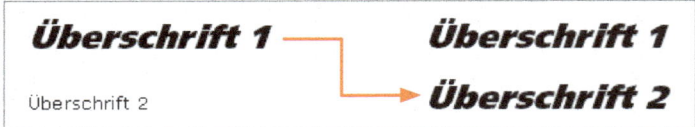

▶ Markiere das Wort, die Zeile oder den Absatz, dessen Formatierung du übertragen möchtest.

▶ Klicke im Register **Start**, Gruppe **Zwischenablage**, auf 🖌. Der Mauszeiger zeigt jetzt 🖌 an.

▶ Markiere den Textbereich, auf den du die Formatierung übertragen möchtest.

Nach dem Übertragen wird die Funktion automatisch deaktiviert und der Mauszeiger nimmt wieder seine ursprüngliche Form an.

 Mit einem Doppelklick auf 🖌 aktivierst du die Funktion so lange, bis du Esc drückst. Das ist praktisch, wenn du eine Formatierung auf mehrere Textbereiche übertragen willst.

Formatvorlage nutzen

Mithilfe von **Formatvorlagen** kannst du mehrere Formatierungsmerkmale wie z. B. Schriftart, Schriftgrad und Farbe in einem Schritt zuweisen.

▶ Markiere den Text, den du mit dem Format versehen möchtest.

▶ Klicke im Register **Start**, Gruppe **Formatvorlagen**, auf ⏷.

▶ Wähle in der Liste die gewünschte Formatvorlage aus:

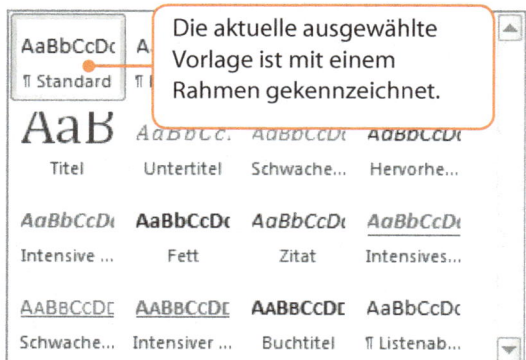

5 Absätze formatieren

Übersicht

Im folgenden Abschnitt lernst du die Formatierung von Absätzen kennen. Dabei geht es konkret um diese Themen:

- Absätze erstellen oder entfernen
- Absätze ausrichten und einziehen
- Absatz- und Zeilenabstände
- Automatische Silbentrennung

Absatz erstellen oder entfernen

Als **Absatz** bezeichnet man einen zusammenhängenden Textabschnitt. Es ist wichtig, dass du deinen Text in Abschnitte unterteilst, denn dadurch wird er besser lesbar.

Drücke ⏎, um einen neuen Absatz zu beginnen.

Möchtest du eine neue Zeile beginnen, ohne dass dabei ein neuer Absatz entsteht, drückst du ⇧+⏎. Das nennt man **manueller Zeilenumbruch**.

Natürlich kannst du Absätze und Zeilenumbrüche auch wieder entfernen. Um z. B. einen Zeilenumbruch zu entfernen, setzt du den Cursor vor den Zeilenumbruch (also an das Ende der oberen Zeile) und drückst Entf.

Formatierungszeichen anzeigen

Da man manchmal nicht gut erkennen kann, wo ein neuer Absatz beginnt, kannst du dir sogenannte **Absatz-marken** (¶) anzeigen lassen. Absatzmarken gehören zu den **Formatierungszeichen**. Es gibt noch weitere Formatie-rungszeichen, so z. B. das Zeichen ↵, das manuelle Zeilenumbrüche kennzeichnet.

Klicke im Register **Start**, Gruppe **Absatz**, auf ¶ , um die Formatierungszeichen ein- bzw. auszublenden.

Formatierungszeichen kannst du wie jedes andere Zeichen mit Entf bzw. ⇦ löschen. So kannst du z. B. zwei Absätze zusammenführen, indem du die Absatzmarke löschst.

 Formatierungszeichen werden nur auf dem Bildschirm angezeigt. Sie erscheinen grundsätzlich nicht auf einem Ausdruck.

So legst du fest, welche Formatierungszeichen angezeigt werden:

- ▶ Klicke auf **Datei** und dann auf **Optionen**.
- ▶ Wähle im Bereich **Anzeigen** die gewünschten Zeichen aus:

Diese Formatierungszeichen immer auf dem Bildschirm anzeigen	
☐ Tabstoppzeichen	→
☐ Leerzeichen	...
☐ Absatzmarken	¶
☐ Ausgeblendeten Text	abc
☐ Bedingte Trennstriche	¬
☐ Objektanker	⚓

Absatz ausrichten

Mithilfe von **Absatzformaten** kann jeder Absatz individuell gestaltet werden. Änderungen am Absatzformat gelten immer für den gerade markierten Bereich bzw. für den Absatz, in dem sich der Cursor befindet.

Zu den Absatzformaten gehört die **Ausrichtung** der Absätze. Die Auswahl der Ausrichtungsart erfolgt im Register **Start**, Gruppe **Absatz**, über die folgenden Symbole:

Linksbündig	▤	Herr Müller steckte den Schlüssel in das Zündschloss und drehte ihn um. Doch nichts passierte. Was auch kein Wunder war, denn die Batterie war leer.
Zentriert	▤	Herr Müller steckte den Schlüssel in das Zündschloss und drehte ihn um. Doch nichts passierte. Was auch kein Wunder war, denn die Batterie war leer.
Rechtsbündig	▤	Herr Müller steckte den Schlüssel in das Zündschloss und drehte ihn um. Doch nichts passierte. Was auch kein Wunder war, denn die Batterie war leer.
Blocksatz	▤	Herr Müller steckte den Schlüssel in das Zündschloss und drehte ihn um. Doch nichts passierte. Was auch kein Wunder war, denn die Batterie war leer.

Alternativ kannst du die Ausrichtung im Fenster **Absatz** einstellen:

▶ Klicke im Register **Start**, rechts unten in der Gruppe **Absatz**, auf ⌐ .

▶ Nimm im Listenfeld **Ausrichtung** die gewünschte Einstellung vor.

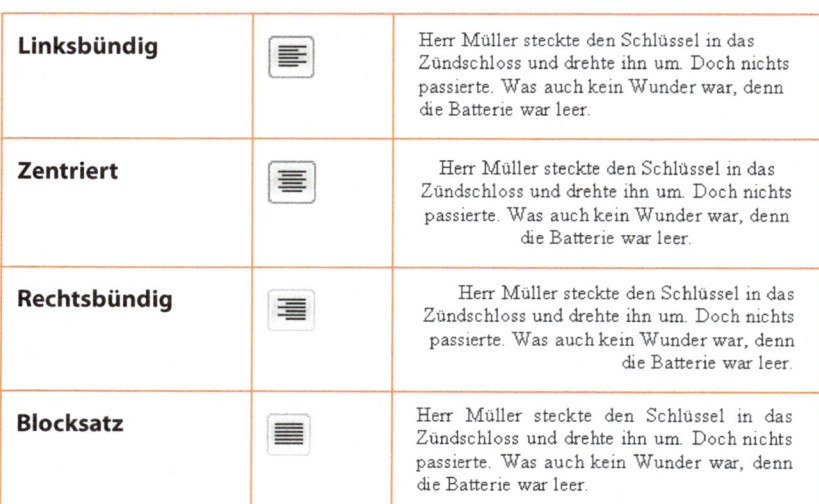

Absatz einziehen

In vielen Büchern und Zeitschriften ist die erste Zeile eines Absatzes eingerückt, das heißt, sie beginnt etwas weiter rechts.

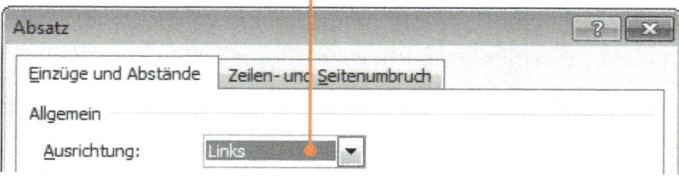

Durch diesen sogenannten **Erstzeileneinzug** kann das Auge den Anfang eines Absatzes schneller erfassen; dadurch wird insbesondere die Lesbarkeit längerer Texte verbessert.

Verwende Leerzeichen nur für Wortzwischenräume, aber niemals zum Ausrichten oder Einrücken von Absätzen. So stellst du bei Änderungen am Text sicher, dass die Abstände gleichmäßig bleiben und keine unvorhergesehenen Textlücken entstehen.

Einen Erstzeileneinzug kannst du im Fenster **Absatz** einstellen:

▸ Klicke im Register **Start**, rechts unten in der Gruppe **Absatz**, auf ⌐ .

▸ Wähle im Register **Einzüge und Abstände** unter **Sondereinzug** den Eintrag **Erste Zeile** aus.

Außer dem Erstzeileneinzug gibt es noch weitere Einzugsarten:

Linker Einzug	Herr Müller steckte den Schlüssel in das Zündschloss und drehte ihn um. Doch nichts passierte. Was auch kein Wunder war, denn die Batterie war leer. Zum Glück hatte er die Rufnummer der Pannenhilfe auf seinem Mobiltelefon gespeichert. Eine gute Stunde später war das Problem gelöst.
Hängender Einzug	Herr Müller steckte den Schlüssel in das Zündschloss und drehte ihn um. Doch nichts passierte. Was auch kein Wunder war, denn die Batterie war leer. Zum Glück hatte er die Rufnummer der Pannenhilfe auf seinem Mobiltelefon gespeichert. Eine gute Stunde später war das Problem gelöst.
Rechter Einzug	Herr Müller steckte den Schlüssel in das Zündschloss und drehte ihn um. Doch nichts passierte. Was auch kein Wunder war, denn die Batterie war leer. Zum Glück hatte er die Rufnummer der Pannenhilfe auf seinem Mobiltelefon gespeichert. Eine gute Stunde später war das Problem gelöst.

Einen linken Einzug kannst du im Register **Start**, Gruppe **Absatz**, mit ▦ erzeugen bzw. schrittweise vergrößern. Mit ▦ kannst du einen bestehenden linken Einzug schrittweise verkleinern. Alle Einzugsarten kannst du auch mit den Anfassern am Lineal einstellen.

Falls das Lineal auf deinem Rechner nicht angezeigt wird, klickst du im Register **Ansicht**, Gruppe **Anzeigen**, auf **Lineal**. Alternativ dazu kannst du ▦ anklicken.

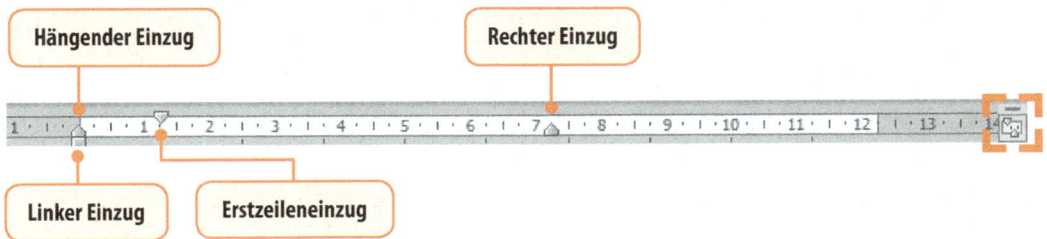

Die Einstellungen am Lineal gelten immer für den markierten Bereich bzw. für den Absatz, in dem sich der Cursor befindet.

Im Register **Seitenlayout**, Gruppe **Absatz**, kannst du linke und rechte Einzüge millimetergenau eingeben.

Absatz- und Zeilenabstand einstellen

Du kannst jeden Absatz am Anfang und am Ende mit Abständen versehen. Dadurch sparst du dir die lästige Eingabe von Leerzeilen und kannst alle Abstände in einem Rutsch bequem ändern. Außerdem verhinderst du dadurch ungewollte Leerzeilen, die entstehen können, wenn du Textteile ergänzt oder verschiebst.

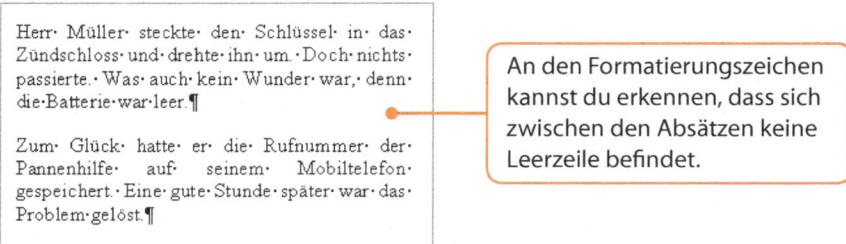

An den Formatierungszeichen kannst du erkennen, dass sich zwischen den Absätzen keine Leerzeile befindet.

▶ Klicke im Register *Start*, rechts unten in der Gruppe *Absatz*, auf ⌐ .

▶ Der Wert *Vor* bestimmt den Abstand vor dem Absatz, der Wert *Nach* den Abstand nach dem Absatz.

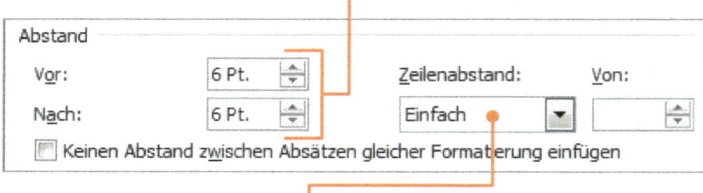

Auch der Abstand zwischen den Zeilen lässt sich in diesem Fenster einstellen.

Alternativ kannst du den den Absatz- und den Zeilenabstand über das Menüband einstellen:

▶ Gib im Register *Seitenlayout*, Gruppe *Absatz*, den *Abstand* vor bzw. nach dem Absatz ein.

▶ Klicke im Register *Start*, Gruppe *Absatz*, auf das kleine Dreieck im Symbol und wähle den gewünschten Wert aus, z. B. 1,0 für einfachen, 1,5 für eineinhalbfachen oder 2,0 für doppelten Zeilenabstand.

 Geschäftsbriefe werden in der Regel mit einfachem Zeilenabstand geschrieben.

Automatische Silbentrennung einschalten

Insbesondere bei Blocksatz-Ausrichtung kann es vorkommen, dass im Text größere Lücken entstehen. Mithilfe von Trennungen kannst du diese Probleme vermeiden.

Neben der Möglichkeit, längere Wörter mit Strg+- zu trennen, kannst du Trennungen durch Einschalten der automatischen **Silbentrennung** von Word vornehmen lassen:

▶ Klicke im Register *Seitenlayout*, Gruppe *Seite einrichten*, auf *Silbentrennung*.

▶ Wähle *Automatisch*.

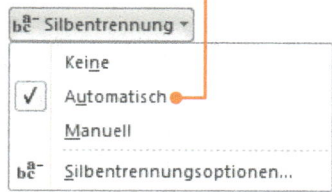

6 Listen und Hervorhebungen erzeugen

Übersicht

Im folgenden Abschnitt lernst du weitere Absatzformatierungen kennen. Dabei geht es konkret um diese Themen:

- Aufzählungen und Nummerierungen
- Tabulatoren
- Rahmen und Schattierungen

Text als Aufzählung formatieren

Aufzählungen sind einfacher zu lesen als zusammenhängender Text. Zeilen, die als Aufzählung formatiert sind, werden etwas eingerückt und mit einem Aufzählungszeichen versehen:

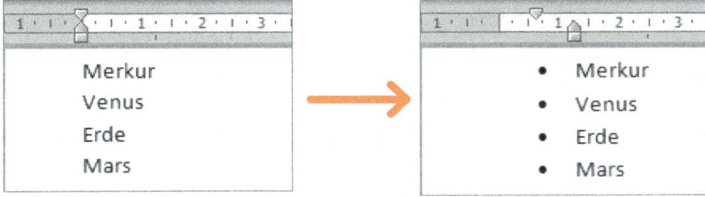

▶ Markiere die Zeilen, die du als Aufzählung formatieren möchtest.

▶ Klicke im Register **Start**, Gruppe **Absatz**, auf ▤.

Text als Nummerierung formatieren

Nummerierungen sind wie Aufzählungen, enthalten aber statt der Aufzählungszeichen laufende Nummern:

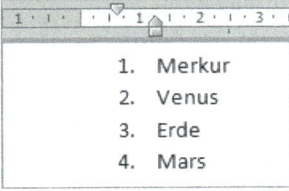

▶ Markiere die Zeilen, die du als Nummerierung formatieren möchtest.

▶ Klicke im Register **Start**, Gruppe **Absatz**, auf ▤.

Wenn du eine Zeile innerhalb einer Nummerierung löschst oder eine neue Zeile hinzufügst, wird die Nummerierung automatisch aktualisiert.

Aufzählung / Nummerierung erstellen

Du kannst die Symbole auch anklicken, bevor du den Text eingibst:

▶ Klicke auf ▤ für eine Aufzählung bzw. auf ▤ für eine Nummerierung.

▶ Gib nun nacheinander die einzelnen Zeilen ein. Drücke nach jeder Zeile Ü und beobachte, wie die Aufzählung bzw. Nummerierung fortgesetzt wird.

▶ Nach der letzten Zeile drückst du zweimal ⏎.

Word kehrt nun zum normalen Eingabemodus zurück.

Aufzählung / Nummerierung aufheben

▸ Markiere die betroffenen Absätze.

▸ Klicke auf ⋮≡ bzw. auf ⅓≡, um die Aufzählung/Nummerierung aufzuheben.

Aufzählung / Nummerierung ändern

▸ Markiere die betroffenen Absätze.

▸ Klicke im Register **Start**, Gruppe **Absatz**, auf das kleine Dreieck im Symbol ⋮≡ ▾.

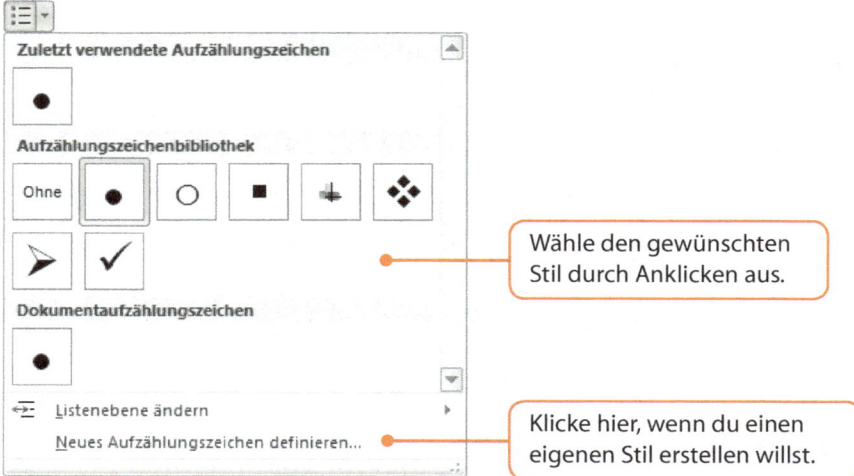

Wähle den gewünschten Stil durch Anklicken aus.

Klicke hier, wenn du einen eigenen Stil erstellen willst.

Um auf ähnliche Weise Nummerierungen zu bearbeiten, klickst du im Register **Start**, Gruppe **Absatz**, auf das kleine Dreieck im Symbol ⅓≡ ▾.

 Du kannst dieses Fenster auch prima nutzen, um einen Stil zu bestimmen, bevor du eine neue Aufzählung oder Nummerierung erstellst.

Alternativ zur Bearbeitung im Fenster klickst du eines der Aufzählungszeichen an. Dadurch werden automatisch alle anderen Aufzählungspunkte markiert:

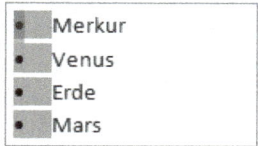

Wenn du nun Änderungen an der Zeichenformatierung vornimmst, z. B. die Farbe oder den Schriftgrad änderst, werden alle Aufzählungszeichen entsprechend angepasst.

 Auch Nummerierungen kannst du auf diese Weise markieren und formatieren.

Mit Tabulatoren Wörter ausrichten

Tabstopps oder Tabulatoren sind Sprungmarken, mit denen du Wörter innerhalb einer Zeile einrücken und ausrichten kannst. Du erzeugst sie mit der Tabulatortaste ⇥.

Im folgenden Beispiel sorgen Tabstopps dafür, dass die Preise exakt untereinander aufgeführt sind:

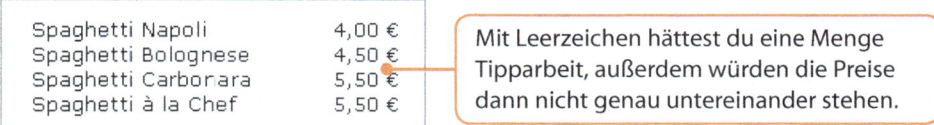

> Mit Leerzeichen hättest du eine Menge Tipparbeit, außerdem würden die Preise dann nicht genau untereinander stehen.

Wenn du die Formatierungszeichen einblendest, erscheinen Tabstopps als kleine Pfeile:

Tabstopp setzen

Standardmäßig befindet sich in einer Zeile alle 1,25 cm ein Tabstopp, an dem der Text linksbündig ausgerichtet wird. Es gibt aber noch andere Tabulatorarten, deren Auswirkungen du hier sehen kannst:

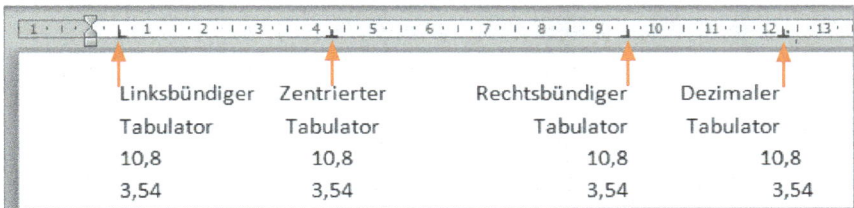

 Beim dezimalen Tabulator ⬇ orientiert sich die Ausrichtung an der Position des Kommas. Das ist z. B. nützlich, wenn du Listen mit Dezimalzahlen erstellen möchtest.

Um einen Tabstopp zu setzen, gehst du folgendermaßen vor:

▶ Klicke so oft auf das Symbol links neben dem Lineal, bis es die gewünschte Tabulatorart anzeigt:

▶ Um den Tabstopp zu setzen, klickst du unterhalb des Lineals auf die gewünschte Position:

Ist der Tabstopp gesetzt, gibt es zunächst folgende Bearbeitungsmöglichkeiten:

- Um die Position des Tabstopps zu ändern, verschiebst du ihn mit der Maus nach rechts oder links.
- Um einen Tabstopp zu entfernen, ziehst du ihn nach unten aus dem Lineal heraus.

Tabstopp millimetergenau bearbeiten

Im Lineal lassen sich Tabstopps nur relativ grob einstellen. Wenn es dir auf Millimetergenauigkeit ankommt, legst du neue Tabstopps besser über das Menü fest:

▶ Markiere die Zeile, die du mit Tabstopps versehen möchtest.

▶ Klicke im Register **Start** oder **Seitenlayout**, Gruppe **Absatz**, auf ⬚.

▶ Klicke links unten im Fenster **Absatz** auf die Schaltfläche **Tabstopps**.

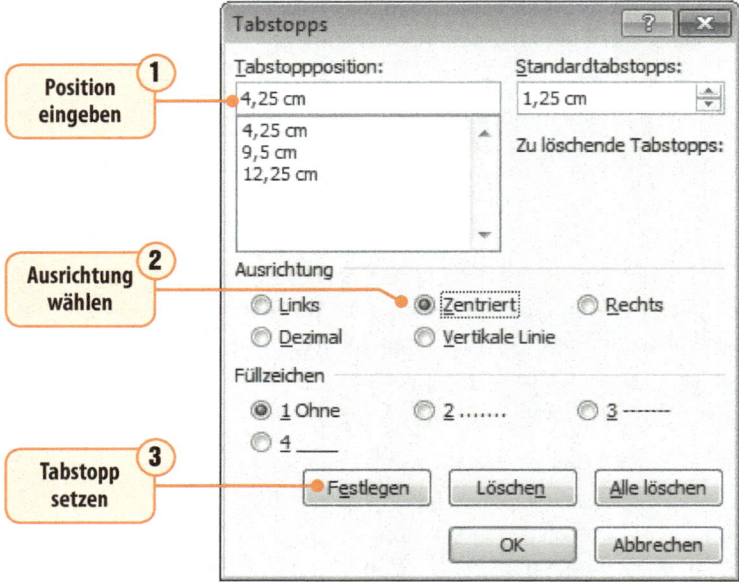

▶ Wiederhole die Schritte 1–3, bis alle Tabulatoren gesetzt sind, und klicke dann auf die Schaltfläche **OK**.

 Du kannst dieses Fenster auch öffnen, indem du im Lineal den zu bearbeitenden Tabstopp doppelt anklickst.

Wenn du in der Liste **Tabstoppposition** einen bestehenden Tabulator per Mausklick ausgewählt hast, kannst du seine Position und/oder Ausrichtung ändern bzw. den Tabulator mit **Löschen** entfernen.

Absatz hervorheben

Mithilfe von **Rahmen** kannst du Textkästen erstellen bzw. Absätze hervorheben:

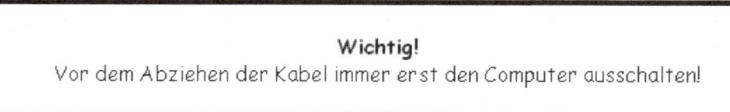

Darüber hinaus kannst du Absätze mit einer **Schattierung** (Hintergrundfarbe) versehen:

Angebot der Woche

Rahmen erstellen

▶ Markiere den Absatz, den du mit einem Rahmen versehen möchtest.

▶ Klicke im Register *Start*, Gruppe *Absatz*, auf das kleine Dreieck im Symbol ⊞▾ .

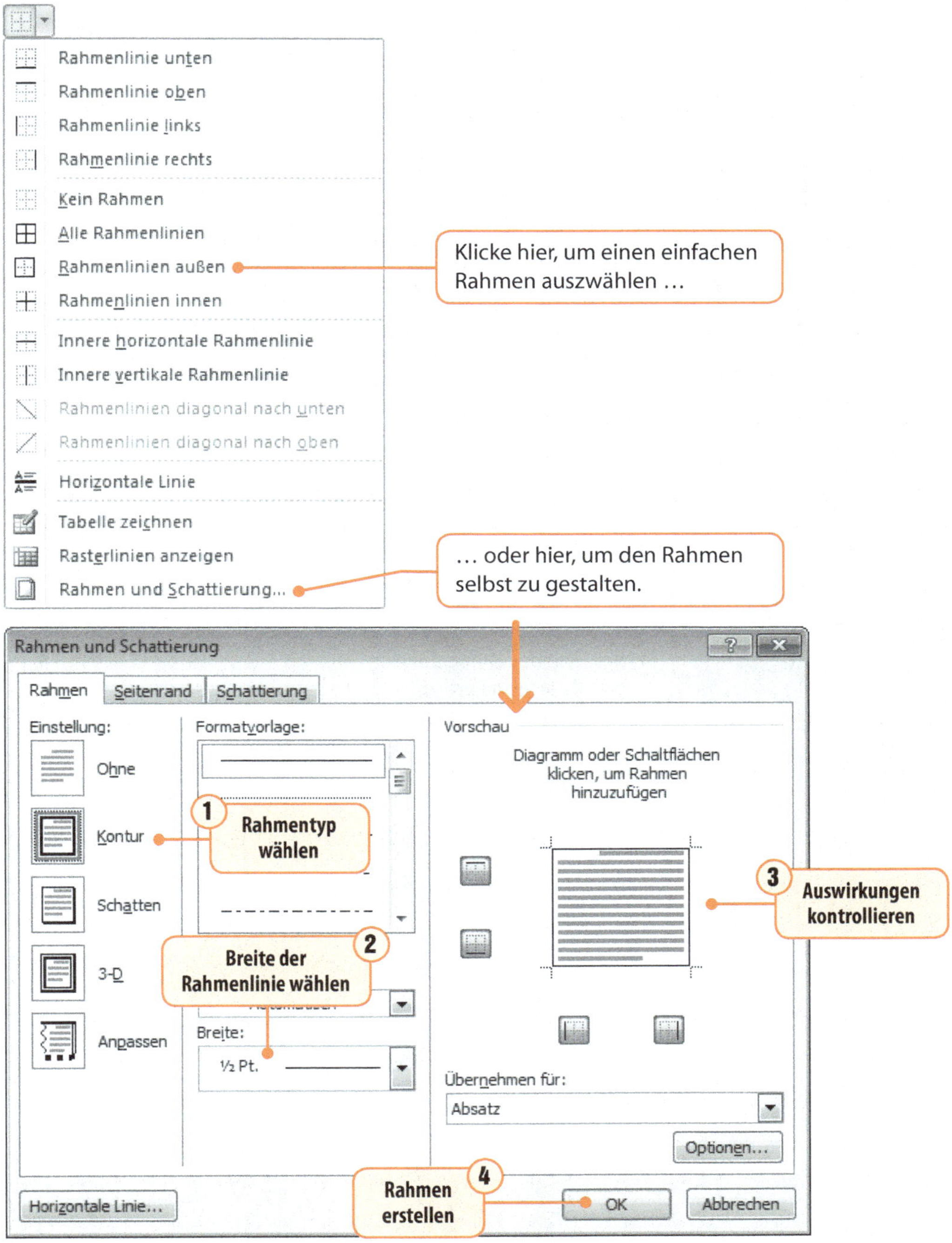

⊞ Rahmenlinie unten	
Rahmenlinie oben	
Rahmenlinie links	
Rahmenlinie rechts	
Kein Rahmen	
⊞ Alle Rahmenlinien	
⊡ Rahmenlinien außen ●————	Klicke hier, um einen einfachen Rahmen auszwählen …
⊞ Rahmenlinien innen	
Innere horizontale Rahmenlinie	
Innere vertikale Rahmenlinie	
⟍ Rahmenlinien diagonal nach unten	
⟋ Rahmenlinien diagonal nach oben	
≣ Horizontale Linie	
Tabelle zeichnen	
Rasterlinien anzeigen	
Rahmen und Schattierung… ●————	… oder hier, um den Rahmen selbst zu gestalten.

Rahmen und Schattierung

Rahmen | Seitenrand | Schattierung

Einstellung:
- Ohne
- Kontur ① **Rahmentyp wählen**
- Schatten
- 3-D
- Anpassen

Formatvorlage:

② **Breite der Rahmenlinie wählen**

Breite:
½ Pt.

Vorschau

Diagramm oder Schaltflächen klicken, um Rahmen hinzuzufügen

③ **Auswirkungen kontrollieren**

Übernehmen für:
Absatz

Optionen…

Horizontale Linie…

Rahmen erstellen ④ → OK   Abbrechen

Benötigst du nur eine einzelne Linie bzw. möchtest du einzelne Seitenlinien eines Rahmens ein- oder ausblenden, betätigst du die Schaltflächen ▦ ▦ ▦ ▦ .

Bsp.

Klickst du nur auf ▦, wird oberhalb des Textes eine Linie angezeigt: B̲e̲i̲s̲p̲i̲e̲l̲t̲e̲x̲t̲

Klickst du nur auf ▦, wird die Linie unterhalb des Textes sichtbar: B̲e̲i̲s̲p̲i̲e̲l̲t̲e̲x̲t̲

Schattierung auswählen

▶ Markiere den Absatz, den du mit einer Schattierung versehen möchtest.

▶ Klicke im Register *Start*, Gruppe *Absatz*, auf das kleine Dreieck im Symbol.

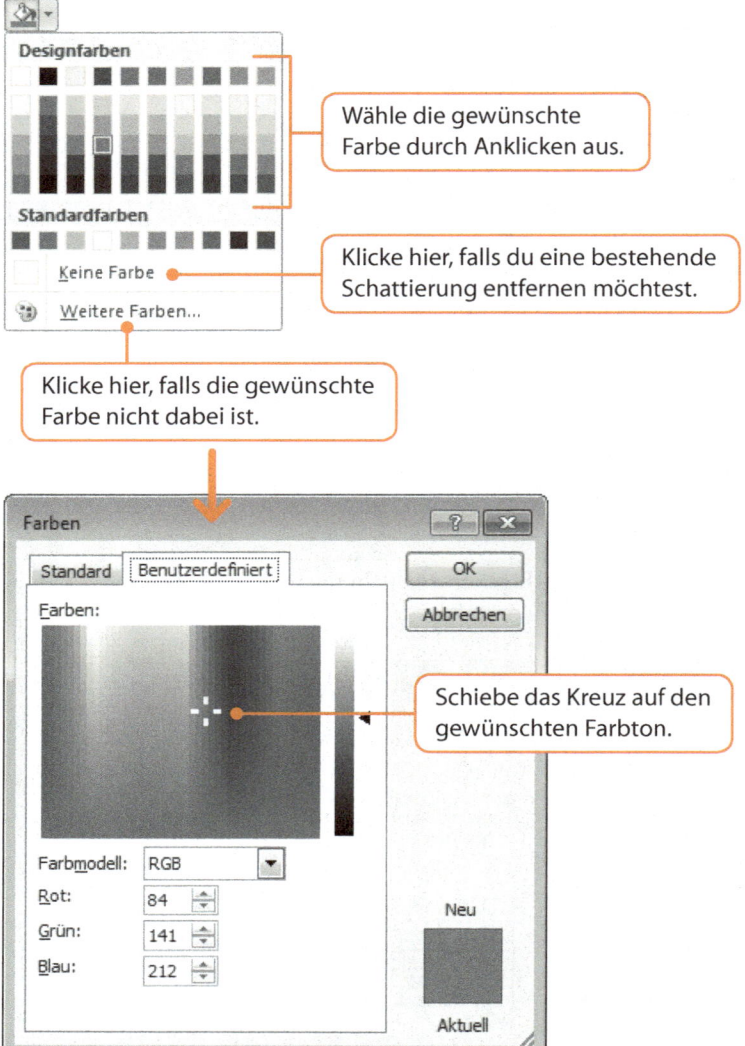

Wähle die gewünschte Farbe durch Anklicken aus.

Klicke hier, falls du eine bestehende Schattierung entfernen möchtest.

Klicke hier, falls die gewünschte Farbe nicht dabei ist.

Schiebe das Kreuz auf den gewünschten Farbton.

7 Dokumente formatieren

Übersicht

Im folgenden Abschnitt lernst du die Formatierung von Dokumenten kennen. Dabei geht es konkret um diese Themen:

- Ränder, Orientierung und Papiergröße einstellen
- Seitenumbrüche einfügen
- Kopf- und Fußzeilen bearbeiten
- Seiten nummerieren

Papiergröße, Seitenausrichtung (Orientierung) und Ränder einstellen

Mit der **Dokumentformatierung** werden Einstellungen festgelegt, die das gesamte Dokument betreffen.

 Stelle die Dokumentformatierung immer als Erstes ein. Eine nachträgliche Änderung der Dokumentformatierung kann mit sehr viel Aufwand verbunden sein.

Die **Papiergröße** stellst du im Register *Seitenlayout* ein:

▶ Klicke in der Gruppe *Seite einrichten* auf *Größe*.

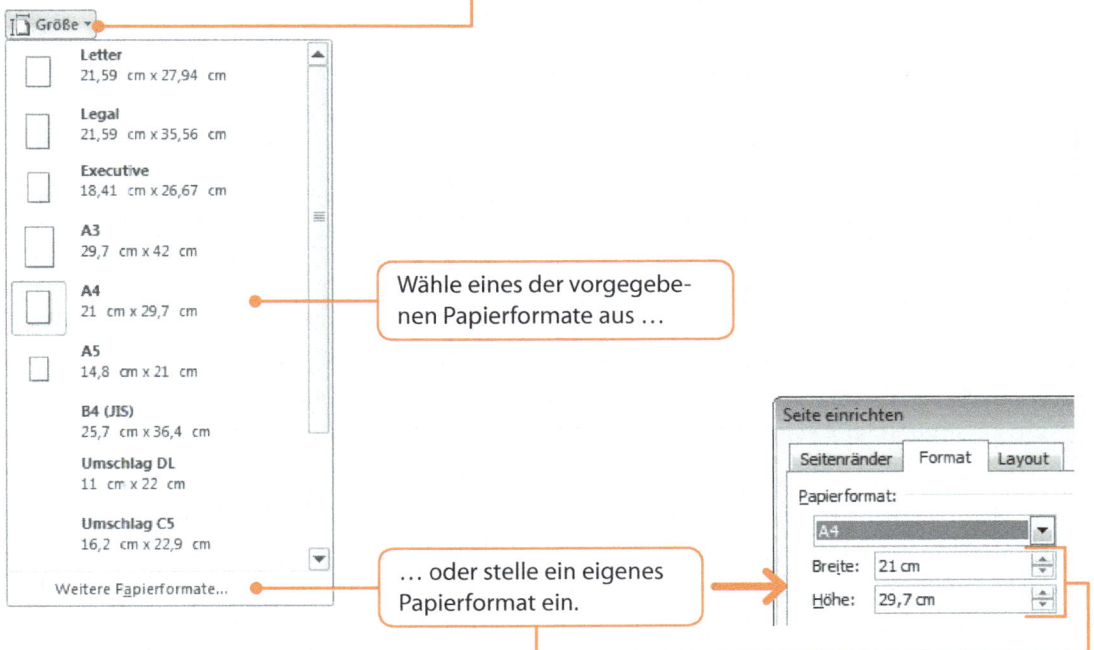

Die **Seitenränder** stellst du folgendermaßen ein:

▶ Klicke in der Gruppe *Seite einrichten* auf *Seitenränder*.

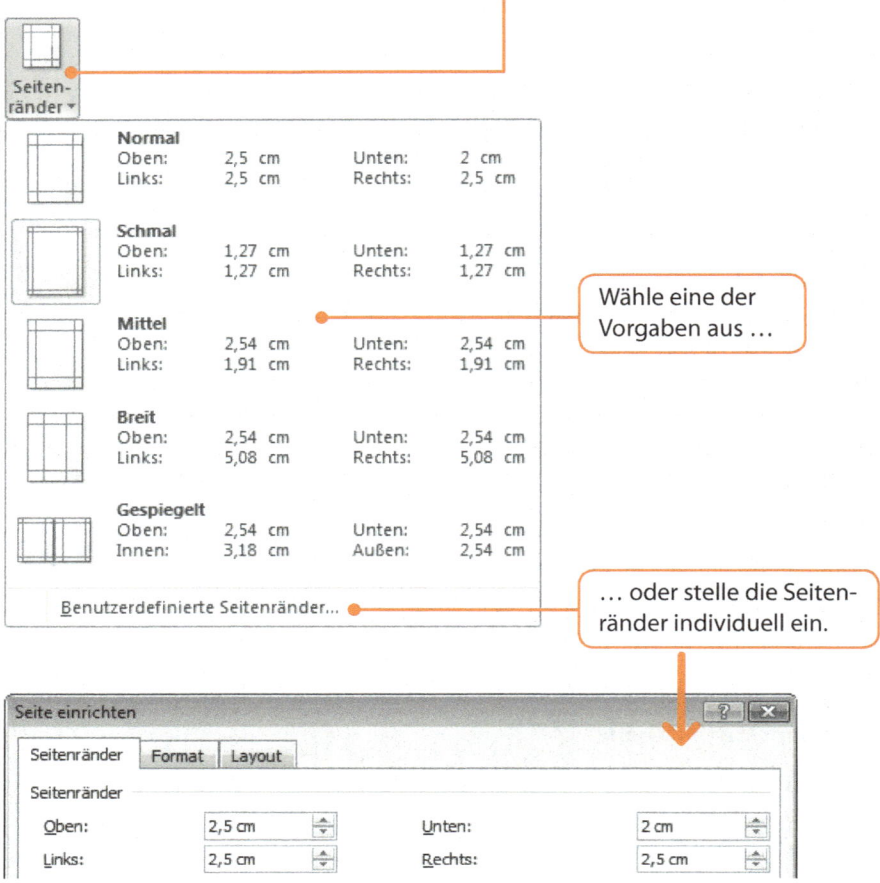

Wähle eine der Vorgaben aus …

… oder stelle die Seitenränder individuell ein.

 Die meisten Drucker können nicht bis zur Blattkante drucken, daher dürfen die Ränder nicht zu klein eingestellt sein. Stelle alle Ränder auf „0" ein und klicke im nächsten Fenster auf *Korrigieren*. Word gibt nun automatisch die kleinstmöglichen Ränder vor.

So stellst du die **Orientierung** ein:

▶ Klicke in der Gruppe *Seite einrichten* auf *Ausrichtung*.

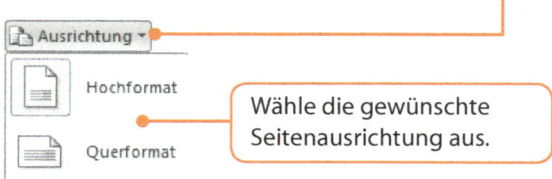

Wähle die gewünschte Seitenausrichtung aus.

 Das Fenster *Seite einrichten* kannst du auch über das in der gleichnamigen Gruppe enthaltene Symbol ⌐ öffnen.

Seitenumbruch einfügen

Word erzeugt automatisch eine neue Seite, wenn dein Text das Ende der Seite erreicht. Möchtest du schon vorher eine neue Seite beginnen, drückst du nicht etliche Male ⟨↵⟩, um die angefangene Seite mit Leerzeichen aufzufüllen, sondern fügst einen **manuellen Seitenumbruch** ein:

▶ Klicke im Register *Seitenlayout*, Gruppe *Seite einrichten*, auf *Umbrüche*.

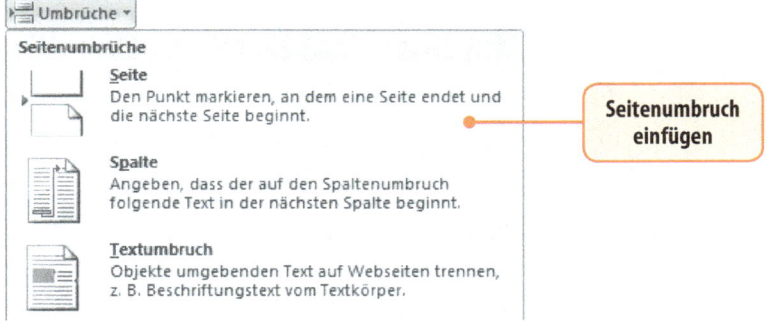

Seitenumbruch einfügen

 Noch schneller fügst du einen Seitenumbruch mit ⟨Strg⟩+⟨↵⟩ ein oder wenn du im Register *Einfügen*, Gruppe *Seiten*, auf *Seitenumbruch* klickst.

Ohne manuelle Seitenumbrüche würde sich der Text in der deinem Dokument ständig verschieben, sobald du Text oder Bilder hinzufügst bzw. entfernst.

Um die genaue Position eines Seitenumbruchs sichtbar zu machen, blendest du mit ⟨¶⟩ die Formatierungszeichen ein. Ein Seitenumbruch ist durch eine Linie gekennzeichnet:

Möchtest du einen Seitenumbruch entfernen, setzt du den Cursor direkt oberhalb vom Umbruch und drückst ⟨Entf⟩.

Kopf- und Fußzeile bearbeiten

Kopf- und **Fußzeilen** befinden sich am Anfang bzw. Ende einer Seite. Sie eignen sich gut als Platzhalter für Textelemente, die auf jeder Seite sichtbar sein sollen, z. B. für Seitenzahlen oder Überschriften.

▶ Klicke im Register *Einfügen*, Gruppe *Kopf- und Fußzeile*, auf 📄 Kopfzeile ▾ .

▶ Wähle *Kopfzeile bearbeiten*.

Der Cursor befindet sich nun in der Kopfzeile und du kannst auf gewohnte Weise Text eingeben, markieren, formatieren oder löschen.

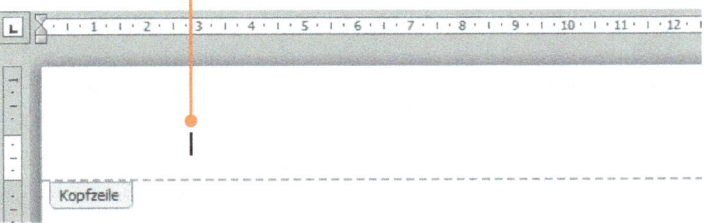

Darüber hinaus wird nun das Register **_Entwurf_** angezeigt. In diesem Register kannst du oft benötigte Elemente per Mausklick einfügen. Außerdem kannst du hier zwischen der Kopf- und Fußzeile wechseln.

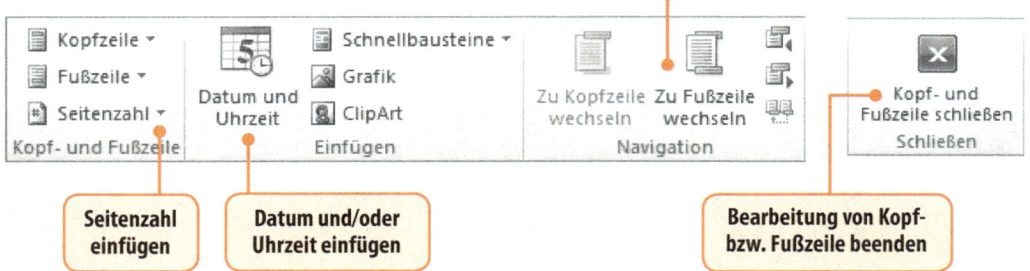

Um den Dateinamen des Word-Dokuments in die Kopf- bzw. Fußzeile einzufügen, klickst du auf  und wählst **_Feld_** aus. Im folgenden Fenster klickst du unter **_Feldnamen_** den Eintrag **_FileName_** doppelt an.

 Um bestehende Kopf- bzw. Fußzeilen erneut zu bearbeiten, klickst du sie doppelt an.

Automatische Seitennummerierung einfügen

Falls du dein Dokument automatisch nummerieren möchtest, musst du nicht zwingend die Kopf- bzw. Fußzeile öffnen. In diesem Fall kannst du auch so vorgehen:

▶ Klicke im Register **_Einfügen_**, Gruppe **_Kopf- und Fußzeile_**, auf **_Seitenzahl_**.

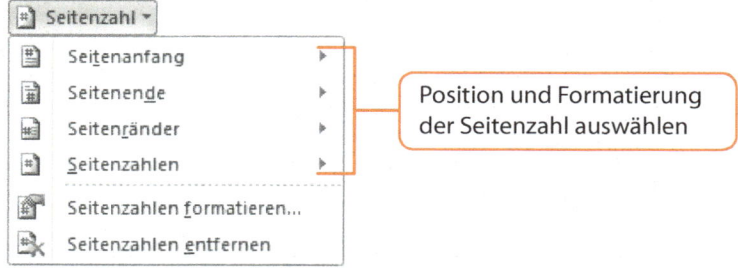

8 Tabellen bearbeiten

Übersicht

Im folgenden Abschnitt lernst du die Bearbeitung von Tabellen kennen. Dabei geht es konkret um diese Themen:

- Tabellen anlegen
- Tabellen ausfüllen
- Tabellenbereiche markieren
- Zeilen und Spalten bearbeiten
- Zellen formatieren

Tabelle anlegen

Tabellen sind ideal, um Daten und Informationen übersichtlich zu präsentieren. Insbesondere Listen lassen sich mit Tabellen einfach und schneller erstellen als z. B. mit Tabstopps. Bevor du Daten eingeben kannst, erstellst du eine leere Tabelle.

▶ Klicke im Register *Einfügen*, Gruppe *Tabellen*, auf die Schaltfläche *Tabelle*.

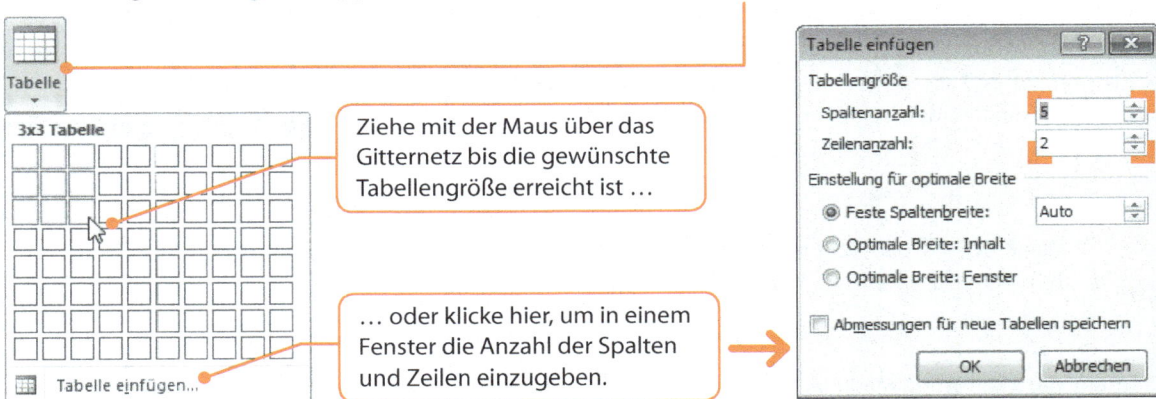

Tabelle ausfüllen

Um eine leere Tabelle auszufüllen, klickst du mit der Maus in die erste Zelle und gibst den Text ein. Mit ⇆ gelangst du von Zelle zu Zelle und füllst sie nach und nach aus.

Montag	Dienstag	Mittwoch	Donnerstag	

Du kannst dich auch mit den Cursortasten ← → ↑ ↓ durch die Tabelle bewegen oder die gewünschten Zellen mit der Maus anklicken.

Um bestehende Inhalte zu ändern, klickst du die Zelle an und bearbeitest den Text wie gewohnt: Du kannst die Inhalte der Zellen beliebig formatieren und auch per Drag & Drop oder über die Zwischenablage kopieren bzw. verschieben.

Tabellenbereich markieren

Wenn du die Inhalte der Zellen verschieben, kopieren, formatieren oder löschen möchtest, musst du sie vorher markieren.

 Achte darauf, wie sich der Mauszeiger verändert, dann findest du schnell die richtigen Anklick-Positionen.

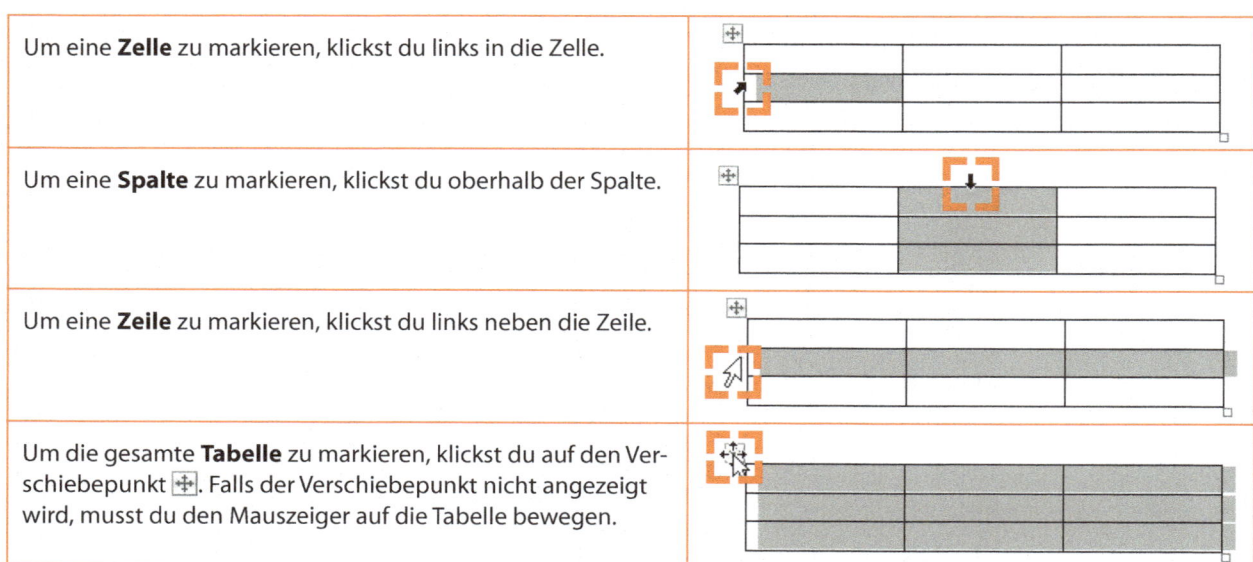

Um eine **Zelle** zu markieren, klickst du links in die Zelle.	
Um eine **Spalte** zu markieren, klickst du oberhalb der Spalte.	
Um eine **Zeile** zu markieren, klickst du links neben die Zeile.	
Um die gesamte **Tabelle** zu markieren, klickst du auf den Verschiebepunkt ⊞. Falls der Verschiebepunkt nicht angezeigt wird, musst du den Mauszeiger auf die Tabelle bewegen.	

 Wenn du (Strg) gedrückt hältst, kannst du auch nicht benachbarte Tabellenbereiche mit der Maus markieren.

Alternativ dazu kannst du Markierungen auch mit der Maus aufziehen oder im Register *Layout*, Gruppe *Tabelle*, die Schaltfläche *Auswählen* verwenden.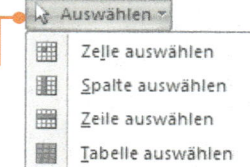

Zeilen und Spalten hinzufügen oder löschen

Manchmal muss eine Tabelle um zusätzliche Zeilen oder Spalten erweitert werden.

- ▶ Setze den Cursor in die entsprechende Zelle.
- ▶ Wähle im Register *Layout*, Gruppe *Zeilen und Spalten*, die gewünschte Aktion aus:

Alternativ dazu kannst du mit der rechten Maustaste in eine Zelle klicken und mit *Einfügen* bzw. *Zellen löschen* die gewünschte Funktion auswählen.

 Befindet sich der Cursor in der letzten Zelle der Tabelle, kannst du auch (⇄) drücken, um schnell eine neue Zeile hinzuzufügen.

Zeilenhöhe und Spaltenbreite einstellen

Um die Zeilenhöhe bzw. Spaltenbreite zu ändern, bewegst du den Mauszeiger an eine senkrechte bzw. waagerechte Trennlinie und verschiebst diese mit gedrückter Maustaste:

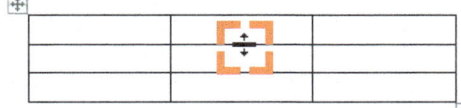

So kannst du die Zeilenhöhe und die Spaltenbreite millimetergenau festlegen:

▶ Setze den Cursor in die entsprechende Zeile bzw. Spalte.

▶ Stelle im Register *Layout*, Gruppe *Zellengröße*, die gewünschte Breite oder Höhe ein:

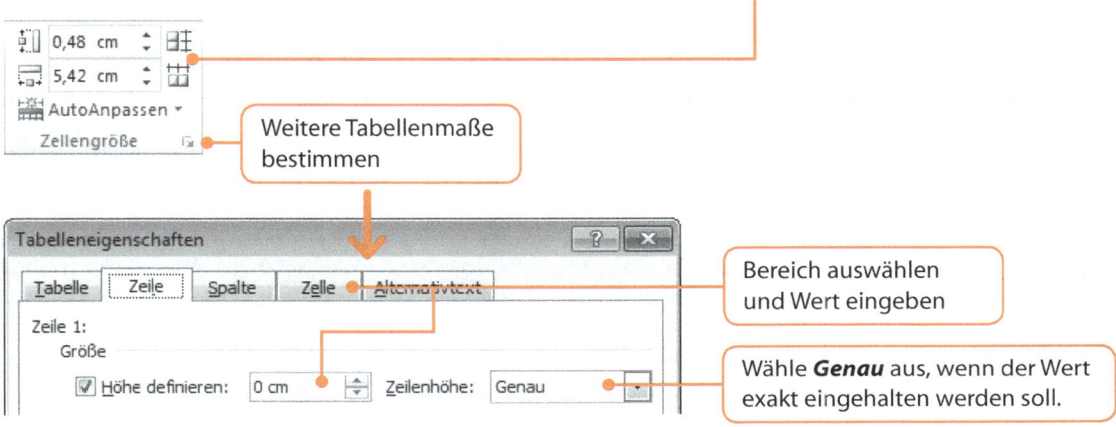

Tabelle schnell in Form bringen

Im Register *Layout* findest du in der Gruppe *Zellengröße* gleich mehrere Hilfsmittel, um Zellen gleichmäßig anzuordnen:

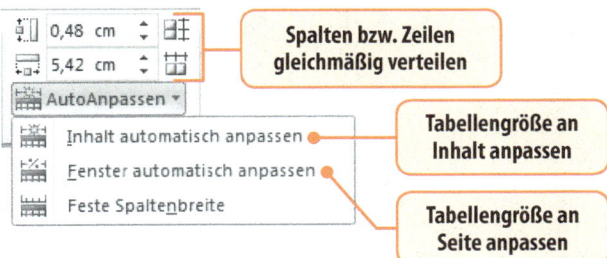

Rahmenlinien bearbeiten

So änderst du das Aussehen der Rahmenlinien von Tabellen bzw. Tabellenbereichen:

▶ Markiere die Tabelle bzw. die Zelle(n), die du bearbeiten möchtest.

▶ Klicke im Register *Entwurf*, Gruppe *Tabellenformatvorlagen*, auf das kleine Dreieck der Schaltfläche *Rahmen* und wähle *Rahmen und Schattierung* aus.

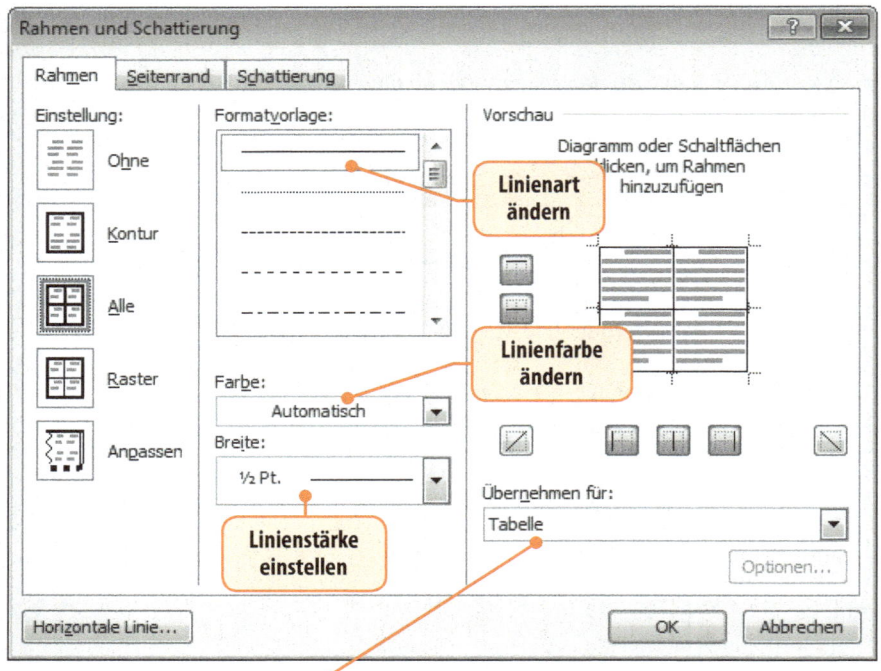

Mit dem Listenfeld **Übernehmen für** legst du fest, ob die Einstellungen für die ganze Tabelle oder nur für bestimmte Bereiche gelten sollen.

Soll die Tabelle keine Rahmenlinien mehr enthalten, klickst du auf dieses Symbol:

Zelle schattieren

So versiehst du die Tabelle bzw. bestimmte Zellen mit einer Schattierung (Hintergrundfarbe):

► Markiere die Tabelle bzw. die Zelle(n), die du schattieren möchtest.

► Klicke im Register **Entwurf**, Gruppe **Tabellenformatvorlagen**, auf die Schaltfläche **Schattierung**.

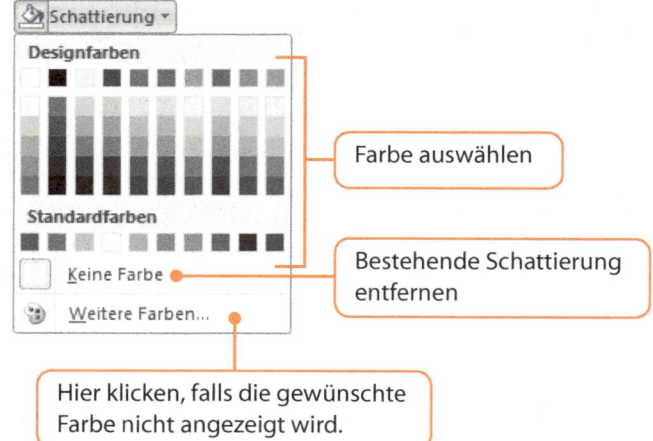

© HERDT-Verlag

Word 2010
2

9 Bilder und Diagramme bearbeiten

Übersicht

Im folgenden Abschnitt lernst du, wie du deine Dokumente mit Bildern und Diagrammen versiehst. Dabei geht es konkret um diese Themen:

- Bilder/ClipArts/Zeichnungsobjekte einfügen und bearbeiten
- Diagramme einfügen und bearbeiten
- Zoom-Einstellung ändern

Bild einfügen

Bilder, die als Dateien vorliegen, fügst du folgendermaßen in dein Dokument ein:

▶ Setze den Cursor an die gewünschte Position.

▶ Klicke im Register *Einfügen*, Gruppe *Illustrationen*, auf *Grafik*.

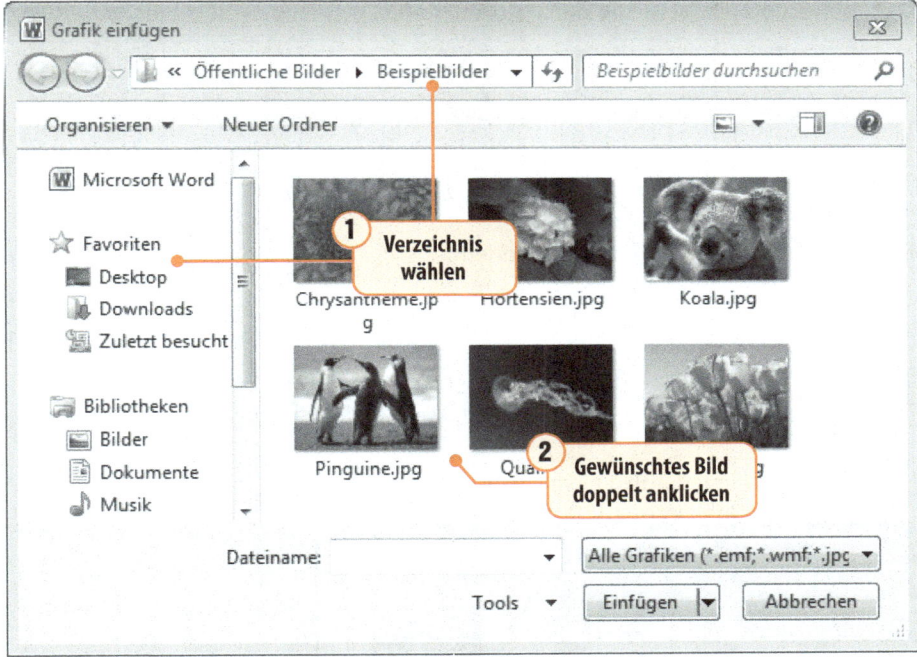

Und so fügst du eine so genannte **ClipArt**-Grafik ein:

▶ Klicke im Register *Einfügen*, Gruppe *Illustrationen*, auf *ClipArt*.

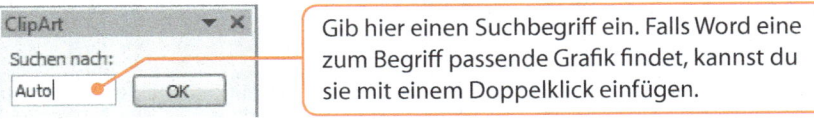

Gib hier einen Suchbegriff ein. Falls Word eine zum Begriff passende Grafik findet, kannst du sie mit einem Doppelklick einfügen.

Du kannst auch Bilder von anderen Programmen (z. B. aus Paint oder aus einem Internetbrowser) aus in die Zwischenablage kopieren und dann in Word einfügen.

Bildgröße bearbeiten

Damit du ein Bild bearbeiten kannst, musst du es per Mausklick auswählen. Ist das Bild ausgewählt, wird ein Rahmen mit **Ziehpunkten** sichtbar.

Durch Verschieben eines der quadratischen Ziehpunkte kannst du die Grafik dehnen oder stauchen. Dabei kann es passieren, dass das Bild hinterher verzerrt dargestellt wird:

Um solche Verzerrungen zu vermeiden, änderst du die Größe **proportional**: Verschiebe nur einen der runden Eckpunkte:

So kannst du die Bildgröße millimetergenau bzw. prozentual ändern:

▶ Klicke das Bild mit rechts an und wähle *Größe und Position*.

▶ Stelle die gewünschte *Höhe* bzw. *Breite* des Bildes entweder in Zentimetern oder (unter *Skalierung*) als Prozentwert ein:

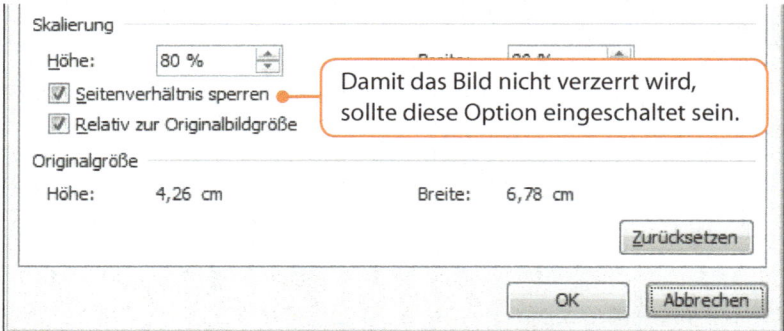

Bild verschieben, kopieren oder löschen

- Um ein Bild in eine andere Zeile zu **verschieben**, klickst du es an und ziehst es mit gedrückter Maustaste an die neue Position.
- Möchtest du das Bild **kopieren**, hältst du beim Verschieben [Strg] gedrückt.
- Um ein Bild zu **löschen**, klickst du es an und drückst [Entf] oder [⇦].

Wenn du Bilder in ein anderes Dokument kopieren oder verschieben möchtest, verwendest du die Zwischenablage:

▶ Klicke das Bild an, um es auszuwählen.

▶ Klicke im Register *Start*, Gruppe *Zwischenablage*, auf ✄ , wenn du das Bild verschieben möchtest, bzw. auf 🖺 , wenn du das Bild kopieren möchtest.

▶ Wechsle in das Dokument, in das das Bild eingefügt werden soll, und setze den Cursor an die gewünschte Position.

▶ Klicke im Register *Start*, Gruppe *Zwischenablage*, auf *Einfügen*.

 Auch Zeichnungsobjekte und Diagramme können auf diese Weise kopiert bzw. verschoben werden.

Zeichnungsobjekte einfügen und bearbeiten

Mithilfe von **Zeichnungsobjekten** kannst du direkt in Word Blickfänger und einfache Zeichnungen erstellen.

▶ Klicke im Register *Einfügen*, Gruppe *Illustrationen*, auf *Formen*.

Klicke das gewünschte Objekt doppelt an, um es einzufügen.

Alternativ dazu kannst ein Objekt in der Liste auch normal anklicken. Klicke dann mit der Maus an eine bestimmte Position, halte die Maustaste gedrückt und ziehe das Objekt auf die gewünschte Größe auf.

Das eingefügte Zeichnungsobjekt kannst du auf gewohnte Weise verschieben, drehen und skalieren:

▶ Klicke in das Objekt und ziehe es an die gewünschte Position.

▶ Mithilfe der Anfasser kannst du das Objekt drehen oder in der Größe ändern.

Sobald ein Zeichnungsobjekt ausgewählt ist, kannst du es im Register *Format* u. a. mit einer anderen Füllung bzw. Umrissfarbe oder mit Effekten wie z. B. Schatten versehen.

Diagramm einfügen

Mithilfe von **Diagrammen** lassen sich Zahlen anschaulich darstellen.

▶ Klicke im Register *Einfügen*, Gruppe *Illustrationen*, auf *Diagramm*.

Word öffnet ein Fenster, in dem du zuerst den gewünschten Diagrammtyp und dann einen Untertyp auswählst:

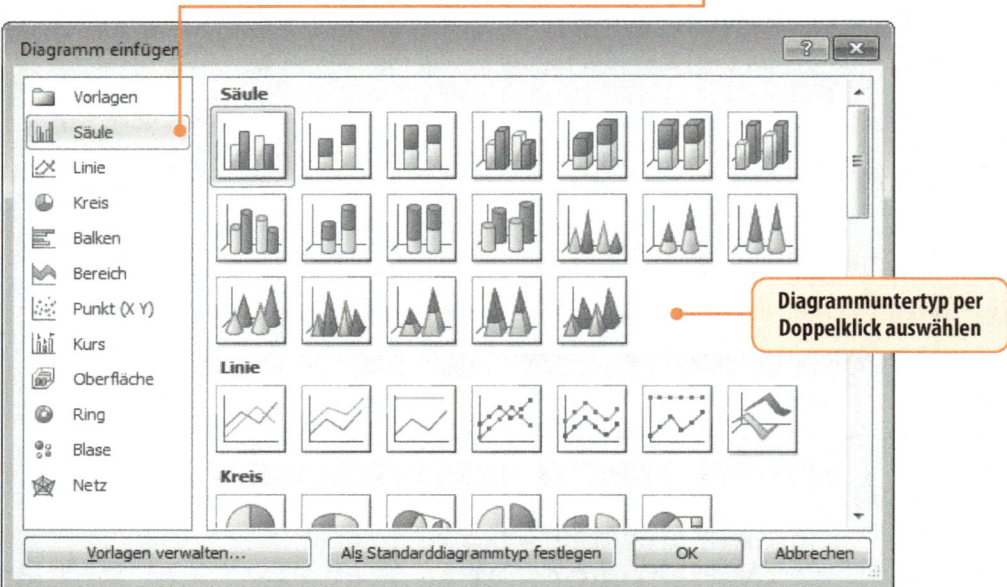

Nach dem Einfügen des Diagramms wird zusätzlich ein Fenster mit einer Tabelle geöffnet. Darin überschreibst du die vorgegebenen Daten mit deinen eigenen Daten.

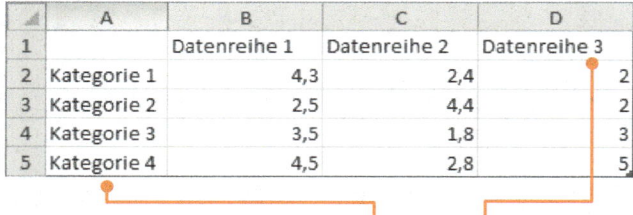

	A	B	C	D
1		Datenreihe 1	Datenreihe 2	Datenreihe 3
2	Kategorie 1	4,3	2,4	2
3	Kategorie 2	2,5	4,4	2
4	Kategorie 3	3,5	1,8	3
5	Kategorie 4	4,5	2,8	5

▶ Gib in der jeweils ersten Spalte bzw. Zeile den Text für die Rubriken (Überschriften) ein.

▶ Trage in den anderen Zellen die Zahlenwerte ein.

▶ Schließe das Tabellenfenster mit ⌧ .

Diagramm bearbeiten

Bevor du ein Diagramm bearbeiten kannst, musst du es mit einem Mausklick auswählen. Es erscheint ein Rahmen.

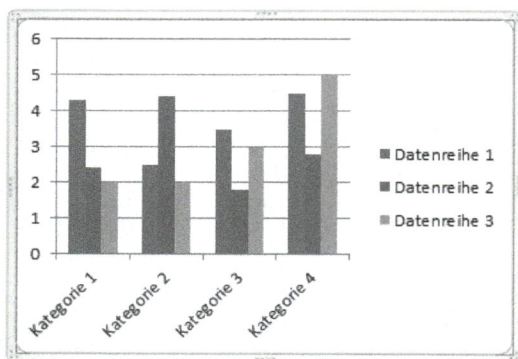

© HERDT-Verlag

▶ Die Diagrammgröße änderst du durch Verschieben der gepunkteten Bereiche am Rahmen. Im Register **Format**, Gruppe **Größe**, kannst du die Diagrammgröße ebenfalls verändern.

▶ Um ein Diagramm in eine andere Zeile zu kopieren bzw. zu verschieben, ziehst du es am Rahmen an die gewünschte Position – so wie bei einem Bild.

▶ Um ein Diagramm zu löschen, klickst du es an und drückst ⎡Entf⎤ oder ⎡⇦⎤.

Wenn du die Zahlenwerte des Diagramms aktualisieren möchtest, musst du die Wertetabelle wieder öffnen. Dazu gehst du folgendermaßen vor:

▶ Klicke das Diagramm mit der rechten Maustaste an und wähle **Daten bearbeiten**. Oder du klickst im Register **Entwurf**, Gruppe **Daten**, auf **Daten bearbeiten**.

Zoom-Einstellung ändern

Zum präzisen Arbeiten kannst du die Darstellungsgröße auf dem Bildschirm anpassen. Am schnellsten änderst du die **Zoom**-Einstellung mit dem Schieberegler in der Statusleiste:

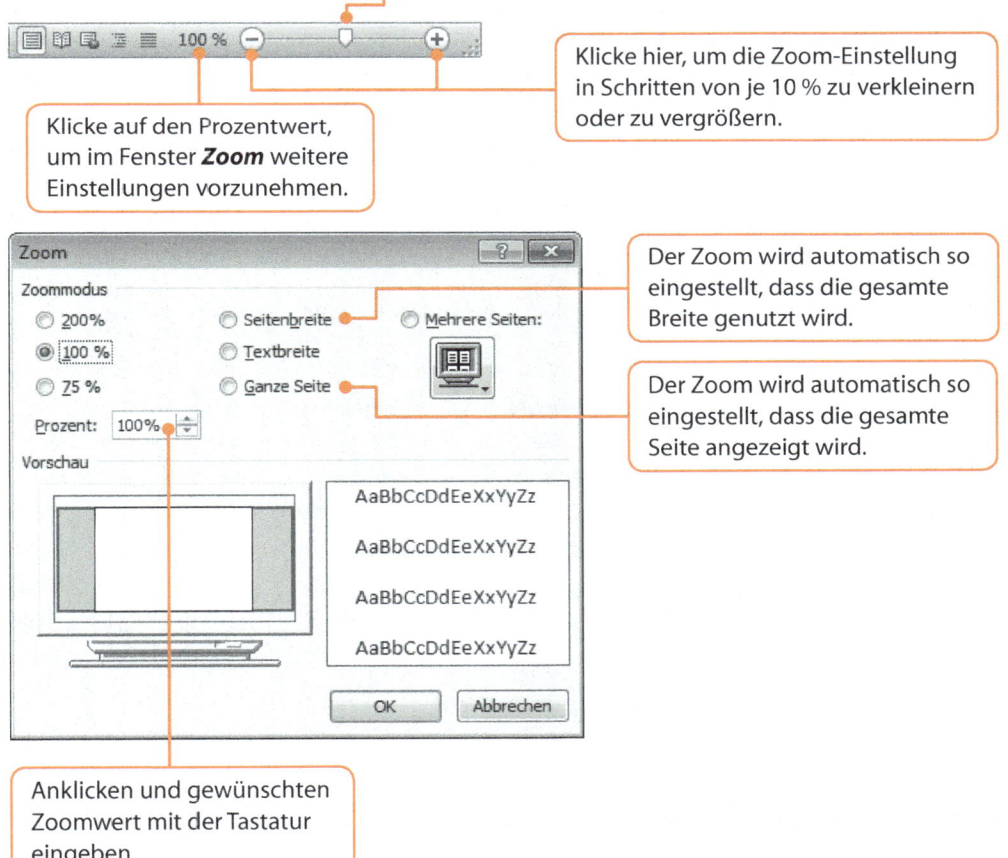

Klicke hier, um die Zoom-Einstellung in Schritten von je 10 % zu verkleinern oder zu vergrößern.

Klicke auf den Prozentwert, um im Fenster **Zoom** weitere Einstellungen vorzunehmen.

Der Zoom wird automatisch so eingestellt, dass die gesamte Breite genutzt wird.

Der Zoom wird automatisch so eingestellt, dass die gesamte Seite angezeigt wird.

Anklicken und gewünschten Zoomwert mit der Tastatur eingeben

10 Dokumente drucken und exportieren

Übersicht

Im folgenden Kapitel dreht sich alles um die Aus- bzw. Weitergabe deiner Dokumente:

- Ansichten wählen
- Seitenansicht nutzen
- Dokument drucken
- Druckeinstellungen ändern
- Dokumente exportieren

Ansicht wechseln

Je nachdem, was du in Word gerade tust, kann es sinnvoll sein, die **Ansicht** zu wechseln. In der Statusleiste findest du dazu fünf Symbole:

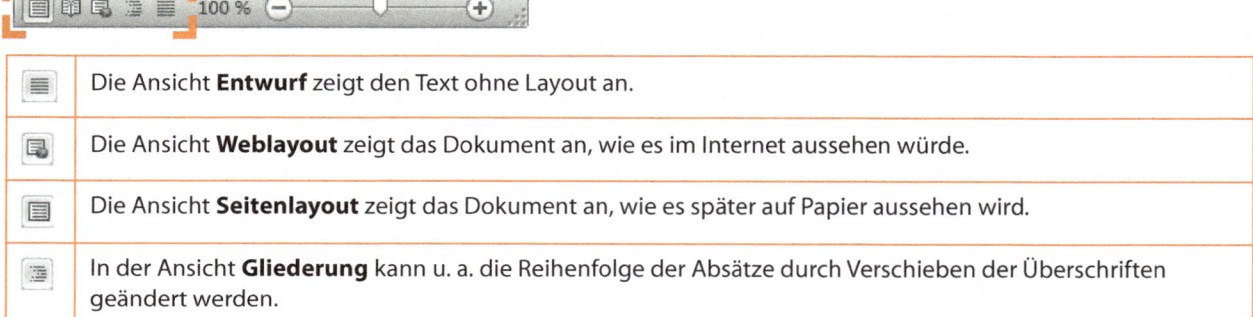

▤	Die Ansicht **Entwurf** zeigt den Text ohne Layout an.
▥	Die Ansicht **Weblayout** zeigt das Dokument an, wie es im Internet aussehen würde.
▤	Die Ansicht **Seitenlayout** zeigt das Dokument an, wie es später auf Papier aussehen wird.
▤	In der Ansicht **Gliederung** kann u. a. die Reihenfolge der Absätze durch Verschieben der Überschriften geändert werden.
▥	Die Ansicht **Vollbild-Lesemodus** ist gut geeignet, um Dokumente konzentriert am Bildschirm zu lesen.

Du kannst auch über das Register *Ansicht*, Gruppe *Dokumentansichten*, zwischen den Ansichten wechseln:

 Im Normalfall arbeitest du in der Seitenlayout-Ansicht.

Dokument vor dem Druck prüfen

Bevor du dein Dokument ausdruckst, solltest du folgende Punkte noch einmal überprüfen:

- Rechtschreibung
- Grammatik
- Erscheinungsbild (Seitenumbrüche, Seitenränder, Formatierung, Schriftgröße)

Bei Briefen prüfst du zusätzlich:

- Ist das Datum aktuell?
- Stimmt die Adresse?
- Ist die Anrede richtig?

Seitenansicht nutzen

Die **Seitenansicht** zeigt dir, wie dein Dokument auf dem Papier aussehen wird. Sie ist eine große Hilfe, wenn du das Erscheinungsbild des gesamten Dokumentes vor dem Drucken kontrollieren möchtest.

▶ Klicke auf [Datei] und wähle *Drucken*.

Rechts von den Druckeinstellungen befindet sich die Seitenansicht:

Mit [Bild ↓] und [Bild ↑], mit ◀ und ▶ oder mit dem Scrollbalken kannst du bei mehrseitigen Dokumenten zwischen den Seiten blättern.

- Klicke rechts unten auf 📄, um eine einzelne Seite vollständig anzuzeigen.
- Um die Druckvorschau zu schließen, drückst du E oder wählst ein anderes Register aus.

Dokument mit bestimmten Einstellungen drucken

▶ Klicke auf [Datei] und wähle *Drucken*.
▶ Falls du mehrere Exemplare auf einmal drucken möchtest, stellst du hier die gewünschte Anzahl ein.

▶ Kontrolliere die Druckeinstellungen und passe sie gegebenenfalls an:

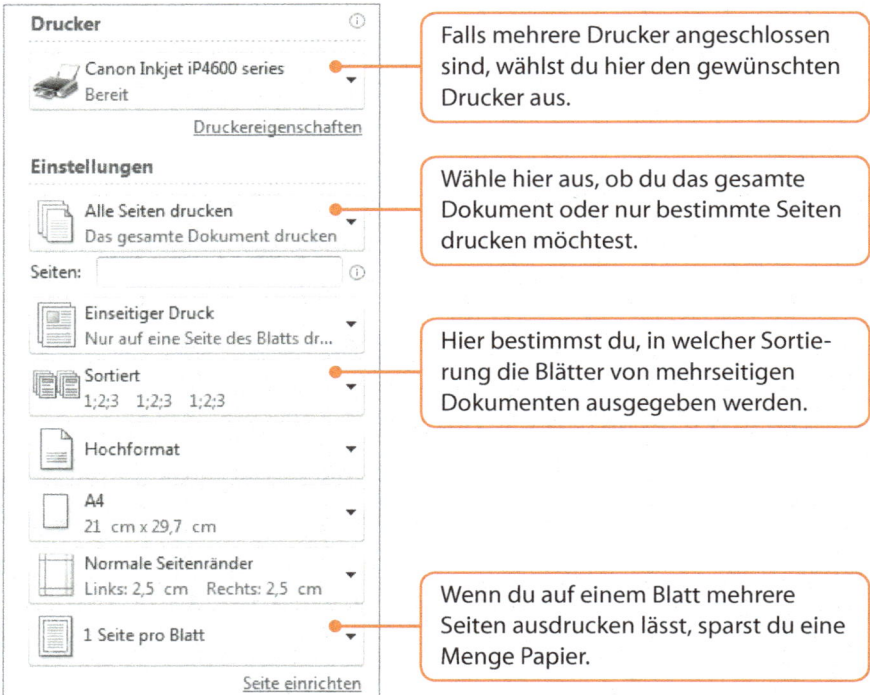

Falls mehrere Drucker angeschlossen sind, wählst du hier den gewünschten Drucker aus.

Wähle hier aus, ob du das gesamte Dokument oder nur bestimmte Seiten drucken möchtest.

Hier bestimmst du, in welcher Sortierung die Blätter von mehrseitigen Dokumenten ausgegeben werden.

Wenn du auf einem Blatt mehrere Seiten ausdrucken lässt, sparst du eine Menge Papier.

Schnelldruckfunktion verwenden

Die **Schnelldruckfunktion** ermöglicht dir, den Druck mit nur einem Mausklick ohne weitere Rückfrage zu starten. So richtest du die Schnelldruckfunktion ein:

▶ Klicke rechts neben der Symbolleiste für den Schnellzugriff auf ⇌.

▶ Wähle *Schnelldruck* aus.

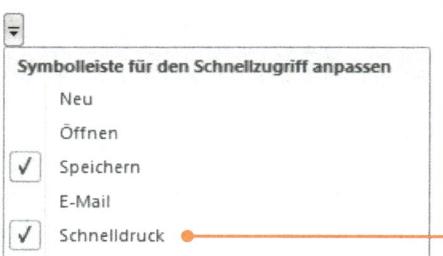

Die Symbolleiste zeigt nun ein Symbol an, mit dem du den Schnelldruck starten kannst.

 Verwende die Schnelldruckfunktion für den Ausdruck von Entwürfen bzw. von einfachen Dokumenten wie z. B. Briefen. Beim Schnelldruck werden immer die aktuellen Standardeinstellungen verwendet.

Dokument exportieren

Wenn dein Text in einem „fremden" Programm weiterverarbeitet werden soll, musst du ihn eventuell in einem anderen Dateiformat speichern. Das nennt man **Exportieren**.

▶ Klicke auf Datei und dann auf **Speichern unter**.

▶ Wähle den **Dateityp** aus, unter dem du dein Dokument exportieren möchtest.

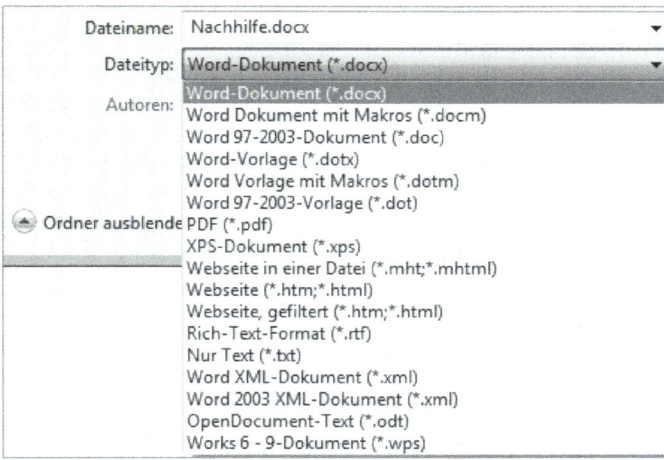

Die gebräuchlichsten Dateiformate sind:

- Als **Word-Vorlage** speicherst du den Text so, dass er als Grundlage für zukünftige Dokumente des gleichen Typs genutzt werden kann.

- Der Dateityp **Rich-Text-Format** speichert den Text und die wichtigsten Formatierungen. Dieses Format kann von praktisch allen anderen Textverarbeitungsprogrammen geöffnet werden.

- Das Format **Nur Text** speichert nur den reinen Text, völlig ohne Formatierungen.

- Wählst du **Word 97-2003-Dokument** als Dateityp, wird das Dokument so gespeichert, dass es von älteren Word-Versionen geöffnet werden kann.

11 Serienbriefe erzeugen

Übersicht

Im folgenden Abschnitt erfährst du alles Wichtige rund um das Thema Serienbriefe:

- Serienbriefe verstehen
- Datenquelle erstellen
- Seriendruck-Assistent verwenden

Was ist ein Serienbrief?

Ein **Serienbrief** ist ein Dokument, das für mehrere Empfänger gleichzeitig ausgedruckt wird. Typische Anwendungen für den Seriendruck sind z. B. Einladungen. Auch Etiketten und Briefumschläge können per Seriendruck bedruckt werden. Für den Seriendruck benötigst du zwei Dokumente:

- Das **Hauptdokument**, das den Text enthält, der immer gleich bleibt
- Die **Datenquelle** mit Namen, Adressen, Anreden etc. – also jene Informationen, die von Dokument zu Dokument unterschiedlich sind

Im Hauptdokument wird an der Stelle, an der später z. B. der Name auftauchen soll, ein Platzhalter eingesetzt. Beim Seriendruck werden alle Platzhalter durch die entsprechenden Daten aus der Datenquelle automatisch ersetzt.

Datenquelle vorbereiten

Als Datenquelle erstellst du ein Word-Dokument, das nichts außer eine Tabelle enthält.

 Du kannst aber auch Tabellen verwenden, die mit einer Tabellenkalkulation oder einem Datenbankprogramm erstellt wurden.

- In der ersten Zeile der Tabelle muss für jede Spalte eine Spaltenüberschrift eingetragen sein. Die Formatierung des Textes ist egal.
- Zusammengehörende Daten stehen in einer Zeile und bilden einen **Datensatz**.
- Die Anzahl der Spalten und die Spaltenüberschriften können beliebig festgelegt werden.

Anrede	Vorname	Nachname	Straße	PLZ	Ort
Frau	Elke	Bott	Gerberweg 5	55118	Mainz
Herr	Heiko	Klein	Kirchstr. 12	55129	Mainz
Frau	Silvia	Merz	Am Rech 35	55118	Mainz
Frau	Mareike	Kremer	Talgasse 18	55133	Mainz

Für jede Spalte der Datenquelle kann im Hauptdokument ein Platzhalter eingefügt werden. Diese **Seriendruckfelder** sind durch doppelte spitze Klammern gekennzeichnet und werden später automatisch durch die „richtigen" Informationen ersetzt:

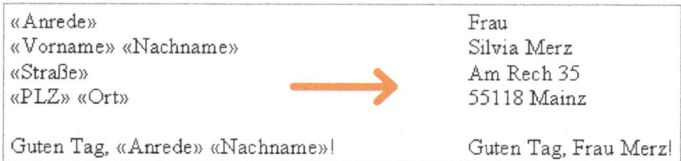

Seriendruck-Assistent starten

Der **Seriendruck-Assistent** von Word hilft dir Schritt für Schritt bei der Erstellung deiner Seriendruckdokumente.

▶ Klicke im Register **Sendungen**, Gruppe **Seriendruck starten**, auf die gleichnamige Schaltfläche.

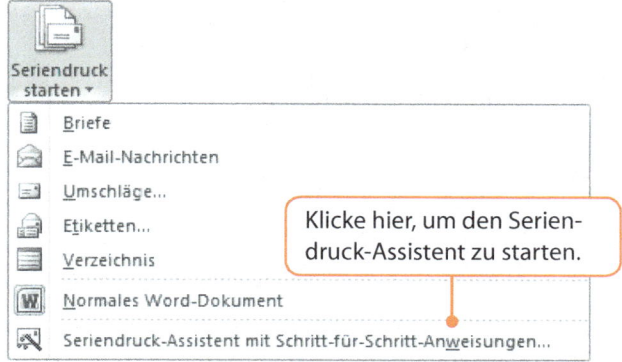

Klicke hier, um den Serien-druck-Assistent zu starten.

Der Seriendruck-Assistent erscheint am rechten Fensterrand. Er bringt dich über sechs Schritte zum Ziel:

- Schritt 1: Dokumenttyp bestimmen
- Schritt 2: Hauptdokument wählen
- Schritt 3: Datenquelle wählen
- Schritt 4: Seriendruckfelder einfügen
- Schritt 5: Vorschau des Serienbriefes
- Schritt 6: Druckvorgang starten

Im ersten Schritt erkennst du, dass sich der Assistent fast von alleine erklärt:

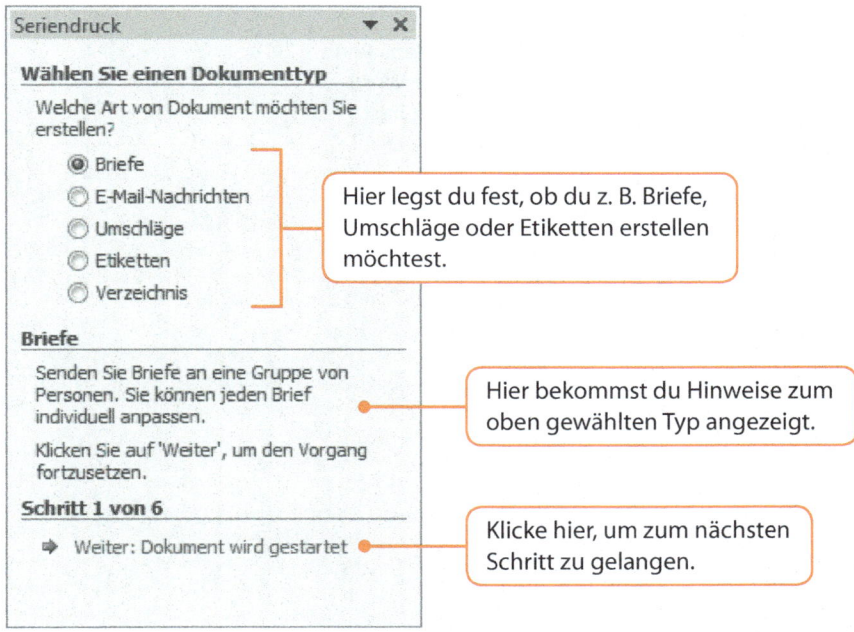

Hier legst du fest, ob du z. B. Briefe, Umschläge oder Etiketten erstellen möchtest.

Hier bekommst du Hinweise zum oben gewählten Typ angezeigt.

Klicke hier, um zum nächsten Schritt zu gelangen.

Mit den Symbolen ⬅ bzw. ➡ kannst du dich zwischen den Schritten des Assistenten hin und her bewegen.

In den beiden nächsten Schritten wählst du das Hauptdokument und die Datenquelle aus.

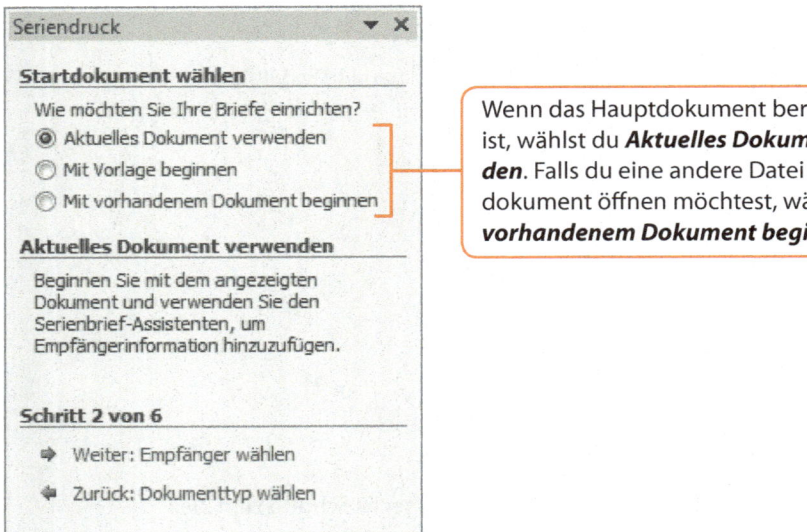

Wenn das Hauptdokument bereits geöffnet ist, wählst du **Aktuelles Dokument verwenden**. Falls du eine andere Datei als Hauptdokument öffnen möchtest, wählst du **Mit vorhandenem Dokument beginnen**.

 Falls du den Dokumenttyp **Etiketten** gewählt hast, klickst du im zweiten Schritt auf **Etikettenoptionen**, um die Marke der verwendeten Etiketten einzustellen.

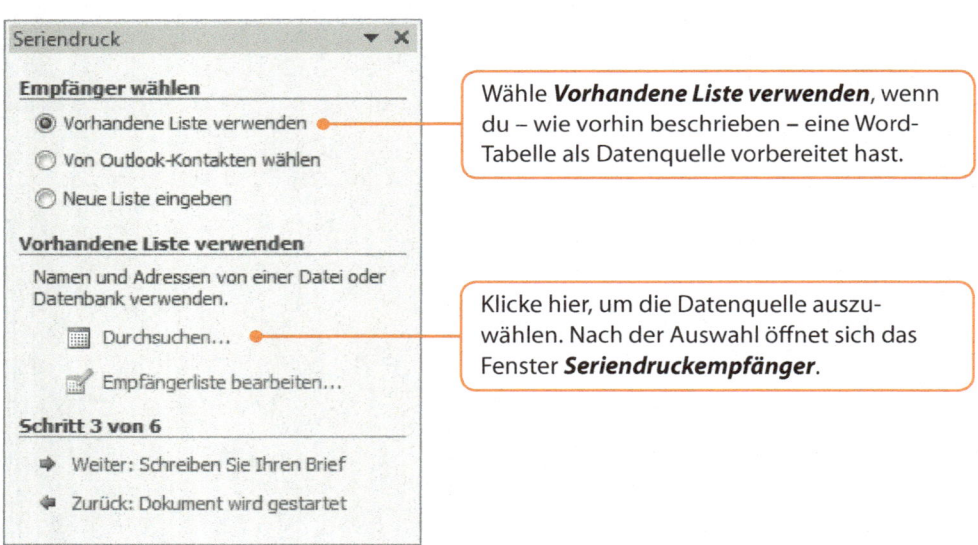

Wähle **Vorhandene Liste verwenden**, wenn du – wie vorhin beschrieben – eine Word-Tabelle als Datenquelle vorbereitet hast.

Klicke hier, um die Datenquelle auszuwählen. Nach der Auswahl öffnet sich das Fenster **Seriendruckempfänger**.

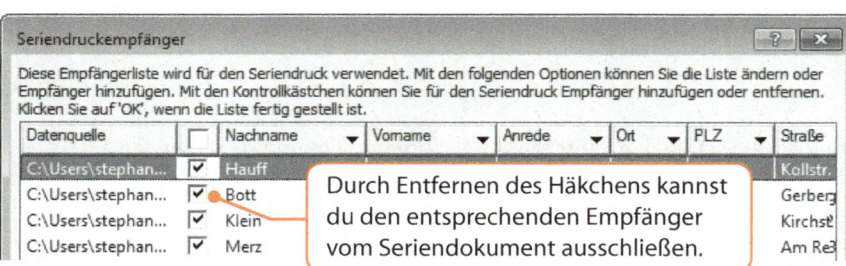

Durch Entfernen des Häkchens kannst du den entsprechenden Empfänger vom Seriendokument ausschließen.

Im vierten Schritt fügst du die Seriendruckfelder in das Hauptdokument ein.

> **!** Jedesmal, bevor du ein Feld auf die beschriebene Weise einfügst, musst du den Cursor an die gewünschte Position setzen.

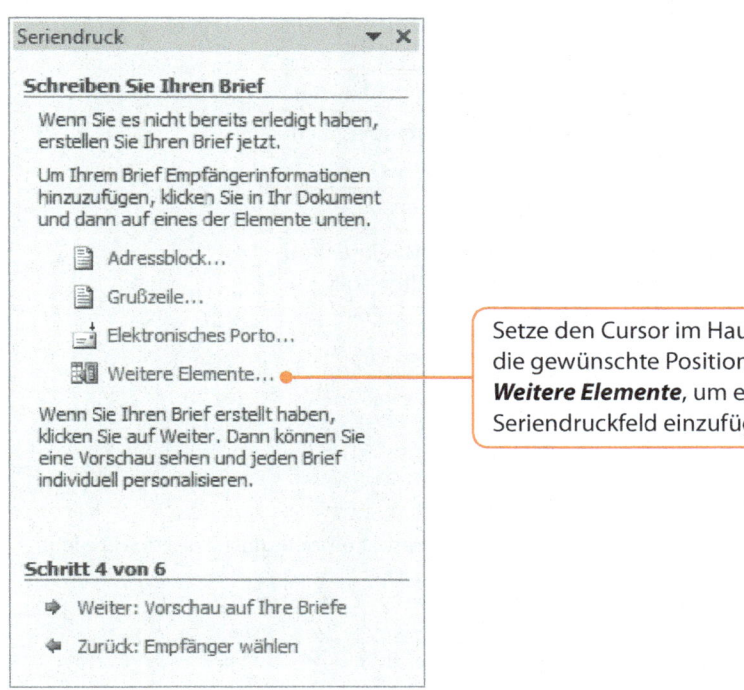

Setze den Cursor im Hauptdokument an die gewünschte Position und klicke auf **Weitere Elemente**, um ein bestimmtes Seriendruckfeld einzufügen.

Im folgenden Fenster wählst du das gewünschte Feld aus. Wiederhole den Vorgang so lange, bis alle benötigten Seriendruckfelder in das Hauptdokument eingefügt sind.

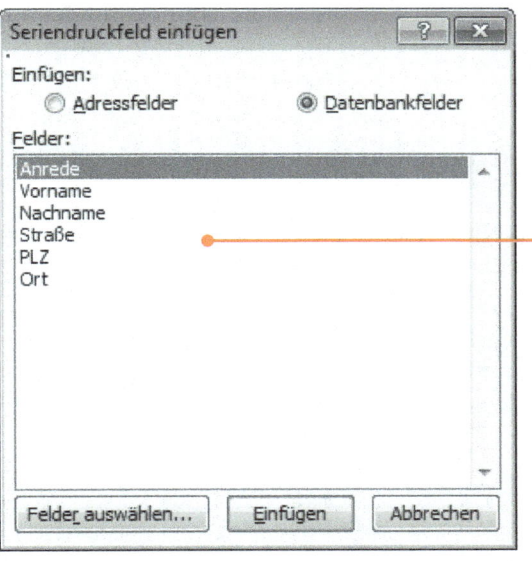

Füge das gewünschte Feld mit einem Doppelklick ein. Soll das nächste Feld an einer anderen Position erscheinen, musst du erst das Fenster schließen und den Cursor neu setzen.

Nun kontrollierst du noch, ob das Seriendokument deinen Vorstellungen entspricht:

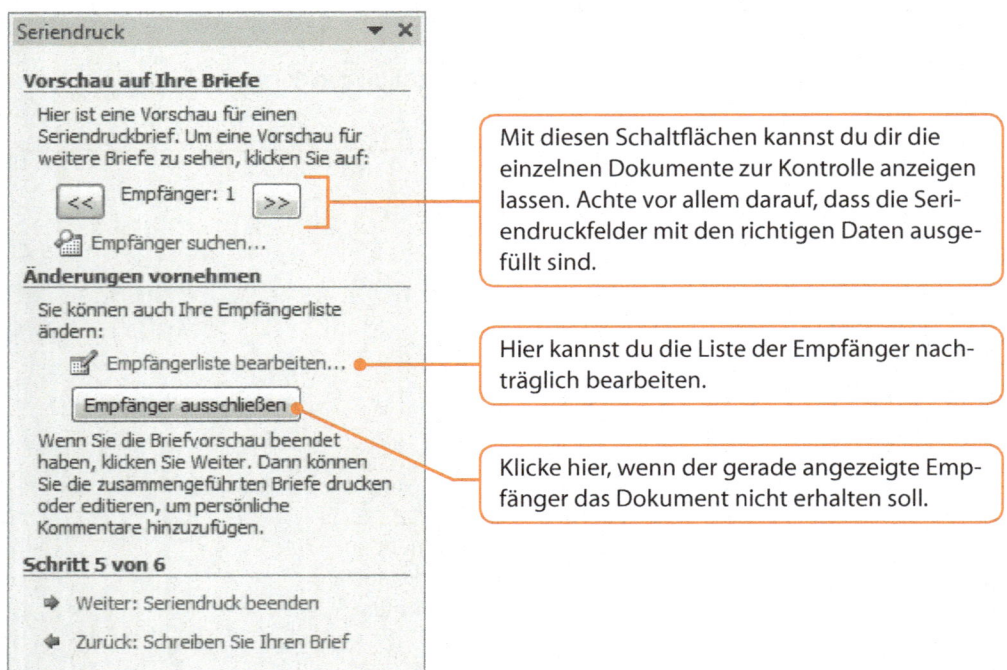

Mit diesen Schaltflächen kannst du dir die einzelnen Dokumente zur Kontrolle anzeigen lassen. Achte vor allem darauf, dass die Seriendruckfelder mit den richtigen Daten ausgefüllt sind.

Hier kannst du die Liste der Empfänger nachträglich bearbeiten.

Klicke hier, wenn der gerade angezeigte Empfänger das Dokument nicht erhalten soll.

 Achte beim Drucken von Etiketten darauf, dass der Etikettenbogen korrekt eingelegt ist. Falls du dir nicht sicher bist, nimm einen Probedruck auf normalem Papier vor.

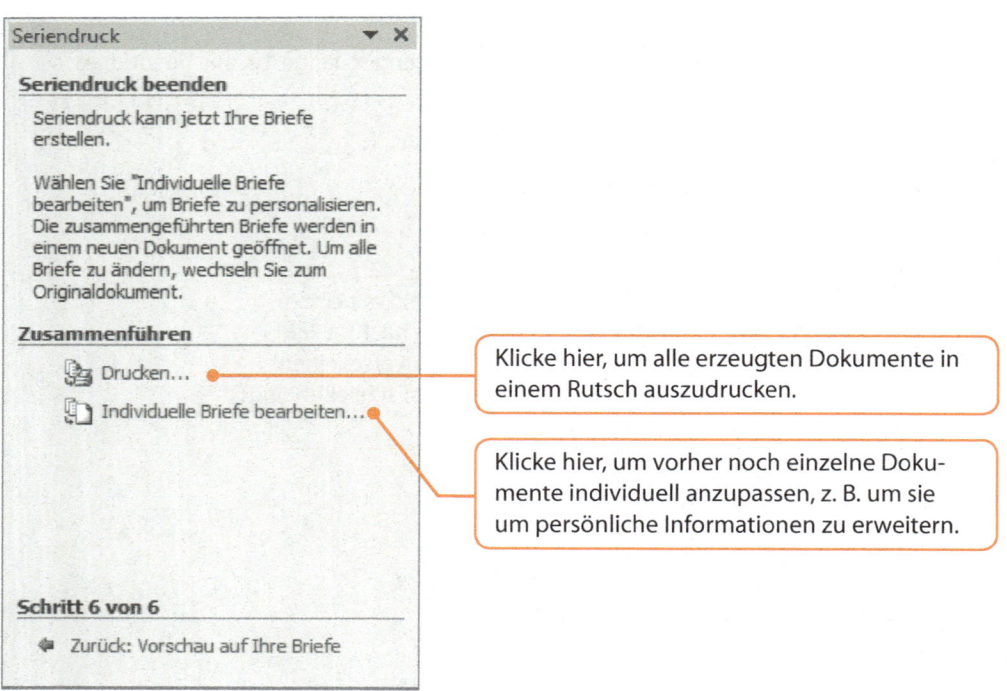

Klicke hier, um alle erzeugten Dokumente in einem Rutsch auszudrucken.

Klicke hier, um vorher noch einzelne Dokumente individuell anzupassen, z. B. um sie um persönliche Informationen zu erweitern.

Um ein einzelnes Etikett bzw. mehrere Etiketten mit dem gleichen Inhalt zu drucken, musst du nicht unbedingt die Seriendruckfunktion verwenden: Klicke im Register **Sendungen**, Gruppe **Erstellen**, auf **Beschriftungen**, um einzelne Etiketten bzw. Etikettenbögen zu beschriften und auszudrucken.

Seriendruck ohne Assistent

Im Register *Sendungen* kannst du die eben vorgestellten Seriendruckfunktionen auch außerhalb des Assistenten aufrufen.

Schaltfläche	Bedeutung	Entspricht Assistentenschritt
Seriendruck starten ▾	Dokumententyp auswählen, z. B. Briefe, Umschläge, Etiketten oder E-Mails	1, 2
Empfänger auswählen ▾	Datenquelle auswählen	3
Empfängerliste bearbeiten	Seriendruckempfänger hinzufügen, bearbeiten oder ausschließen	3, 5
Adressblock Grußzeile Seriendruckfeld einfügen	Adresse, Anrede oder einzelne Seriendruckfelder hinzufügen	4
Fertig stellen und zusammenführen ▾	Fertige Seriendruckdokumente prüfen, Seriendruckvorschau öffnen	5
⏮ ◀ 1 ▶ ⏭	Navigationsleiste zur Seriendruckvorschau	5
Fertig stellen und zusammenführen ▾	Seriendokument ausdrucken bzw. in ein gemeinsames Dokument zusammenführen; einzelne Dokumente bearbeiten	6

 Einige dieser Funktionen stehen erst dann zur Verfügung, nachdem du den Dokumententyp und die Datenquelle ausgewählt hast.

12 Word anpassen

Übersicht

Im letzten Kapitel lernst du, wie du Word an deine bevorzugte Arbeitsweise anpasst:

- Symbolleiste für den Schnellzugriff anpassen
- Programmeinstellungen ändern
- Hilfesystem aufrufen und bedienen

Symbolleiste für den Schnellzugriff anpassen

Mithilfe der Symbolleiste für den Schnellzugriff kannst du auf häufig benötigte Funktionen mit nur einem Mausklick zugreifen. Du kannst selbst entscheiden, welche Symbole in ihr zur Verfügung stehen.

▶ Klicke rechts neben der Symbolleiste für den Schnellzugriff auf ⩤.

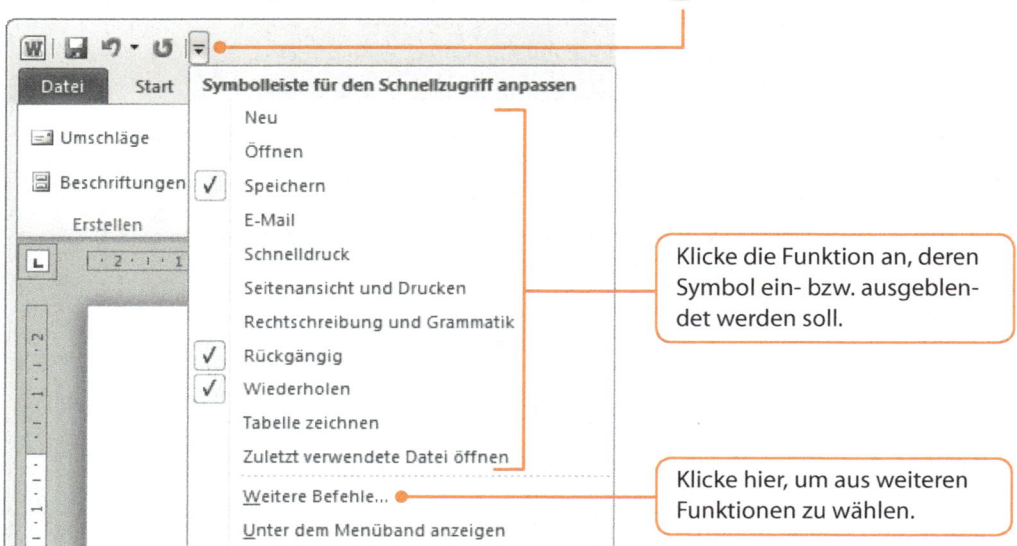

Programmeinstellungen ändern

Word bietet eine Menge Einstellungen an, mit denen du das Programm an deine bevorzugte Arbeitsweise anpassen kannst.

▶ Klicke auf **Datei** und dann auf **Optionen**, um das Fenster **Word-Optionen** zu öffnen.

Wenn du in diesem Fenster neben **Benutzername** deinen Namen einträgst, werden alle gespeicherten Dokumente mit deinem Namen versehen.

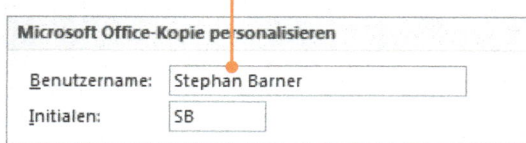

Eine weitere Programmeinstellung, die du kennen solltest, ist der **Standardspeicherort**. Dies ist der Ordner, der beim Speichern deiner Word-Dokumente vorgeschlagen wird:

▶ Wähle links im Fenster *Word-Optionen* die Kategorie *Speichern* aus.

▶ Klicke rechts neben *Standardspeicherort* auf *Durchsuchen* und wähle das gewünschte Verzeichnis aus.

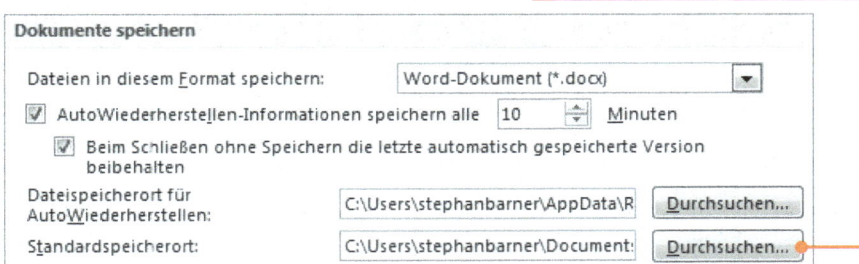

Hilfesystem nutzen

Word bietet ein umfangreiches Hilfesystem an, also eine Art elektronische Bedienungsanleitung, die dir bei Fragen und Problemen zur Seite steht.

▶ Drücke [F1] oder klicke ganz rechts im Menüband auf .

Du bekommst das Fenster *Word-Hilfe* angezeigt:

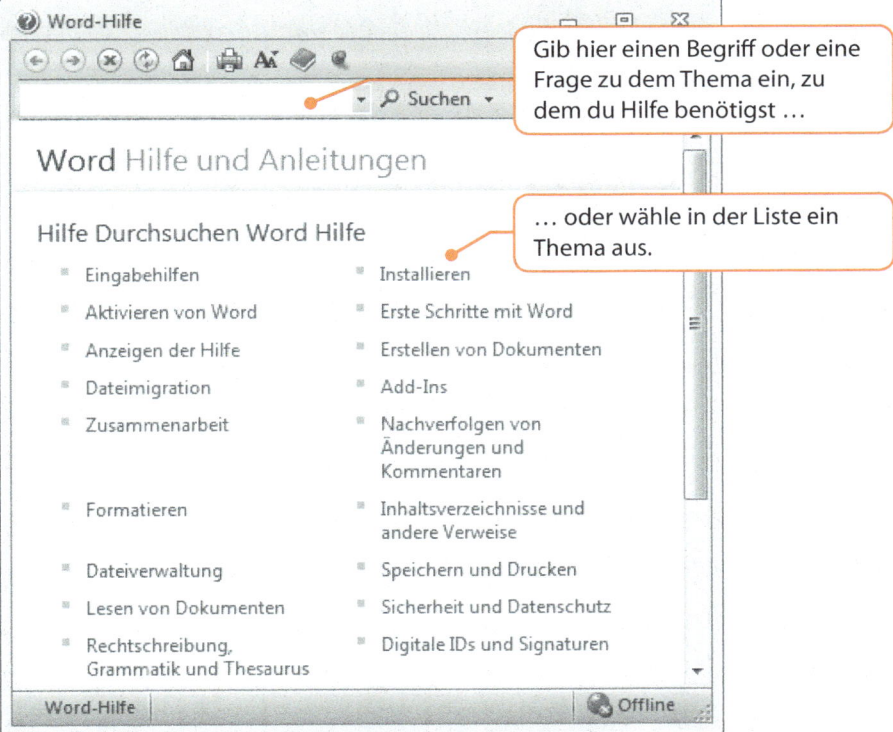

Du bekommst nun mehrere Themen angezeigt, aus denen du wählen musst.

Formatieren

Themen

Hinzufügen einer Überschrift
Artikel

Hinzufügen, Ändern oder Löschen von WordArt
Artikel

Löschen der Formatierung
Artikel

Der Hilfetext eines Themas sieht dann so aus:

Hinzufügen einer Überschrift

Die beste Methode zum Hinzufügen einer Überschrift in Word
besteht im Anwenden von Formatvorlagen. Sie können die
integrierten Formatvorlagen verwenden oder diese anpassen.

Zuweisen eines Überschriftenformats

1. Geben Sie den Text der Überschrift ein, und markieren
   Sie diesen.

2. Klicken Sie auf der Registerkarte **Start** in der Gruppe
   Formatvorlagen auf die gewünschte Formatvorlage für

Mithilfe von Symbolen navigierst du durch die angezeigten Hilfeseiten:

▶ Mit den Symbolen ⊙ ⊙ kannst du zwischen bereits besuchten Hilfeseiten blättern und mit 🏠
die Startseite der Hilfe aufrufen.

▶ Mit 📖 gelangst du zum Inhaltsverzeichnis der Hilfe.

▶ Um ein Hilfethema auszudrucken klickst du auf 🖶.

Weitere Hilfen

▶ Wenn du mit der Maus auf einem Symbol verweilst, wird die Funktion des jeweiligen Bedienelements als
QuickInfo eingeblendet:

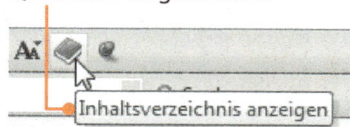

▶ Wenn du in der Titelleiste eines Dialogfensters auf das Symbol ? klickst, bekommst du automatisch
passende Hilfetexte zum jeweiligen Fenster angezeigt. Diese Form der Hilfe nennt man **Direkthilfe**.

Excel 2010

Excel 2010

3

Excel 2010

Excel 2010

Inhalt

1 Willkommen zu Excel 2010 .... **117**
Was ist Excel 2010? 117
Excel starten 117
Excel im Überblick 117
Zellen ausfüllen 118
Spaltenbreite und Zeilenhöhe anpassen 119
Zellinhalt bearbeiten, überschreiben und löschen ... 120
Aktionen rückgängig machen 120
Zellen markieren 120
Schrift formatieren 121
Zahlen addieren 123
Arbeitsmappe speichern 124
Tabelle drucken 125
Excel beenden 125
Zusammenfassung 125

2 Tabellen mit Inhalt füllen **126**
Übersicht 126
Arbeitsmappe anlegen 126
Arbeitsmappe öffnen 126
Zwischen geöffneten Arbeitsmappen wechseln 127
Zellinhalte schnell mit der Ausfüllfunktion
   eintragen 127
Zellbereiche mit der Maus kopieren oder
   verschieben 128
Über die Zwischenablage kopieren oder
   verschieben 128
Spalte oder Zeile einfügen 129
Spalte oder Zeile löschen 129
Arbeitsmappe schließen 129

3 Zellen formatieren **130**
Übersicht 130
Zahlen formatieren 130
Datumsformat ändern 131
Zeilenumbrüche einfügen 132
Rahmenlinien verwenden 132
Zellinhalte ausrichten 133
Zellen verbinden 134
Schriftfarbe anpassen 135
Füllfarbe ändern 135
Formate übertragen 136
Formate bzw. Zellinhalte löschen 136

4 Mit Formeln rechnen **137**
Übersicht 137
Formel erstellen 137
Formel mit Zellbezügen eingeben 138
Relative Bezüge verwenden 139
Absolute Bezüge verwenden 139

5 Funktionen nutzen **141**
Übersicht 141
Formel mithilfe einer Funktion erstellen 141
Einfache Funktionen mit der Schaltfläche
   AutoWSumme eingeben 142
Anzahl der gefüllten/leeren Zellen eines
   Bereichs ermitteln 143
Berechnung von einer Bedingung abhängig
   machen 143
Fehler in Formeln finden 145
Tabellenblatt auf Formelfehler prüfen 146

6 Zahlen in Diagrammen darstellen ... **147**
Übersicht 147
Diagrammtypen im Überblick 147
Diagramm mit mehreren Datenreihen erstellen 148
Diagramm mit einer Datenreihe erstellen 149
Diagramm mit einem Layout gestalten 150
Diagrammelemente markieren und Farben im
   Diagramm ändern 151
Diagramm- und Achsentitel nachträglich einfügen ... 151
Legende ein-/ausblenden und positionieren 152
Datenreihen beschriften 152
Beschriftungen innerhalb des Diagramms
   formatieren 152
Größe des Diagramms ändern 153
Diagrammtyp bzw. -untertyp nachträglich ändern ... 153
Speicherort des Diagramms ändern 153
Diagrammobjekt verschieben, kopieren oder
   löschen 154
Diagramm drucken 154

7 Große Tabellen bearbeiten **155**
Übersicht 155
Zoom-Einstellung ändern 155
Tabellen sortieren 155
Zeilen und Spalten einfrieren 157
Zellinhalte suchen 157
Zellinhalte ersetzen 158
Rechtschreibfehler finden und korrigieren 159

8 Arbeitsmappen und Arbeitsblätter verwalten ... **160**
Übersicht 160
Zwischen den Arbeitsblättern einer
   Arbeitsmappe wechseln 160
Neues Tabellenblatt einfügen 160
Arbeitsblatt umbenennen 160
Arbeitsblatt löschen 160
Arbeitsblatt mit der Maus verschieben oder
   kopieren 161
Arbeitsblatt über ein Fenster verschieben oder
   kopieren 161
Arbeitsmappe exportieren 162

9 Arbeitsmappen drucken **163**
Übersicht 163
Druckvorschau nutzen 163
Druckseite einrichten 163
Seitenränder ändern 164
Drucktitel und weitere Druckeinstellungen
   festlegen 164
Kopf- und Fußzeile für ein Tabellenblatt festlegen ... 165
Kopf- und Fußzeile für ein Diagrammblatt
   festlegen 166
Bestimmte Einstellungen beim Drucken
   verwenden 167

10 Excel anpassen und Hilfe nutzen ... **168**
Übersicht 168
Standardspeicherort und Benutzernamen ändern ... 168
Hilfesystem nutzen 169
Weitere Hilfen 170

1 Willkommen zu Excel 2010

Was ist Excel 2010?

Um schnell mal etwas auszurechnen, reicht ein normaler Taschenrechner. Willst du aber längere Listen erstellen und mit vielen Zahlen rechnen, eignet sich hierfür am besten eine **Tabellenkalkulation**, wie z. B. **Excel 2010**.

Du kannst in einer Tabellenkalkulation ...

- Tabellen erstellen, gestalten und speichern
- Berechnungen mithilfe von Formeln durchführen
- Zahlen als Diagramme grafisch darstellen
- Tabellen und Diagramme drucken

In diesem Kapitel lernst du die grundlegende Programmbedienung von Excel. Dabei erfährst du, wie man Zellen ausfüllt und markiert, Zellinhalte ändert, Zahlen addiert und Excel-Dateien speichert und druckt.

Excel starten

Excel startest du über das Startmenü.

▶ Öffne das Startmenü und trage in das **Suchfeld** beispielsweise **Ex** oder **Excel** ein.

▶ Klicke dann in der Ergebnisliste auf **Microsoft Excel 2010**.

i Wenn sich auf deinem Desktop das Programmsymbol von Excel () befindet, kannst du Excel auch starten, indem du die entsprechende Schaltfläche doppelt anklickst.

Excel im Überblick

Das **Anwendungsfenster** von Excel enthält folgende Bedienelemente und Bereiche:

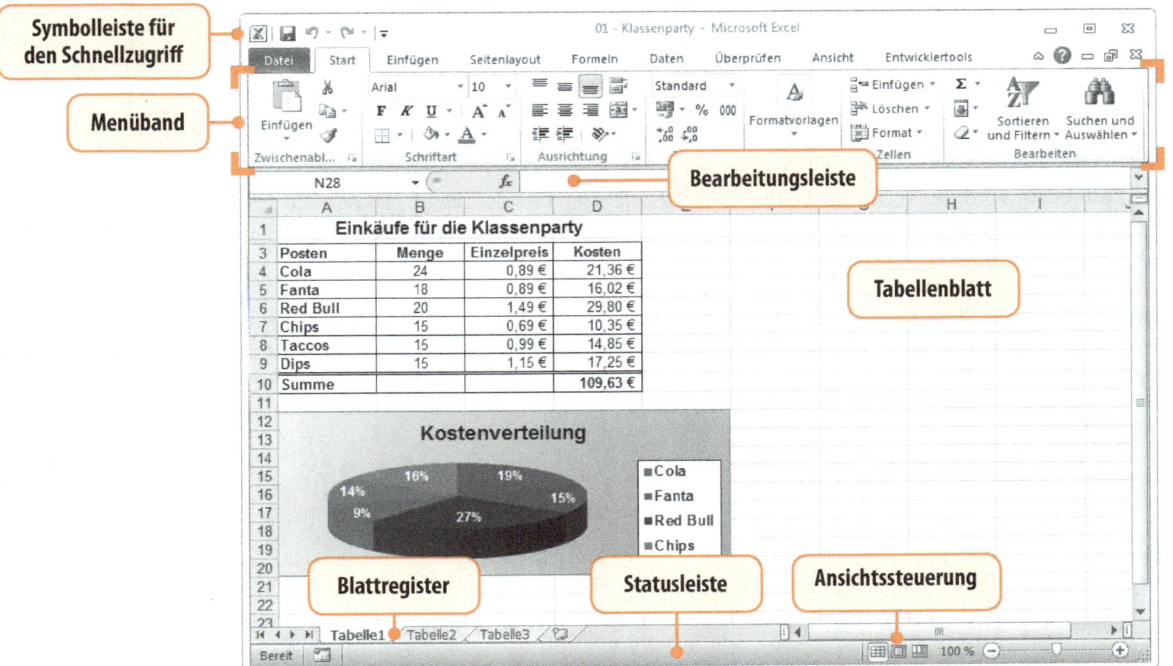

In Excel rufst du fast sämtliche Befehle über das Menüband auf, das sich in **Register** und **Gruppen** unterteilt.

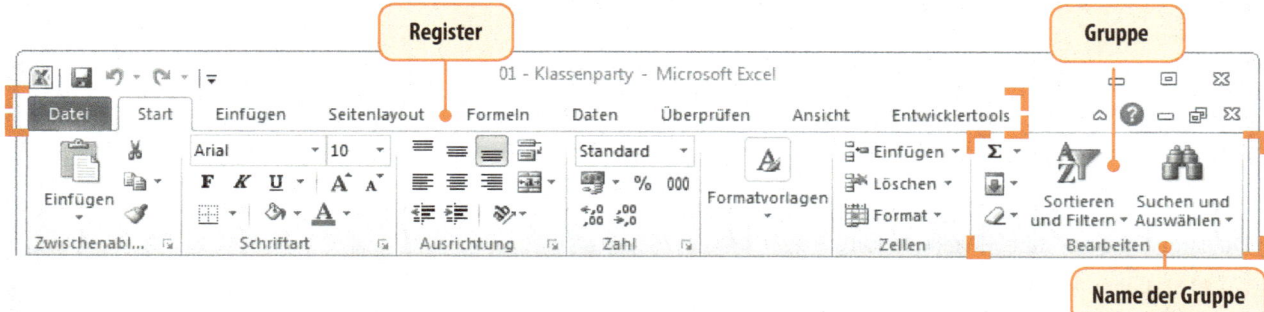

▶ Um in ein anderes Register zu wechseln, klickst du einfach auf den betreffenden Namen.

▶ Möchtest du einen größeren Ausschnitt des Tabellenblatts sehen, kannst du festlegen, dass von dem Menü-band lediglich die Register angezeigt werden. Hierzu klickst du rechts neben dem Register auf ⌃. Um das Menüband wieder komplett anzuzeigen, wählst du diesen Eintrag erneut.

Zellen ausfüllen

Nach dem Programmstart zeigt Excel automatisch ein leeres **Tabellenblatt** (auch **Arbeitsblatt** genannt) an. Jedes Tabellenblatt besteht aus folgenden Elementen:

 Es ist wichtig, dass du dir die Namen der Elemente gut merkst, damit du die folgenden Beschreibungen problemlos verstehst.

■ Die **Zelle** ist die kleinste Einheit im Tabellenblatt. Sie dient als Platzhalter für Zahlen, Text oder Formeln.

■ Die horizontale Unterteilung wird **Zeile** genannt. Jede Zeile hat einen **Zeilenkopf**, der mit einer Nummer gekennzeichnet ist.

■ Die senkrechte Unterteilung wird **Spalte** genannt. Jede Spalte verfügt über einen **Spaltenkopf**, in dem ein Buchstabe steht.

■ Als **Zellbezug** wird die Koordinate einer Zelle bezeichnet. Der Zellbezug der aktiven Zelle (in der Abbildung die Zelle A2) wird im **Namenfeld** angezeigt. In der Tabelle wird die aktive Zelle durch einen schwarzen Rahmen hervorgehoben.

Nun kannst du direkt mit der Eingabe von Zahlen oder Text loslegen. Die Eingabe erfolgt immer in die **aktive Zelle**. Um eine bestimmte Zelle zu aktivieren, klickst du sie mit der Maus an oder du bewegst dich per Tastatur zur gewünschten Zelle:

⬅ ➡ ⬆ ⬇	Nächste Zelle
Bild↑ / Bild↓	Bildschirmseite nach oben/unten
Pos 1	Erste Zelle der aktuellen Zeile
Strg + Pos 1	Erste Zelle im Tabellenblatt
Strg + Ende	Letzte im Tabellenblatt verwendete Zelle

▶ Gib den gewünschten **Text** oder eine **Zahl** in die Zelle ein. Du kannst die Daten auch in der Bearbeitungsleiste eintippen.

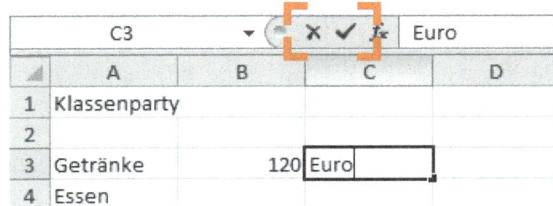

▶ Um die Eingabe abzuschließen, klickst du entweder auf ✔, drückst ⏎ oder aktivierst eine andere Zelle.

▶ Wenn du eine falsche Eingabe abbrechen willst, klickst du auf ✕ oder drückst Esc .

Bei Abbruch der Eingabe bleibt der alte Zellinhalt erhalten.

▪ Excel erkennt bei der Eingabe, ob du Text oder Zahlen eingibst. Text wird in der Zelle automatisch linksbündig, Zahlen rechtsbündig ausgerichtet.

▪ Wenn du ein **Datum** in eine Zelle eingibst (z. B. 11.1.11), formatiert Excel die Eingabe automatisch in einem vorgegebenen Datumsformat (11.11.2011). Wie du das Format einer Zelle selbst festlegen kannst, erfährst du später.

▪ Achte darauf, dass du in jede Zelle einer Tabelle nur eine Angabe einträgst. Bei einer Adressliste gibst du z. B. die Postleitzahl in eine Zelle und den Wohnort in eine andere Zelle ein. So lässt sich die Tabelle später beispielsweise nach Wohnorten sortieren.

Spaltenbreite und Zeilenhöhe anpassen

Wenn du einen langen Text in eine Zelle eingegeben hast, deren rechte Nachbarzelle bereits ausgefüllt ist, wird der Text am rechten Spaltenende nicht mehr vollständig angezeigt. Wie du in der Bearbeitungsleiste erkennen kannst, ist in der Zelle jedoch immer noch der komplette Text vorhanden.

Um den vollständigen Text in der Zelle anzuzeigen, kannst du die **Spalte** mit der Maus **breiter machen**.

▶ Bewege den Mauszeiger im Spaltenkopf auf die Trennlinie zwischen der zu schmalen Spalte und der rechten Nachbarspalte.

	A1		f_x	Einkäufe für die Klassenparty		
	A	↔ B	C	D	E	F
1	Einkäufe für Datum:		11.01.2011			
2						

▶ Ziehe die Trennlinie so weit nach rechts, bis der Text komplett angezeigt wird.

Mit einem Doppelklick auf die Trennlinie kannst du die Spaltenbreite automatisch so einstellen, dass der ganze Text zu sehen ist.

	A1		f_x	Einkäufe für die Klassenparty	
	A	↔ B	C	D	
1	Einkäufe für die Klassenparty	Datum:	11.01.2011		
2					

▪ Du kannst die Spaltenbreite auch im Register **Start** in der Gruppe **Zellen** über **Format** (Eintrag **Spaltenbreite**) bestimmen und die Zeilenhöhe über **Format** (Eintrag **Zeilenhöhe**).

▪ Über **Format** (Eintrag **Spaltenbreite automatisch anpassen**) bzw. **Format** (Eintrag **Zeilenhöhe automatisch anpassen**) änderst du die Spaltenbreite bzw. Zeilenhöhe so, dass der Inhalt der Zelle vollständig angezeigt wird.

Zellinhalt bearbeiten, überschreiben und löschen

Bisher hast du Inhalte in Zellen eingegeben. Du kannst Zellinhalte aber auch bearbeiten, überschreiben oder löschen.

▶ Klicke doppelt auf die betreffende Zelle, oder aktiviere die Zelle und drücke (F2).

Du kannst nun den Inhalt der Zelle wie in Word ändern:

(↑) (↓) (←) (→)	Cursor bewegen
(⟵) bzw. (Entf)	Zeichen links bzw. rechts des Cursors löschen
(Einfg)	Zwischen Einfüge- und Überschreibenmodus umschalten

Hast du eine Zelle aktiviert, kannst du

- den dort **vorhandenen Eintrag** direkt durch eine neue Eingabe **überschreiben**
- den kompletten **Inhalt löschen**, indem du (Entf) drückst. Spezielle Formatierungen (z. B. eine rote Hintergrundfarbe) bleiben dabei jedoch erhalten

Im Register **Start**, Gruppe **Bearbeiten**, kannst du über ⌫⁻ (Eintrag **Alle löschen**) Zellinhalt **und** vorhandene Zellformatierungen löschen.

Aktionen rückgängig machen

Falls du versehentlich Zellinhalte gelöscht oder überschrieben hast, besteht kein Grund zur Panik. Solche oder andere Aktionen kannst du einfach wieder rückgängig machen:

▶ Mit 🔄⁻ (Symbolleiste für den Schnellzugriff) oder (Strg) +(Z) kannst du die letzte Aktion rückgängig machen.

▶ Mit 🔄⁻ (Symbolleiste für den Schnellzugriff) oder (Strg) +(Y) stellst du eine rückgängig gemachte Aktion wieder her.

▶ Wurde vorher nichts rückgängig gemacht, wiederholst du mit (Strg) +(Y) die jeweils letzte Aktion.

Zellen markieren

Um mehrere Zellen gleichzeitig zu bearbeiten, markierst du die entsprechenden Zellen vorher. Markierte Zellen werden mit einem schwarzen Rahmen umgeben und farbig hinterlegt. Nur die Zelle, in der du die Markierung begonnen hast, bleibt weiß. Außerdem werden die jeweiligen Spalten- und Zeilenköpfe farbig hervorgehoben.

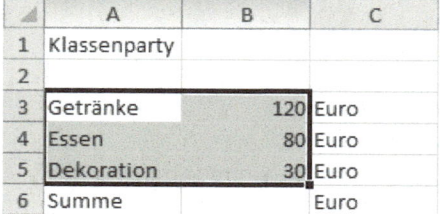

Eine einzelne Zelle markierst du, indem du sie anklickst. Zum Markieren mehrerer Zellen ziehst du den Mauszeiger bei gedrückter Maustaste über den gewünschten Zellbereich.

Noch schneller geht es, wenn du dir auch diese Methoden angewöhnst:

Eine Zeile	In den Kopf der Zeile klicken (Mauszeiger: ➡)
Eine Spalte	In den Kopf der Spalte klicken (Mauszeiger: ⬇)
Mehrere Zeilen/Spalten	Mauszeiger bei gedrückter Maustaste über die entsprechenden Zeilen-/Spalten-köpfe ziehen (Mauszeiger: ➡ bzw. ⬇)
Gesamtes Tabellenblatt	◪ anklicken (Mauszeiger: ✛)

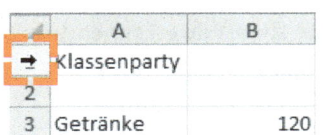 

Wenn du `Strg` gedrückt hältst, kannst du auch Zellen markieren, die nicht nebeneinander liegen.

	A	B	C
1	Klassenparty		
2			
3	Getränke	120	Euro
4	Essen	80	Euro
5	Dekoration	30	Euro
6	Summe		Euro

Um eine Markierung aufzuheben, klickst du in eine beliebige Zelle oder betätigst eine der Pfeiltasten.

Schrift formatieren

Indem du Zellen ein bestimmtes Schriftformat zuweist, kannst du das Erscheinungsbild der dort vorhandenen Einträge ändern. Wenn du willst, kannst du aber auch nur einzelne Zeichen oder Wörter innerhalb einer Zelle formatieren.

- Die **Schriftart** (Schrifttyp) legt das Aussehen der Schrift fest.
- Der **Schriftgrad** bestimmt die Größe der Schrift.
- Mit **Schriftschnitten** wie **fett**, *kursiv* und <u>unterstrichen</u> kannst du Zelleinträge hervorheben.

Die gängigsten Schriftformate lassen sich im Register **Start** über die Elemente der Gruppe **Schriftart** wählen:

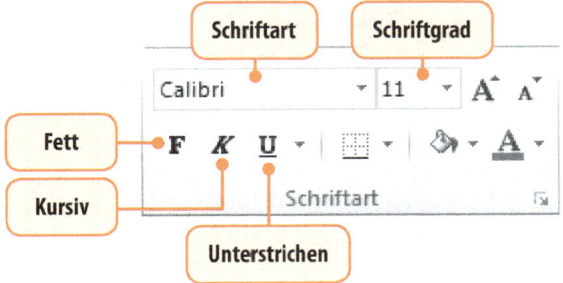

Damit Excel weiß, welchen Bereichen du ein bestimmtes Schriftformat zuweisen möchtest, musst du die entsprechenden Zellen oder Schriftzeichen markieren. Um bestimmte Schriftzeichen (z. B. ein einzelnes Wort) innerhalb einer Zelle zu markieren, klickst du doppelt auf die Zelle und ziehst den Mauszeiger bei gedrückter Maustaste über die gewünschten Zeichen.

So - und nun probierst du's einfach mal aus:

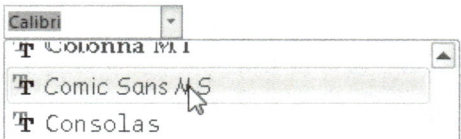

▶ Gib die links oben abgebildeten Einträge in ein Tabellenblatt ein.

▶ Markiere die gesamte Tabelle, und öffne mit ⏷ das Listenfeld *Schriftart*. In der Liste kannst du erkennen, wie die einzelnen Schriftarten aussehen. Wähle die Schriftart *Comic Sans MS*.

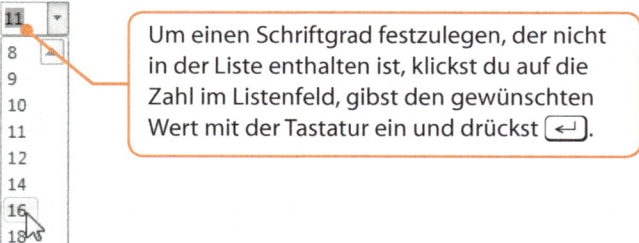

▶ Markiere die Zelle A1, öffne mit ⏷ das Listenfeld *Schriftgrad*, und wähle *16*.

> Um einen Schriftgrad festzulegen, der nicht in der Liste enthalten ist, klickst du auf die Zahl im Listenfeld, gibst den gewünschten Wert mit der Tastatur ein und drückst ↵.

▶ Klicke nacheinander auf **F** und **U** ⏷, um die Überschrift in der noch markierten Zelle A1 fett zu formatieren und zu unterstreichen.

▶ Markiere die Zellen A3, A4 und A5, und formatiere die dortigen Einträge ebenfalls fett.

 In Excel kannst du auch doppelt unterstreichen. Klicke hierzu auf den Pfeil neben der Schaltfläche **U** ⏷, und wähle den Eintrag *Doppelt unterstrichen*.

Wenn du mit der rechten Maustaste auf eine markierte Zelle oder einen markierten Zellbereich klickst, kannst du über die eingeblendete **Minisymbolleiste** ebenfalls die Schriftart oder den Schriftgrad bestimmen. So musst du nicht extra das Register wechseln, falls das Menüband einen anderen Inhalt als den des Registers *Start* anzeigt.

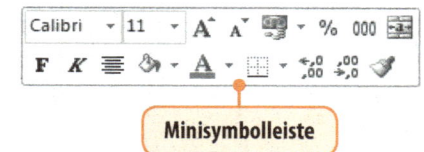

Minisymbolleiste

Du wirst später noch weitere Formatierungsmöglichkeiten (z. B. spezielle Zahlenformate) kennenlernen.

Zahlen addieren

In Excel kannst du über die Schaltfläche Σ ▾, das sich im Register **Start** in der Gruppe **Bearbeiten** befindet, schnell Zahlen addieren. So kannst du z. B. ruck, zuck die Kosten für die Klassenparty ausrechnen.

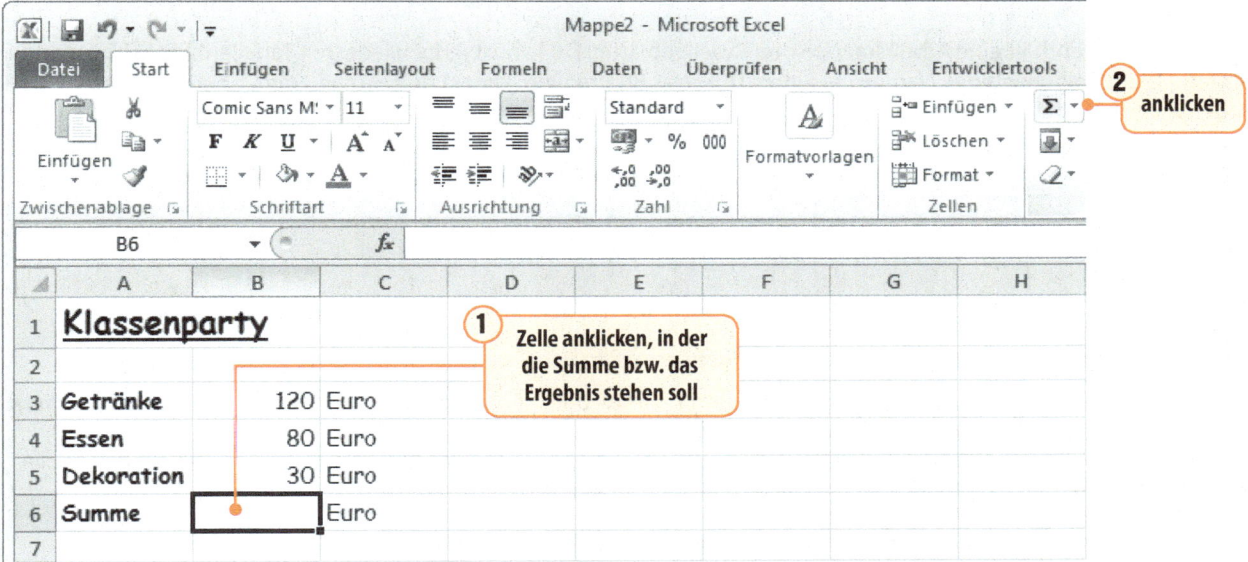

Nachdem du auf die Schaltfläche geklickt hast, schlägt Excel vor, die Werte in den Zellen B3, B4 und B5 zu addieren, und kennzeichnet den entsprechenden Zellbereich mit einem sogenannten Laufrahmen.

 Falls der gerahmte Bereich nicht die gewünschten Werte enthält, kannst du einfach einen anderen Zellbereich markieren.

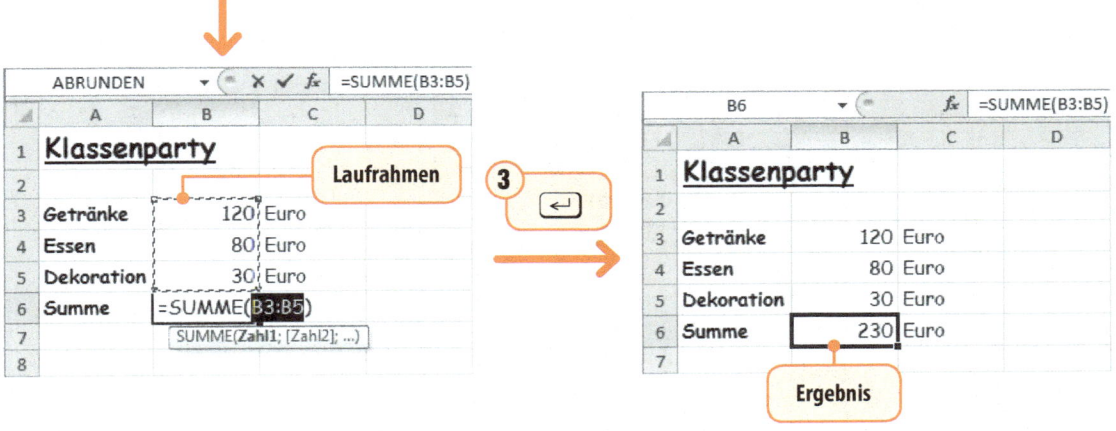

 Für die oben beschriebene Addition nutzt Excel die Funktion SUMME. Was eine Funktion ist und welche Funktionen du kennen solltest, erfährst du später.

Arbeitsmappe speichern

Damit deine Tabellen nicht verloren gehen, wenn du den Computer ausschaltest, speicherst du die entsprechende Excel-Datei (die auch **Arbeitsmappe** genannt wird). Eine Arbeitsmappe kannst du dir wie einen Ordner vorstellen, in dem Blätter abgeheftet sind. In Excel werden sie Tabellenblätter genannt.

Standardmäßig enthält eine Arbeitsmappe drei Tabellenblätter. Du kannst jedoch jederzeit Tabellenblätter hinzufügen, entfernen und mit beliebigen Namen versehen. Über das Blattregister kannst du zwischen den Tabellenblättern einer Arbeitsmappe wechseln. Der Name des gerade ausgewählten Tabellenblattes wird in fetter Schrift angezeigt.

Um eine Arbeitsmappe zu speichern, gehst du folgendermaßen vor:

▶ Klicke in der Symbolleiste für den Schnellzugriff auf 💾 oder klicke auf das Register **Datei** und wähle **Speichern**.

Wenn die Arbeitsmappe noch nicht gespeichert wurde, erscheint das Fenster **Speichern unter**. Hier bestimmst du, an welchem Speicherort und unter welchem Namen die Excel-Datei gespeichert wird.

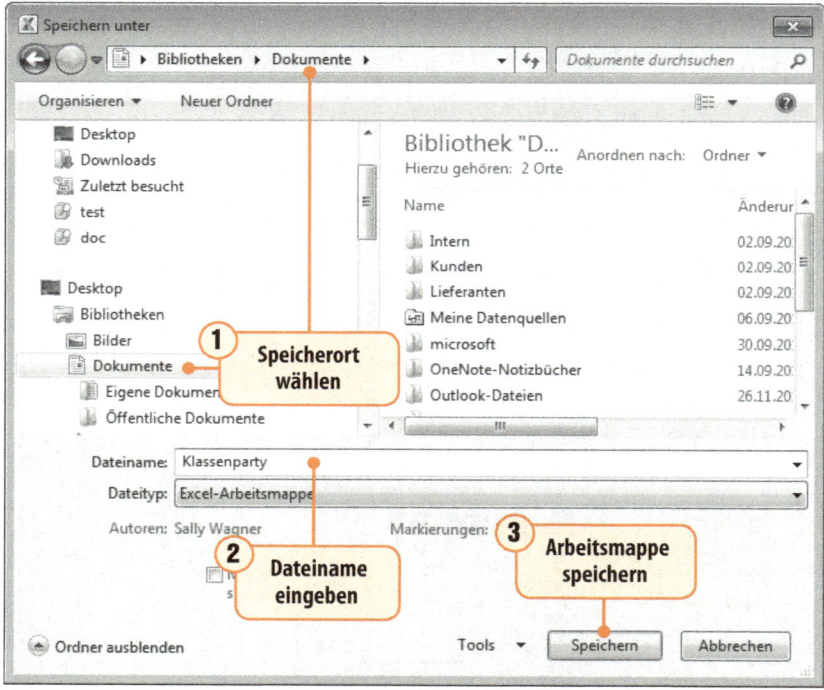

 Am besten, du speicherst deine Arbeitsmappen im Ordner **Dokumente**. Um diesen Ordner schnell zu öffnen, klickst du einfach am linken Rand des Fensters **Speichern unter** auf **Dokumente**.

Nach dem Speichern zeigt Excel den Dateinamen in der Titelleiste an:

© HERDT-Verlag

▶ Wenn du eine bereits gespeicherte Arbeitsmappe mit einer neuen Fassung überschreiben möchtest, klickst du auf 💾 oder drückst `Strg` + `S`.

Das Fenster **Speichern unter** wird hierbei nicht mehr geöffnet.

▶ Möchtest du eine Arbeitsmappe unter einem anderen Namen speichern, klickst du im Register **Datei** auf **Speichern unter**.

Die Originaldatei bleibt dabei unverändert erhalten. Auf diese Weise kannst du beispielsweise mehrere Versionen einer Arbeitsmappe sichern.

Tabelle drucken

▶ Stelle sicher, dass der Drucker eingeschaltet ist und Papier enthält.

▶ Klicke im **Register Datei** auf **Drucken**.

▶ Klicke auf **Drucken**, um das aktuelle Tabellenblatt direkt zu drucken.

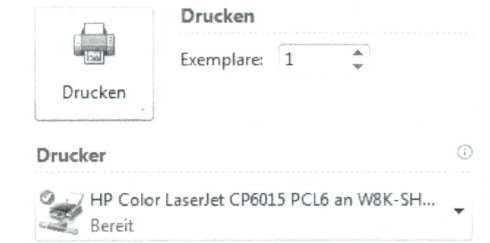

Excel beenden

▶ Klicke in der Titelleiste auf das Schließfeld ⊠ oder klicke im Register Datei auf ⊠ Beenden.

Zusammenfassung

Wir sind nun am Ende unseres „Rundgangs" durch Excel angelangt. Du weißt jetzt schon so viel, dass du in Excel einfache Tabellen erstellen und speichern kannst.

Hier ist noch einmal die grundlegende Vorgehensweise beim Arbeiten mit Excel:

▪ Excel starten

▪ Zellen ausfüllen

▪ Spaltenbreite und Zeilenhöhe anpassen

▪ Formate zuweisen

▪ Berechnungen durchführen

▪ Arbeitsmappe speichern und drucken

▪ Excel beenden

2 Tabellen mit Inhalt füllen

Übersicht

Im folgenden Kapitel geht es um das schnelle Ausfüllen einer Tabelle. Dabei lernst du Folgendes:

- Arbeitsmappe anlegen
- Arbeitsmappe öffnen
- Zwischen Arbeitsmappen wechseln
- Ausfüllfunktion nutzen

- Zellbereiche kopieren oder verschieben
- Spalten/Zeilen einfügen oder löschen
- Arbeitsmappe schließen

Arbeitsmappe anlegen

Nach dem Start von Excel wird automatisch eine leere Arbeitsmappe angelegt. Du kannst aber auch zu einem späteren Zeitpunkt eine neue Arbeitsmappe anlegen:

▶ Klicke im Register **Datei** auf **Neu**.

▶ Klicke im anschließend geöffneten Fenster doppelt auf die Schaltfläche **Leere Arbeitsmappe**.

 Noch schneller lässt sich mit ⌨Strg⌨+⌨N⌨ eine neue leere Arbeitsmappe erstellen.

Arbeitsmappe öffnen

▶ Klicke im Register **Datei** auf **Öffnen**. Statt dessen kannst du auch ⌨Strg⌨+⌨O⌨ drücken.

▶ Wähle im Fenster **Öffnen** die gewünschte Arbeitsmappe:

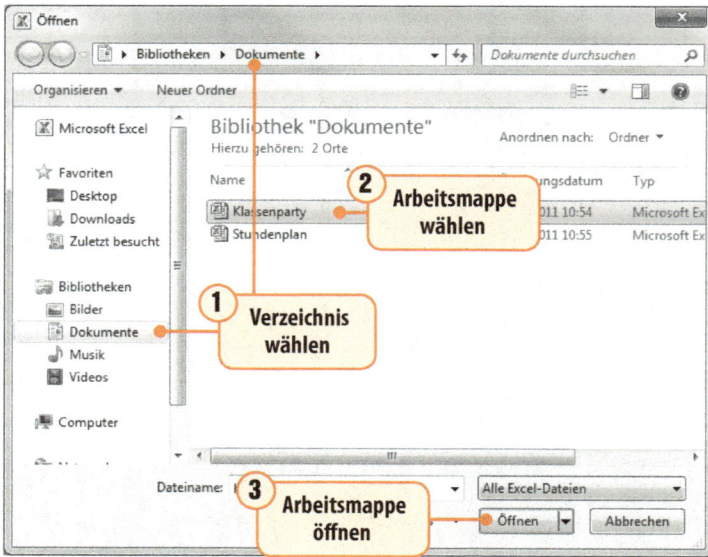

- Eine einzelne Arbeitsmappe kannst du auch per Doppelklick öffnen.

- Um mehrere Arbeitsmappen in einem Rutsch zu öffnen, markierst du sie mit einem Mausrahmen bzw. hältst ⌨Strg⌨ gedrückt und klickst nacheinander die Dateien an. Danach klickst du auf **Öffnen**.

- Um Arbeitsmappen als **schreibgeschützt** oder **als Kopie** zu öffnen, klicke auf den Pfeil der Schaltfläche **Öffnen** und wähle den gewünschten Menüpunkt aus.

Zwischen geöffneten Arbeitsmappen wechseln

So wechselst du zwischen Arbeitsmappen, die du gleichzeitig geöffnet hast:

- Über die Schaltfläche *Fenster wechseln* im Register *Ansicht*
- Mit [Strg]+[F6]
- Über die Schaltflächen in der Taskleiste

Zellinhalte schnell mit der Ausfüllfunktion eintragen

Du kannst dir eine Menge Tipparbeit ersparen, wenn du beim Erstellen einer Tabelle die Ausfüllfunktion verwendest. Mit der **Ausfüllfunktion** kannst du **Zellinhalte kopieren und Datenreihen erzeugen** (z. B. eine Liste mit Wochentagen). Ob Excel den Zellinhalt kopiert oder eine Datenreihe erstellt, hängt davon ab, welchen Ausgangswert du eingegeben hast.

Du kannst die Ausfüllfunktion folgendermaßen nutzen:

Eine QuickInfo (+[Euro]) zeigt dir beim Ausfüllen an, welchen Wert/Inhalt Excel in die nächste Zelle einfügt.

Im oben abgebildeten Beispiel wurde der Eintrag „Euro" in die entsprechenden Zellen **kopiert**.

Auf die gleiche Weise kannst du mit der Ausfüllfunktion auch eine **Datenreihe** erzeugen, beispielsweise um schnell einen Stundenplan zu erstellen:

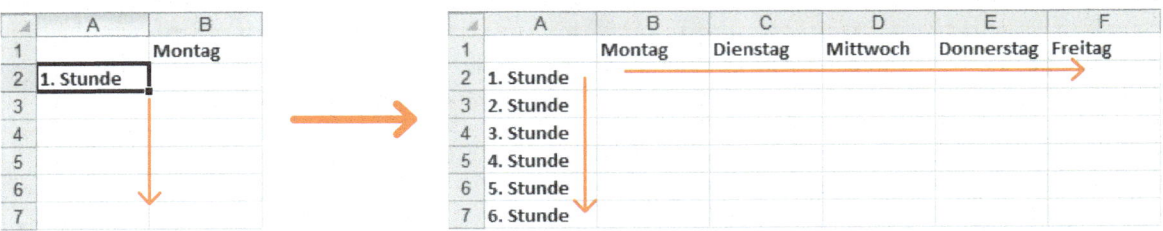

Ausgangswerte	Excel erzeugt eine	Beispiele			
Zahl	Kopie	1	1	1	1
Text (ohne Zahl)	Kopie	Stunde	Stunde	Stunde	Stunde
Text und eine Zahl, die durch ein Leerzeichen vom Text getrennt ist	Datenreihe	1. Stunde Quartal 1	2. Stunde Quartal 2	3. Stunde Quartal 3	4. Stunde Quartal 4

Ausgangswerte	Excel erzeugt eine	Beispiele			
Wochentag	Datenreihe	Montag	Dienstag	Mittwoch	Donnerstag
		Mo	Di	Mi	Do
Monatsname	Datenreihe	Januar	Februar	März	April
		Jan	Feb	Mrz	Apr
Datum	Datenreihe	01.01.2011	02.01.2011	03.01.2011	04.01.2011
Uhrzeit	Datenreihe	08:45	09:45	10:45	11:45

Wenn du nach dem Ausfüllen die Maustaste loslässt, erscheint eine sogenannte Optionsschaltfläche ⊞. Klickst du darauf, werden verschiedene Befehle aufgelistet, mit denen du u. a. bestimmen kannst,

- ob die Zellen mit einer Kopie des Ausgangswertes gefüllt werden sollen.
- ob die Zellen mit einer Datenreihe gefüllt werden sollen. So lässt sich beispielsweise eine **Datenreihe aus einer einzelnen Zahl** erzeugen (z. B. *1, 2, 3 …*).

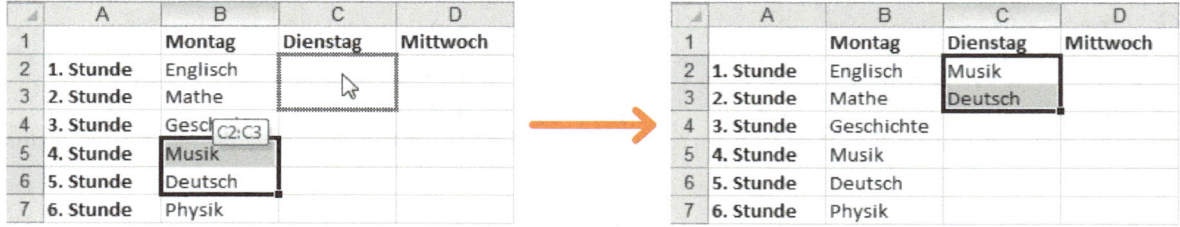

Befehle, die über die Optionsschaltfläche gewählt werden können, hängen vom ursprünglich markierten Ausgangswert ab.

Zellbereiche mit der Maus kopieren oder verschieben

▶ Markiere den Zellbereich, den du kopieren oder verschieben möchtest.

▶ Zeige auf den Markierungsrahmen. Der Mauszeiger verwandelt sich dabei (↖).

▶ Um den Zellbereich zu **kopieren**, hältst du die Maustaste gedrückt und ziehst den Markierungsrahmen bei gleichzeitig gedrückter Strg-Taste an die gewünschte Position.

⊿	A	B	C	D
1		Montag	Dienstag	Mittwoch
2	1. Stunde	Englisch		
3	2. Stunde	Mathe		
4	3. Stunde	Gesch	C2:C3	
5	4. Stunde	Musik		
6	5. Stunde	Deutsch		
7	6. Stunde	Physik		

⊿	A	B	C	D
1		Montag	Dienstag	Mittwoch
2	1. Stunde	Englisch	Musik	
3	2. Stunde	Mathe	Deutsch	
4	3. Stunde	Geschichte		
5	4. Stunde	Musik		
6	5. Stunde	Deutsch		
7	6. Stunde	Physik		

▶ Um den Zellbereich zu **verschieben**, ziehst du den Markierungsrahmen an die neue Stelle, **ohne** dabei die Strg-Taste zu drücken.

Über die Zwischenablage kopieren oder verschieben

Die **Zwischenablage** ist ein Speicherbereich im Computer, in dem du einen markierten Zellbereich (oder markierte Objekte, z. B. Diagramme oder Bilder) vorübergehend ablegen und an einer anderen Stelle wieder einfügen kannst.

Du kannst die Zwischenablage über die Tastatur oder über die rechts abgebildeten Schaltflächen der Gruppe **Zwischenablage** im Register **Start** nutzen.

Kopieren	Strg+C	📋
Ausschneiden	Strg+X	✂
Einfügen	Strg+V	📋

Einen Zellbereich kannst du beispielsweise so kopieren:

▶ Markiere den Zellbereich, den du kopieren möchtest.

▶ Drücke Strg+C, um den Zellbereich in die Zwischenablage zu **kopieren**.

▶ Klicke in die linke obere Ecke des Bereichs, in den du die Kopie einfügen möchtest.

▶ Drücke Strg+V, um den Zellbereich einzufügen.

Wenn du willst, kannst du den Zellbereich auch noch an anderen Stellen einfügen. Das funktioniert so lange, bis du etwas anderes in die Zwischenablage kopierst oder Esc drückst.

© HERDT-Verlag

Möchtest du den Zellbereich verschieben, drückst du ⌨Strg+⌨X.

Lerne die Tastenbefehle der Zwischenablage auswendig. Dadurch sparst du viel Zeit, und zwar nicht nur in Excel: Die Tastenbefehle sind in allen Programmen, in denen du die Zwischenablage nutzen kannst, gleich.

Um Daten auf ein anderes Tabellenblatt zu kopieren oder zu verschieben, kopiere oder schneide die Daten wie oben beschrieben aus. Klicke dann am unteren Fensterrand im Register auf den Namen des Tabellenblatts, auf dem die Daten eingefügt werden sollen, und markiere dort die Einfügezelle. Über das Symbol 📋 oder mit ⌨Strg+⌨V fügst du die Daten ein.

Spalte oder Zeile einfügen

Brauchst du in einer Tabelle eine zusätzliche Spalte oder Zeile, kannst du diese jederzeit einfügen:

▶ Markiere die Zeile oder Spalte **vor** der du eine neue Zeile bzw. Spalte einfügen möchtest.

▶ Klicke im Register **Start**, Gruppe **Zellen**, auf den Pfeil der Schaltfläche **Einfügen** und wähle **Zellen einfügen**. Du kannst statt dessen auch ⌨Strg+⌨+ drücken.

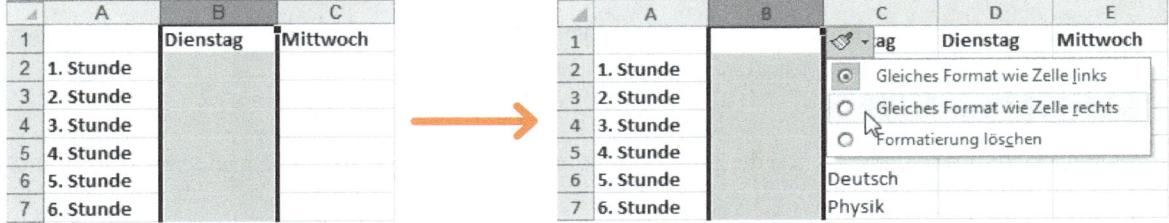

Hast du bereits eigene Formatierungen in der Zeile/Spalte vorgenommen, die du anfangs markiert hast, erscheint eine Optionsschaltfläche. Wenn du auf die Optionsschaltfläche 🖌 klickst, kannst du bestimmen, wie die neue Spalte bzw. Zeile formatiert werden soll.

Wenn du in einer Spalte mehrere Werte addiert hast (z. B. mit der Funktion SUMME), kannst du das Ergebnis optisch hervorheben, indem du **direkt über** der Ergebniszeile eine neue Zeile einfügst.

Spalte oder Zeile löschen

▶ Markiere die entsprechende Spalte oder Zeile.

▶ Klicke im Register **Start**, Gruppe **Zellen**, auf den Pfeil der Schaltfläche **Löschen** und wähle **Zellen löschen**. Noch schneller geht's mit ⌨Strg + ⌨-.

Arbeitsmappe schließen

▶ Klicke im Register **Datei** auf **Schließen** oder klicke auf das Schließfeld des Arbeitsmappenfensters ⌧.

Wenn du an der Arbeitsmappe Änderungen vorgenommen hast, musst du sie vor dem Schließen speichern! Hast du das einmal vergessen, blendet Excel sicherheitshalber ein Fenster ein, über das du die Arbeitsmappe auch nach dem Schließbefehl noch speichern kannst.

3 Zellen formatieren

Übersicht

Im folgenden Kapitel erfährst du, wie du Zellen formatieren kannst. Du lernst dabei Folgendes:

- Zahlen und Datumsangaben formatieren
- Zeilenumbrüche einfügen
- Zellen mit Rahmenlinien versehen und mit Farbe füllen
- Zellinhalte ausrichten und Zellen verbinden
- Formate übertragen
- Formate bzw. Zellinhalte löschen

Zahlen formatieren

In Excel kannst du über verschiedene Zahlenformate bestimmen, wie Zahlen angezeigt werden sollen. Zahlenformate lassen sich am schnellsten im Register *Start* über die Elemente der Gruppe *Zahl* festlegen.

Beim Formatieren gehst du immer nach der gleichen Methode vor: Zuerst markierst du die gewünschten Zellen, dann wählst du das Format aus.

Um beispielsweise Zahlen im Euroformat (€) zu formatieren, gehst du so vor:

- ▶ Markiere die gewünschten Zellen, und klicke auf .

In der folgenden Tabelle siehst du, wie die Zahl 2640,856 angezeigt wird, wenn du ihr ein anderes Zahlenformat zuweist:

Standard (vor der Formatierung)	2640,856	
Buchhaltungsformat (Währungsschaltfläche hängt von den Windows-Ländereinstellungen ab)	2.640,86 €	
Prozentformat	264086%	%
1.000er-Trennzeichen	2.640,86	000
Dezimalstelle hinzufügen	2640,8560	
Dezimalstelle ausblenden	2640,86	

Du kannst Zahlenformate auch zuweisen, indem du im Register *Start*, Gruppe *Zahl*, im Listenfeld *Zahlenformat* das gewünschte Format wählst.

Werden durch das jeweilige Zahlenformat in der Zelle weniger Dezimalstellen dargestellt als im Standardformat (z. B. 2640,86 statt 2640,856), wird die Zahl **gerundet angezeigt**. Wenn du Berechnungen mit der entsprechenden Zahl durchführst, **rechnet Excel** jedoch **mit dem genauen** Wert (also beispielsweise mit 2640,856).

Wenn du das **Prozentformat** verwendest, solltest du über folgende Besonderheiten Bescheid wissen:

Bei der Zuweisung des Prozentformats multipliziert Excel die Zahl in der betreffenden Zelle automatisch mit 100 und ergänzt das Prozentzeichen.

◢	A	B	C	D
1	Teilnehmer	Männer	Frauen	Männeranteil
2	150	69	81	0,46
3				

◢	A	B	C	D
1	Teilnehmer	Männer	Frauen	Männeranteil
2	150	69	81	46%
3				

- Wenn du eine Zahl **direkt in eine Zelle eingibst**, der bereits das Prozentformat zugewiesen wurde, ändert Excel die eingegebene Zahl nicht.
- Wenn du für die entsprechende Zelle jedoch eine Zahl **in der Bearbeitungsleiste eingibst**, multipliziert Excel diese Zahl mit 100.

Datumsformat ändern

Excel wandelt ein eingegebenes Datum (z. B. 18.1.11) automatisch in ein Standard-Datumsformat um, das die Tages- und Monatsangabe zweistellig und die Jahreszahl vierstellig darstellt (z. B. 18.01.2011).

Wenn du die Datumsangabe lieber in einem anderen Datumsformat haben möchtest (wie beispielsweise 18. Januar 2011), erreichst du das folgendermaßen:

▶ Markiere die Zelle, die die Datumsangabe enthält.

▶ Klicke im Register **Start**, Gruppe **Zahl**, auf ▣ .

Im anschließend geöffneten Fenster klickst du im Register **Zahlen** auf die Kategorie **Datum**. Im Feld **Typ** siehst du, welche Datumsformate zur Auswahl stehen.

▶ Klicke auf das gewünschte Datumsformat (im Beispiel auf das Format *14. März 2001*).

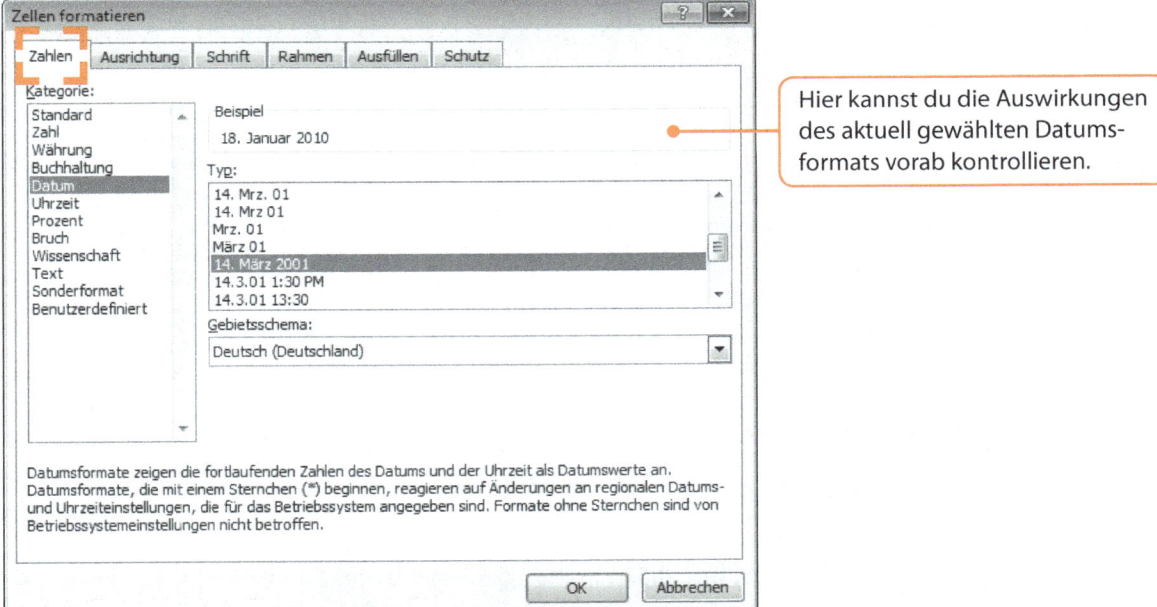

Hier kannst du die Auswirkungen des aktuell gewählten Datums-formats vorab kontrollieren.

 Im Fenster **Zellen formatieren** kannst du auch weitere Einstellungen für die zuvor beschriebenen Zahlen-formate treffen.

▶ Möchtest du beispielsweise eine Währungsangabe in britischen Pfund statt in Euro anzeigen, wählst du **Buchhaltung** im Feld **Kategorie**.

▶ Im anschließend angezeigten Feld **Symbol** wählst du **£ Englisch (Großbritannien)**.

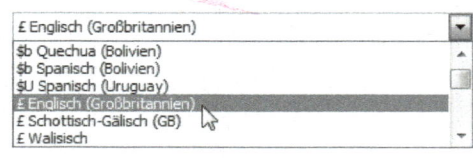

Um Währungsangaben in Dollar anzuzeigen, brauchst du nur im Register **Start**, Gruppe **Zahl**, den Pfeil der Schaltfläche 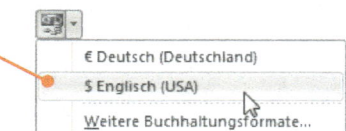 anzuklicken und **$ Englisch (USA)** zu wählen.

Zeilenumbrüche einfügen

Möchtest du mehrere Zeilen innerhalb einer Zelle eingeben, kannst du hierfür den **automatischen Zeilenumbruch** verwenden.

▶ Markiere den betreffenden Zellbereich und klicke im Register **Start**, Gruppe **Ausrichtung**, auf ⊟.

Du kannst aber auch selbst bestimmen, an welchen Stellen ein Zeilenumbruch erfolgen soll:

▶ Klicke doppelt auf die entsprechende Zelle.

▶ Setze den Cursor an die Textstelle, **hinter** der der Zeilenumbruch erfolgen soll, und drücke [Alt]+[↵].

Rahmenlinien verwenden

Die Rahmenlinien der Zellen, die du auf dem Bildschirm siehst, nennt man Gitternetzlinien. Sie dienen nur zur besseren Orientierung und werden nicht mit ausgedruckt.

Du kannst über ⊞ ▾ Rahmenlinien ganz nach deinen Wünschen für die Tabelle erzeugen, die auch später mit gedruckt werden. In der geöffneten Liste siehst du, welche Rahmenlinien hier zur Verfügung stehen.

▶ Markiere die Zelle oder den Zellbereich, der/dem du einen Rahmen zuweisen möchtest.

▶ Klicke im Register **Start**, Gruppe **Schriftart** auf den Pfeil der Schaltfläche ⊞ ▾ und wähle die gewünschte Rahmenart.

▶ Um vorhandene Rahmenlinien zu entfernen, wählst du den Eintrag **Kein Rahmen**.

▪ Farbige Rahmenlinien kannst du im Fenster **Zellen formatieren** erzeugen. Öffne das Fenster, indem du im Register **Start**, Gruppe **Schriftart**, auf ◰ klickst. Wechsle zum Register **Rahmen**, wähle im Listenfeld **Farbe** die gewünschte Farbe, und erzeuge die Rahmenlinien über die entsprechenden Schaltflächen.

▪ Wenn du in einer Spalte mehrere Werte addiert hast (z. B. mit der Funktion SUMME), kannst du das Ergebnis optisch hervorheben, indem du der Zelle über der Ergebniszelle eine doppelte untere Rahmenlinie zuweist (Eintrag **Doppelte Rahmenlinie unten**).

▪ Die zugewiesenen Linien sind durch die standardmäßig vorhandenen Gitternetzlinien oft schlecht am Bildschirm zu erkennen. Du kannst die Gitternetzlinien aus- bzw. wieder einblenden, indem du im Register **Seitenlayout**, Gruppe **Blattoptionen**, im Bereich **Gitternetzlinien** das Kontrollfeld **Ansicht** aus- bzw. einschaltest.

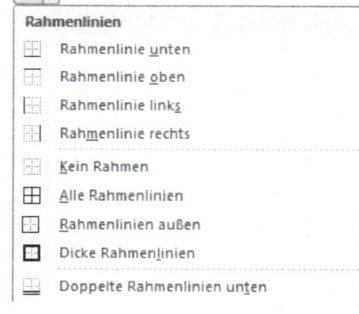

Zellinhalte ausrichten

Standardmäßig wird Text innerhalb einer Zelle horizontal linksbündig und Zahlen horizontal rechtsbündig ausgerichtet. Über die entsprechenden Schatflächen im Register **Start**, Gruppe **Ausrichtung**, lässt sich die Ausrichtung von Zellinhalten ändern.

Ausrichtung

Horizontal ausrichten	Schaltfläche	Beispiel		Vertikal ausrichten	Schaltfläche	Beispiel
Linksbündig	≣	Montag		Oben	≣	Montag
Zentriert	≣	Montag		Zentriert	≣	Montag
Rechtsbündig	≣	Montag		Unten	≣	Montag

Bsp. Um beispielsweise die Einträge eines Stundenplans horizontal zentriert auszurichten, markiere die betreffenden Zellen und klicke auf ≣.

▲	A	B	C	D	E	F
1	Stundenplan 1. Halbjahr					
2						
3		Montag	Dienstag	Mittwoch	Donnerstag	Freitag
4	1. Stunde	Chemie	Deutsch	Englisch	Physik	Erdkunde
5	2. Stunde	Englisch	Sport	Chemie	Physik	Erdkunde
6	3. Stunde	Englisch	Sport	Mathe	Deutsch	Französisch
7	4. Stunde	Mathe	Geschichte	Geschichte	Deutsch	Deutsch
8	5. Stunde	Mathe	Französisch	Kunst	Bio	Mathe
9	6. Stunde	Geschichte	Musik	Kunst	Bio	
10						

Du kannst in Excel auch die **Textorientierung** festlegen, d. h. Zellinhalte in jedem beliebigen Winkel zwischen -90° und +90° drehen.

▲	A	B	C	D	E	F
1	Stundenplan 1. Halbjahr					
2						
3		Montag	Dienstag	Mittwoch	Donnerstag	Freitag
4	1. Stunde	Chemie	Deutsch	Englisch	Physik	Erdkunde
5	2. Stunde	Englisch	Sport	Chemie	Physik	Erdkunde

Um Zellinhalte zu drehen, machst du Folgendes:

▶ Markiere eine Zelle bzw. einen Zellbereich.

▶ Klicke im Register **Start**, Gruppe **Ausrichtung**, auf ⌐.

Das Fenster **Zellen formatieren** wird mit aktiviertem Register **Ausrichtung** geöffnet.

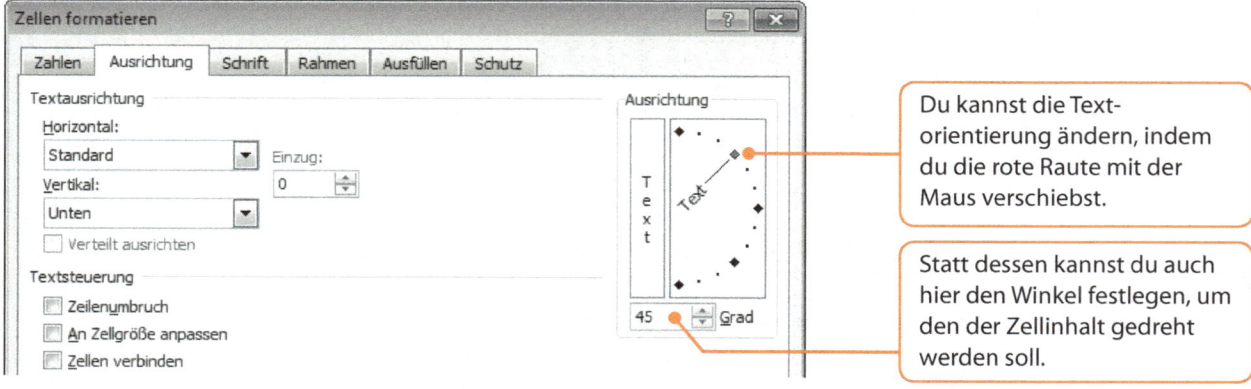

Du kannst die Text-
orientierung ändern, indem
du die rote Raute mit der
Maus verschiebst.

Statt dessen kannst du auch
hier den Winkel festlegen, um
den der Zellinhalt gedreht
werden soll.

Möchtest du die Inhalte zuvor markierter Zellen in einem vorgegebenen Winkel
drehen, klickst du im Register **Start**, Gruppe **Ausrichtung**, auf 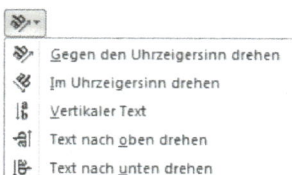 und wählst die
gewünschte Drehung in der eingeblendeten Liste.

⟲	Gegen den Uhrzeigersinn drehen
⟳	Im Uhrzeigersinn drehen
↕	Vertikaler Text
↑	Text nach oben drehen
↓	Text nach unten drehen

Zellen verbinden

Um beispielsweise festzulegen, dass ein Tabellentitel sich über mehrere Zeilen bzw.
Spalten erstreckt, kannst du die entsprechenden Zellen miteinander verbinden. Hierzu
nutzt du die Schaltfläche ▦▾, die verschiedene Arten der Zellverbindung ermöglicht.

▦	Verbinden und zentrieren
▦	Verbinden über
▦	Zellen verbinden
▦	Zellverbund aufheben

► Markiere den Zellbereich, den du zu einer Zelle zusammenfassen möchtest.

► Klicke im Register **Start**, Gruppe **Ausrichtung**, auf den Pfeil der Schaltfläche ▦▾.

► Wähle entsprechend den Erläuterungen in der folgenden Tabelle die gewünschte Art der Zellverbindung.

■ Der Zellinhalt der linken oberen Zelle des markierten Bereichs wird automatisch der Zellinhalt der neuen Zelle.

■ Wenn die übrigen Zellen des Bereichs ebenfalls Daten enthalten, gehen diese Daten nach einer Rückfrage
verloren.

Eintrag	Beispiel
▦ **Verbinden und zentrieren** Die Zellen werden horizontal und ver- tikal verbunden. Der Zellinhalt der neu entstandenen Zelle wird zusätzlich hori- zontal zentriert ausgerichtet.	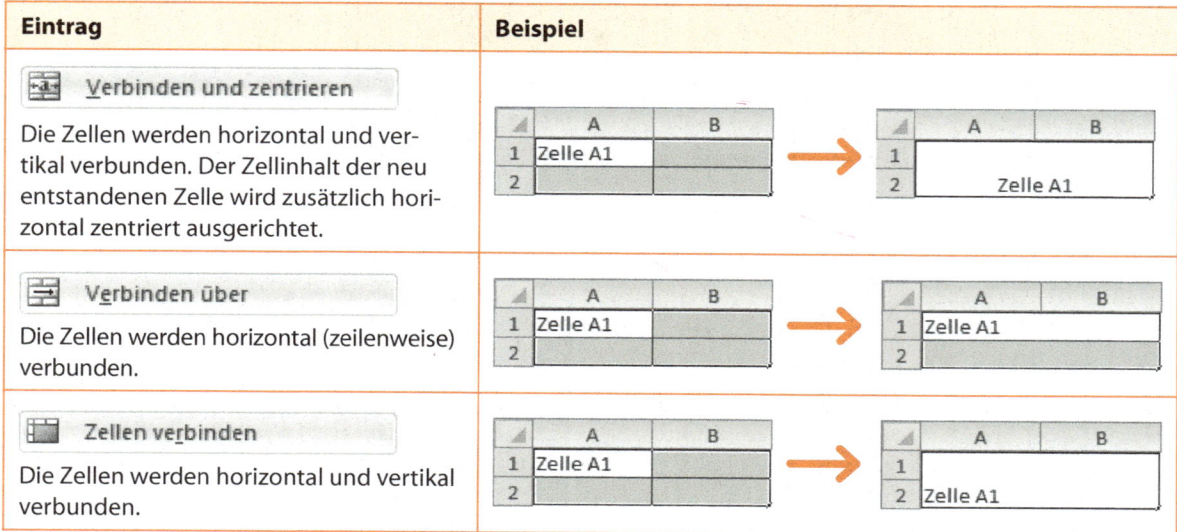
▦ **Verbinden über** Die Zellen werden horizontal (zeilenweise) verbunden.	
▦ **Zellen verbinden** Die Zellen werden horizontal und vertikal verbunden.	

Um den Tabellentitel - wie auf der Abbildung - zu positionieren, wählst du beispielsweise den Eintrag **Verbinden und zentrieren**.

◢	A	B	C	D	E	F
1			Stundenplan 1. Halbjahr			
2						
3		**Montag**	**Dienstag**	**Mittwoch**	**Donnerstag**	**Freitag**
4	**1. Stunde**	Chemie	Deutsch	Englisch	Physik	Erdkunde

Du kannst die Zellverbindung wieder aufheben, indem du den verbundenen Zellbereich markierst und direkt auf ⊞▾ klickst.

Schriftfarbe anpassen

Über 🅰▾ lässt sich die Schriftfarbe innerhalb markierter Zellen anpassen.

▶ Markiere eine Zelle oder einen Zellbereich.

▶ Klicke im Register **Start**, Gruppe **Schriftart**, auf den Pfeil der Schaltfläche 🅰▾ und wähle in der geöffneten Farbpalette die gewünschte Farbe.

 Wenn du im Register **Start**, Gruppe **Schriftart**, ◳ anklickst, kannst du auch im Fenster **Zellen formatieren** im Register **Schrift** über das Listenfeld **Farbe** eine andere Schriftfarbe auswählen.

Füllfarbe ändern

Du kannst Zellen über 🖌▾ farbig gestalten.

▶ Markiere eine Zelle bzw. einen Zellbereich.

▶ Klicke im Register **Start**, Gruppe **Schriftart**, auf den Pfeil der Schaltfläche 🖌▾ und wähle die gewünschte Farbe in der geöffneten Farbpalette.

▶ Um eine vorhandene Farbe zu entfernen, wählst du **Keine Füllung**.

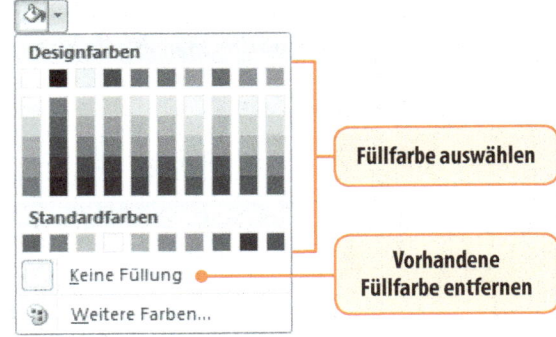

 Wenn du im Register **Start**, Gruppe **Schriftart**, ◳ anklickst, kannst du auch im Fenster **Zellen formatieren** im Register **Ausfüllen** eine Füllfarbe auswählen.

Formate übertragen

Mit  kannst du Formate schnell von einer Zelle auf eine andere Zelle oder auf einen anderen Zellbereich übertragen.

▶ Markiere die Zelle, deren Format du übertragen möchtest, und klicke im Register **Start**, Gruppe **Zwischenablage**, auf .

▶ Klicke auf eine Zelle oder markiere den gewünschten Zellbereich.

 Wenn du doppelt auf  klickst, kannst du das Format beliebig oft übertragen, bis du den Übertragen-Modus mit Esc beendest.

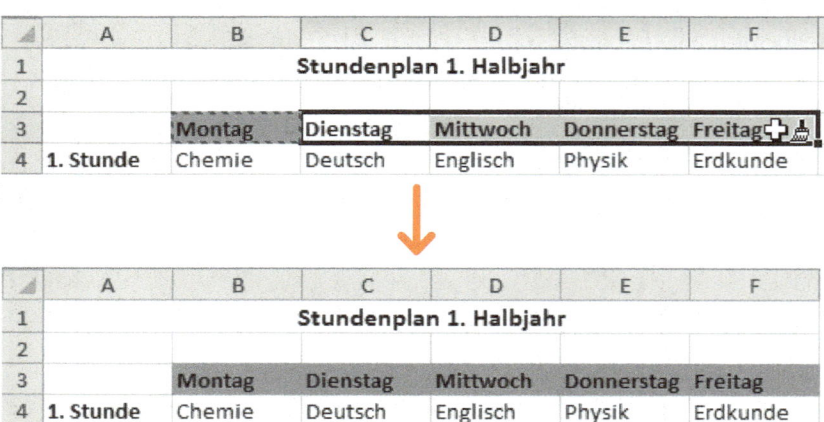

Formate bzw. Zellinhalte löschen

Excel unterscheidet bei der Bearbeitung der Zellen zwischen der **Inhaltsebene**, also dem Zellinhalt, und der **Formatebene**, das ist die Formatierung der Zellen. Deswegen kannst du beim Löschen zuvor markierter Zellen wählen, ob du

▪ lediglich die Formate löschen möchtest (Register **Start**, Gruppe **Bearbeiten**, ⌀▾, Eintrag **Formate löschen**)

▪ den Zellinhalt löschen möchtest (Entf oder Register **Start**, Gruppe **Bearbeiten**, ⌀▾, Eintrag **Inhalte löschen**)

▪ die Formatierung und den Zellinhalt löschen möchtest (Register **Start**, Gruppe **Bearbeiten**, ⌀▾, Eintrag **Alle löschen**)

4 Mit Formeln rechnen

Übersicht

Im folgenden Kapitel geht es um den Einsatz von Formeln, die dir bei Berechnungen helfen. Dabei lernst du Folgendes:

- was Formeln sind
- Formeln eingeben und bearbeiten
- welchen Vorteil die Verwendung von Zellbezügen in Formeln bietet
- welche Besonderheiten du beim Kopieren einer Formel beachten musst

Formel erstellen

Möchtest du beispielsweise die letzte LAN-Party auswerten, musst du für jeden Spieler die Punktzahl addieren, die in den einzelnen Spielen erreicht wurden. Für Anna würde das beispielsweise so aussehen: *4+3+4+3=*

	A	B	C	D	E	F
1		Spiel 1	Spiel 2	Spiel 3	Spiel 4	Gesamt
2	Anna	4	3	4	3	
3	Ben	5	4	5	4	
4	Lena	4	3	4	3	

Wenn du das mit einem Taschenrechner ausrechnest, tippst du die Formel genauso ein, wie sie oben steht. Sobald du das Gleichheitszeichen eingibst, erhältst du das Ergebnis.

In Excel geht das ähnlich, allerdings gibst du **erst das Gleichheitszeichen** und **dann die Formel** ein, also *=4+3+4+3*.

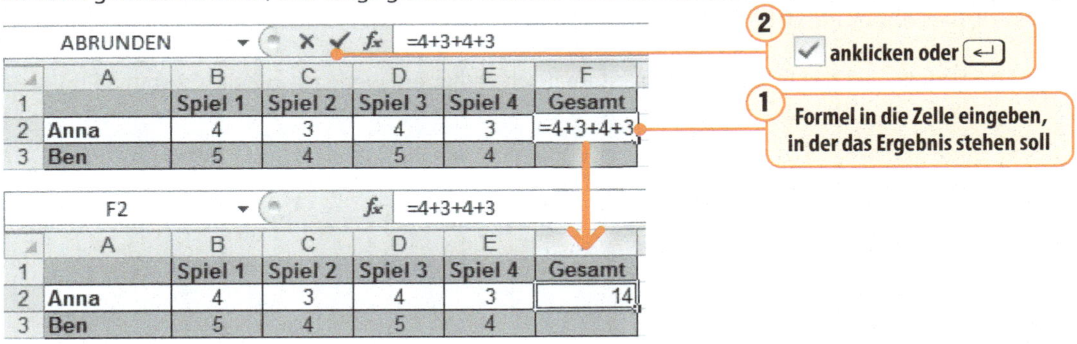
ABRUNDEN
=4+3+4+3
Spiel 1 Spiel 2 Spiel 3 Spiel 4 Gesamt
Anna 4 3 4 3 =4+3+4+3
Ben 5 4 5 4
2 anklicken oder
1 Formel in die Zelle eingeben, in der das Ergebnis stehen soll
F2
=4+3+4+3
Spiel 1 Spiel 2 Spiel 3 Spiel 4 Gesamt
Anna 4 3 4 3 14
Ben 5 4 5 4

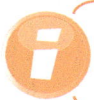

Excel zeigt in der Bearbeitungsleiste die Formel und in der Zelle selbst das Ergebnis der Berechnung an.

Die Zeichen für die verschiedenen Rechenoperationen sehen in Excel zum Teil etwas anders aus, als du es von der Schule her gewohnt bist. Bei einer Division gibst du z. B. einen Schrägstrich (/) anstelle eines Doppelpunktes (:) ein.

Rechenoperator	wird erzeugt mit	Bedeutung	Beispiel	Ergebnis
+	[+]	Addition	=2+3	5
-	[-]	Subtraktion	=4-7	-3
*	[⇧]+[+] oder [×] (Ziffernblock)	Multiplikation	=3*12	36
/	[⇧]+[7] oder [÷] (Ziffernblock)	Division	=36/3	12
^	[^]	Potenz	2^3	8

- Du kannst auch Formeln mit mehreren Rechenoperatoren erstellen. Dabei gilt die übliche mathematische Regel der Punkt- vor Strichrechnung.
- Um die Reihenfolge der jeweiligen Berechnungen festzulegen, verwendest du Klammern ().

 In der folgenden Abbildung siehst du, wie in Zelle G2 die durchschnittlich erreichte Punktzahl mit einer Formel ermittelt wird. Hierfür wurden die Punkte der einzelnen Spiele addiert und anschließend durch die Gesamtzahl der Spiele geteilt.

G2	f_x =(4+3+4+3)/4					
	A	B	C	D	E	F	G
1		Spiel 1	Spiel 2	Spiel 3	Spiel 4	Anzahl	Durchschnitt
2	Anna	4	3	4	3	4	3,5
3	Ben	5	4	5	4	4	

Formel mit Zellbezügen eingeben

In Excel kannst du in einer Formel statt Zahlen die Zellbezüge der Zellen angeben, in denen die jeweiligen Zahlen stehen.

 Das hat folgenden Vorteil: Bei einer Formel, die Zellbezüge nutzt, rechnet Excel immer mit den aktuellen Werten in den jeweiligen Zellen. Sobald du den Wert in einer solchen Zelle nachträglich änderst, berechnet Excel automatisch alle Formeln, in denen der Zellbezug dieser Zelle verwendet wird, neu.

Mit Zellbezügen sieht z. B. die Formel, mit der für Anna die Gesamtpunktzahl ermittelt wird, so aus: *=B2+C2+D2+E2*

Unten siehst du, wie die Gesamtpunktzahl in Zelle F2 sich automatisch verändert, wenn du in Zelle C2 statt 3 Punkte 5 Punkte einträgst.

F2	f_x =B2+C2+D2+E2				
	A	B	C	D	E	F
1		Spiel 1	Spiel 2	Spiel 3	Spiel 4	Gesamt
2	Anna	4	3	4	3	14
3	Ben	5	4	5	4	

F2	f_x =B2+C2+D2+E2				
	A	B	C	D	E	F
1		Spiel 1	Spiel 2	Spiel 3	Spiel 4	Gesam
2	Anna	4	5	4	3	16
3	Ben	5	4	5	4	

Bei der Eingabe der Formel kannst du einiges an Tipparbeit sparen, wenn du die Maus zu Hilfe nimmst und die Zellbezüge mit der sogenannten **Zeige-Methode** eingibst.

▶ Beginne wie gewohnt mit der Formeleingabe, indem du ein Gleichheitszeichen eingibst.

▶ Klicke in der Tabelle auf die Zelle, deren Zellbezug du in der Formel verwenden möchtest.

Der entsprechende Zellbezug wird dadurch automatisch in die Formel übernommen.

ABRUNDEN	X ✓ f_x =B2				
	A	B	C	D	E	F
1		Spiel 1	Spiel 2	Spiel 3	Spiel 4	Gesamt
2	Anna	4	3	4	3	=B2
3	Ben	5	4	5	4	

▶ Gib dann den gewünschten Rechenoperator ein.

▶ Vervollständige die Formel durch Anklicken weiterer Zellen bzw. Eingabe weiterer Rechenoperatoren.

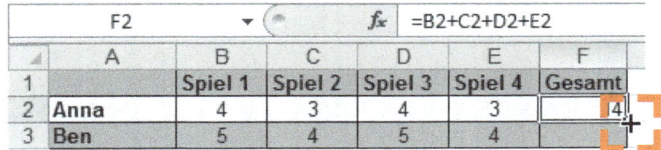

	A	B	C	D	E	F
1		Spiel 1	Spiel 2	Spiel 3	Spiel 4	Gesamt
2	Anna	4	3	4	3	D2+E2
3	Ben	5	4	5	4	

ABRUNDEN ▼ ⊙ ✗ ✔ *fx* =B2+C2+D2+E2

▶ Bestätige die fertige Formel mit ⏎ oder ✓.

Relative Bezüge verwenden

Absolut genial an Excel ist, dass sich **Formeln** problemlos **kopieren** lassen. Willst du beispielsweise die Gesamtpunktzahl der anderen Spieler ebenfalls ermitteln, brauchst du die entsprechenden Formeln nicht mehr neu zu erstellen. Es genügt, die Formel aus der Zelle F2 in die gewünschten Zellen zu kopieren (z. B. mit der Ausfüllfunktion). Die in der Formel enthaltenen Zellbezüge werden beim Kopieren von Excel automatisch an die neue Position der Formelzelle angepasst.

▶ Klicke in die Zelle, die die zu kopierende Formel enthält.

F2 ▼ ⊙ *fx* =B2+C2+D2+E2

	A	B	C	D	E	F
1		Spiel 1	Spiel 2	Spiel 3	Spiel 4	Gesamt
2	Anna	4	3	4	3	4
3	Ben	5	4	5	4	

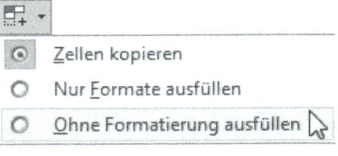

⊙	Zellen kopieren
○	Nur Formate ausfüllen
○	Ohne Formatierung ausfüllen

▶ Ziehe den Anfasser (➕) mit gedrückter Maustaste in die gewünschte Richtung.

▶ Wenn - wie im abgebildeten Beispiel - das Format der ursprünglichen Zelle nicht mit kopiert werden soll, klickst du danach auf die Optionsschaltfläche und auf **Ohne Formatierung ausfüllen**.

F3 ▼ ⊙ *fx* =B3+C3+D3+E3 •──── **Formel mit relativen Bezügen**

	A	B	C	D	E	F
1		Spiel 1	Spiel 2	Spiel 3	Spiel 4	Gesamt
2	Anna	4	3	4	3	14
3	Ben	5	4	5	4	18
4	Lena	4	3	4	3	14
5	Lisa	4	4	3	5	16
6	Lukas	3	3	3	2	11
7	Peter	4	2	2	3	11

Wenn du in eine der ausgefüllten Zellen klickst, siehst du, wie die Zellbezüge in der Formel angepasst wurden – nämlich relativ zur Position der Zellbezüge in der ursprünglichen Formel. Daher heißen diese Zellbezüge **relative Bezüge**.

Absolute Bezüge verwenden

Wie du gesehen hast werden die in einer Formel enthaltenen Zellbezüge beim Kopieren der Formel automatisch angepasst. Bei Zellen, die einen konstanten Wert enthalten, darf sich der Zellbezug beim Kopieren jedoch nicht ändern.

 Konstanten sind vorgegebene feste Werte. Eine Konstante ist z. B. der Umrechnungsfaktor, den du bei der Umrechnung von einer Währung in eine andere benötigst.

Probiere das Rechnen mit Konstanten anhand des folgenden Beispiels aus. Du erstellst eine Tabelle, mit deren Hilfe du US-Dollar in Euro umrechnen kannst.

▶ Erstelle eine neue Tabelle gemäß der folgenden Abbildung. Die Formatierung bleibt dir überlassen. Wichtig ist, dass die Zellbezüge stimmen.

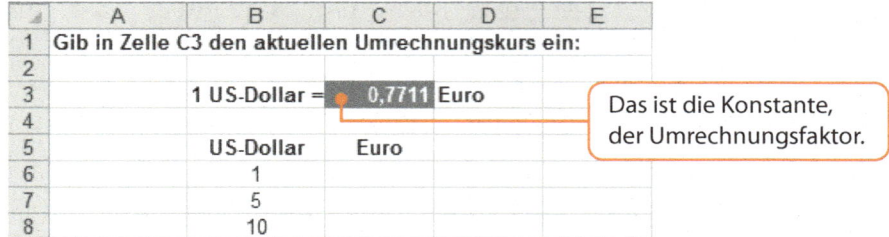

▶ Gib in die Zelle C6 die Formel =B6*C3 für die Umrechnung von Dollar in Euro ein.
▶ Kopiere die Formel aus der Zelle C6 nach C7.

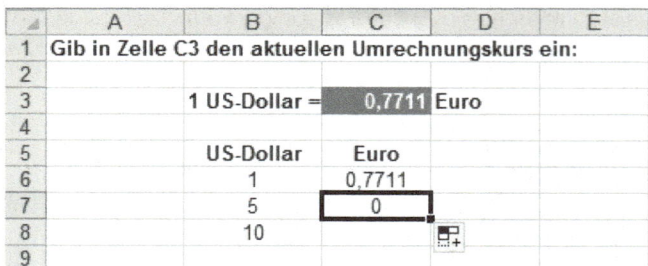

Du siehst bereits am Ergebnis, dass die Formel =B7*C4 in Zelle C7 nicht stimmen kann. Damit die Berechnung korrekt ist, müsste dort statt dessen =B7*C3 stehen.

Du erreichst dies, indem du den Zellbezug C3 in der Formel in Zelle C6 in einen absoluten Bezug umwandelst. **Absolute Bezüge** werden beim Kopieren von Formeln nicht angepasst.

▶ Klicke doppelt auf die Zelle C6, um die dort enthaltene Formel zu bearbeiten.
▶ Markiere den Zellbezug C3 und drücke F4.

5		US-Dollar	Euro
6		1	=B6*C3
7		5	

Vor dem C und der 3 befinden sich jetzt $-Zeichen. So werden in Excel absolute Bezüge dargestellt.

 Du kannst die $-Zeichen auch direkt per Tastatur (⇧+4) eingeben.

▶ Bestätige die Änderung der Formel mit ↵ oder ✓.
▶ Kopiere anschließend die Formel in die Zellen C7 und C8.

Die Ergebnisse werden nun korrekt berechnet.

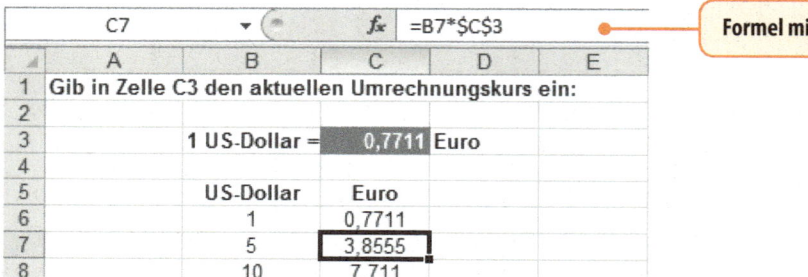

Formel mit absoluten Bezügen

5 Funktionen nutzen

Übersicht

Im folgenden Kapitel lernst du,

- was Funktionen sind
- Funktionen eingeben
- Berechnungen von einer Bedingung abhängig machen
- Fehler in Formeln finden und korrigieren

Formel mithilfe einer Funktion erstellen

Komplizierte Formeln werden leicht unübersichtlich. Um die Schreibweise von Formeln zu vereinfachen, gibt es so genannte Funktionen. **Funktionen** sind nichts anderes als vorgefertigte Formeln. Zum Beispiel kannst du mit der Funktion SUMME verschiedene Werte addieren.

	F2		f_x	=B2+C2+D2+E2	
	A	B	C	D	E	F
1		Spiel 1	Spiel 2	Spiel 3	Spiel 4	Gesamt
2	Anna	4	3	4	3	14
3	Ben	5	4	5	4	

Wenn du die Funktion SUMME verwendest, lautet beispielsweise die Formel, mit der du bei der Auswertung der LAN-Party die Gesamtpunktzahl von Anna berechnen kannst, statt

=B2+C2+D2+E2 ⟶ =SUMME(B2;C2;D2;E2)

Funktionsname   **Argumente**

Hinter dem Namen der Funktion folgen in Klammern die so genannten **Argumente**. Das sind z. B. Zahlen oder Zellbezüge, mit denen die Funktion berechnet werden soll. Mehrere Argumente werden mit einem Semikolon voneinander getrennt.

Eine Funktion kannst du in Excel mit der Tastatur eingeben. Dabei ist es von Vorteil, die Zellbezüge durch die **Zeige-Methode** als Argumente in die Funktion zu übernehmen. So verhinderst du falsche Bezugsangaben in der Formel, die durch Tippfehler entstehen könnten. Das machst du so:

- ▶ Klicke in die Zelle, in der das Ergebnis stehen soll, und gib ein Gleichheitszeichen und anschließend den Funktionsnamen und eine geöffnete Klammer ein.

  Im vorliegenden Beispiel gibst du **=SUMME(** ein. Es spielt dabei keine Rolle, ob du den Funktionsnamen groß oder klein schreibst.

Sobald du nach dem Gleichheitszeichen den ersten Buchstaben des Funktionsnamens eingegeben hast, blendet Excel eine Liste ein. Die Liste enthält die Namen aller Funktionen, die mit dem eingegebenen Buchstaben beginnen. Du kannst bei Bedarf den gewünschten Funktionsnamen in die Formel einfügen, indem du den entsprechenden Namen in der Liste doppelt anklickst.

- ▶ Markiere den Zellbezug bzw. den Zellbereich, den du als Argument in die Funktion übernehmen möchtest. Im Beispiel markierst du den Zellbereich B2 bis E2. Der entsprechende Zellbereich wird automatisch in die Funktion eingefügt.

	A	B	C	D	E	F
1		Spiel 1	Spiel 2	Spiel 3	Spiel 4	Gesamt
2	Anna	4	3	4	3	=SUMME(B2:E2)
3	Ben	5	4	5	4	

In Excel werden Zellbereiche durch die erste und letzte Zelle - getrennt durch einen Doppelpunkt - dargestellt (z. B. *B2:E2*).

Möchtest du Bezüge auf einzelne Zellen als Argumente in eine Funktion mit der Zeige-Methode übernehmen, kannst du einfach die entsprechenden Zellen nacheinander bei gedrückter Strg -Taste anklicken.

▶ Gib nach dem letzten Argument eine geschlossene Klammer) ein und schließe die Eingabe mit ↵ oder ✓ ab.

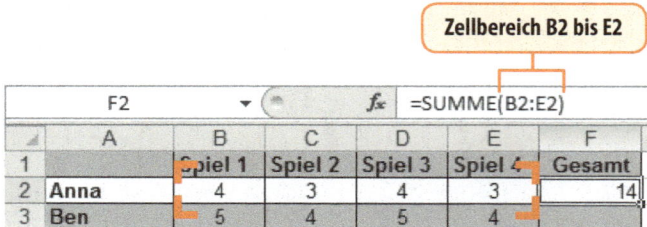

Einfache Funktionen mit der Schaltfläche AutoWSumme eingeben

Um die Funktion SUMME einzugeben, kannst du auch die Schaltfläche Σ ▾ (**AutoSumme**) nutzen, die du ja zuvor ja schon einmal für eine Summenberechnung verwendest hast.

Neben der Funktion SUMME lassen sich über das Symbol AutoSumme noch folgende Funktionen aufrufen:

Funktion	Beschreibung
MITTELWERT	Berechnet den Mittelwert der angegebenen Argumente
ANZAHL	Gibt an, wie viele der Argumente eine Zahl enthalten
MAX	Gibt den größten Wert der Argumente an
MIN	Gibt den kleinsten Wert der Argumente an

⚹	A	B	C	D	E	F	G	H	I
1		Spiel 1	Spiel 2	Spiel 3	Spiel 4	Punkte (Ø)	Anzahl Spiele	Max. Punkte	Min. Punkte
2	Anna	4	3	4	3	3,50	4	4	3
3	Ben	5	4	5	4	4,50	4	5	4
4	Lena	4	3	4	3	3,50	4	4	3
5	Lisa	4	4	3	5	4,00	4	5	3
6	Lukas	3	3	3	2	2,75	4	3	2
7	Peter	4	2	2		2,67	3	4	2
8						↑	↑	↑	↑
9						=MITTELWERT(B7:E7)	=ANZAHL(B7:E7)	=MAX(B7:E7)	=MIN(B7:E7)

Um beispielsweise die Funktion MITTELWERT über das Symbol AutoSumme einzufügen, gehst du folgendermaßen vor:

▶ Klicke auf die Zelle, in der das Ergebnis des Mittelwertes ausgegeben werden soll.

▶ Klicke im Register **Start**, Gruppe **Bearbeiten**, auf den Pfeil neben Σ ▾ und wähle **MITTELWERT**.

▪ Excel schlägt einen Zellbereich vor, aus dem der Mittelwert berechnet wird, und kennzeichnet den entsprechenden Zellbereich mit einem sogenannten Laufrahmen.

▪ Falls der gerahmte Bereich nicht die gewünschten Werte enthält, kannst du einfach einen anderen Zellbereich markieren.

ABRUNDEN	▾	✕ ✓	fx	=MITTELWERT(B2:E2)	
⚹	A	B	C	D	E	F	G
1		Spiel 1	Spiel 2	Spiel 3	Spiel 4	Punkte (ø)	
2	Anna	4	3	4	3	=MITTELWERT(B2:E2)	
3	Ben	5	4	5	4	MITTELWERT(**Zahl1**; [Zahl2]; ...)	
4	Lena	4	3	4	3		

▶ Drücke ⏎ oder ✓, um den Mittelwert aus den Werten des gerahmten Bereichs zu berechnen.

	F2			f_x	=MITTELWERT(B2:E2)	
	A	B	C	D	E	F	G
1		Spiel 1	Spiel 2	Spiel 3	Spiel 4	Punkte (Ø)	
2	Anna	4	3	4	3	3,50	
3	Ben	5	4	5	4		
4	Lena	4	3	4	3		

Anzahl der gefüllten/leeren Zellen eines Bereichs ermitteln

- Mit der Funktion ANZAHL2 kannst du innerhalb eines bestimmten Zellbereichs die Anzahl der Zellen ermitteln, die Daten enthalten (Zahlen, Texteinträge etc.). So lässt sich in der LAN-Party-Tabelle z. B. in Spalte F ermitteln, an wie vielen Spielen die einzelnen Spieler teilgenommen haben.

Du kannst die Funktionen wie gewohnt über die Tastatur eingeben.

	A	B	C	D	E	F	G
1		Spiel 1	Spiel 2	Spiel 3	Spiel 4	Durchgeführte Spiele	Gültige Spiele
2	Anna	4	3	ungültig	3	4	3
3	Ben	5	4	5	4	4	4
4	Lena	4	ungültig		3	3	2
5	Lisa	4	4		5	3	3
6	Lukas	3	3	3	2	4	4
7	Peter	4		2		2	2
8						↑	↑
9						=ANZAHL2(B7:E7)	=ANZAHL(B7:E7)

Tabellenwerte runden

Mit der Funktion RUNDEN kannst du beliebige Tabellenwerte auf eine bestimmte Anzahl von Stellen runden. Je nachdem wie viele Stellen du ausgeben willst, musst du die diese in der Formel vorher bestimmen.

=RUNDEN(Zahl;Anzahl_Stellen)

Berechnung von einer Bedingung abhängig machen

Mit der WENN-Funktion kannst du die Ausführung einer Formel von einer Prüfung (Bedingung) abhängig machen. Je nachdem, ob die Prüfung mit Ja beantwortet wird oder nicht, liefert die WENN-Funktion unterschiedliche Ergebnisse. Die WENN-Funktion enthält drei Argumente und sieht so aus:

=WENN(Prüfung;Dann_Wert;Sonst_Wert)

Das ist so zu verstehen:

- Wenn die **Prüfung** mit Ja beantwortet wird, ergibt sich das Ergebnis aus der Formel bzw. dem Text, die bzw. der unter **Dann_Wert** steht.
- Andernfalls wird das Ergebnis anhand der Formel oder dem Text unter **Sonst_Wert** ermittelt.

Die **Prüfung** wird mithilfe so genannter **Vergleichsoperatoren** erstellt. Diese Operatoren kennst du sicher aus dem Matheunterricht.

Vergleichsoperator	Bedeutung		Vergleichsoperator	Bedeutung
=	Gleich		>	Größer als
<>	Ungleich		<=	Kleiner oder gleich
<	Kleiner als		>=	Größer oder gleich

Hier siehst du drei Beispiele für WENN-Funktionen:

- =WENN(G5<0;"Verlust";"Gewinn")   → Anzeige in einer Gewinn-Verlust-Rechnung
- =WENN(C3="m";"Mann";"Frau")   → Unterscheidung zwischen Mann/Frau
- =WENN(B4<=5000;B4*4%;B4*6%)   → umsatzabhängiger Bonus

Wie du bei den WENN-Funktionen oben siehst, wird Text innerhalb einer Formel in Anführungszeichen eingetragen.

Du möchtest beispielsweise in der folgenden Tabelle mithilfe einer WENN-Funktion ermitteln, wer bei der LAN-Party als guter Spieler abgeschnitten hat:

	A	B	C	D	E	F	G
1		Spiel 1	Spiel 2	Spiel 3	Spiel 4	Gesamt	Bewertung
2	Anna	4	3	4	3	14	
3	Ben	5	4	5	4	18	

Bei allen Spielern, die 15 oder mehr Punkte erreicht haben, soll in der Spalte *Bewertung* der Text *Guter Spieler* erscheinen und bei allen anderen soll der Text *Normaler Spieler* angezeigt werden.

Drückst du das folgendermaßen aus, fällt es dir anschließend leichter, die entsprechende WENN-Funktion zu erstellen:

Wenn die Gesamtpunktzahl eines Spielers in Spalte F größer oder gleich 15 ist, dann soll der Text *Guter Spieler* in der Spalte G angezeigt werden. Ansonsten soll der Text *Normaler Spieler* erscheinen.

Nun kannst du die benötigte WENN-Funktion für die Zelle G2 entwickeln:

=WENN(F3>=15;„Guter Spieler";„Normaler Spieler")

Im Folgenden gibst du die WENN-Funktion in die Tabelle ein. Hierzu nutzt du den sogenannten **Funktions-Assistenten**, der dich beim Einfügen einer Funktion unterstützt.

▶ Klicke auf die Zelle, in der das Ergebnis der WENN-Funktion stehen soll.
▶ Klicke in der Bearbeitungsleiste auf f_x oder klicke im Register **Formeln**, Gruppe **Funktionsbibliothek**, auf **Funktion einfügen**.

Der Funktions-Assistent wird geöffnet.

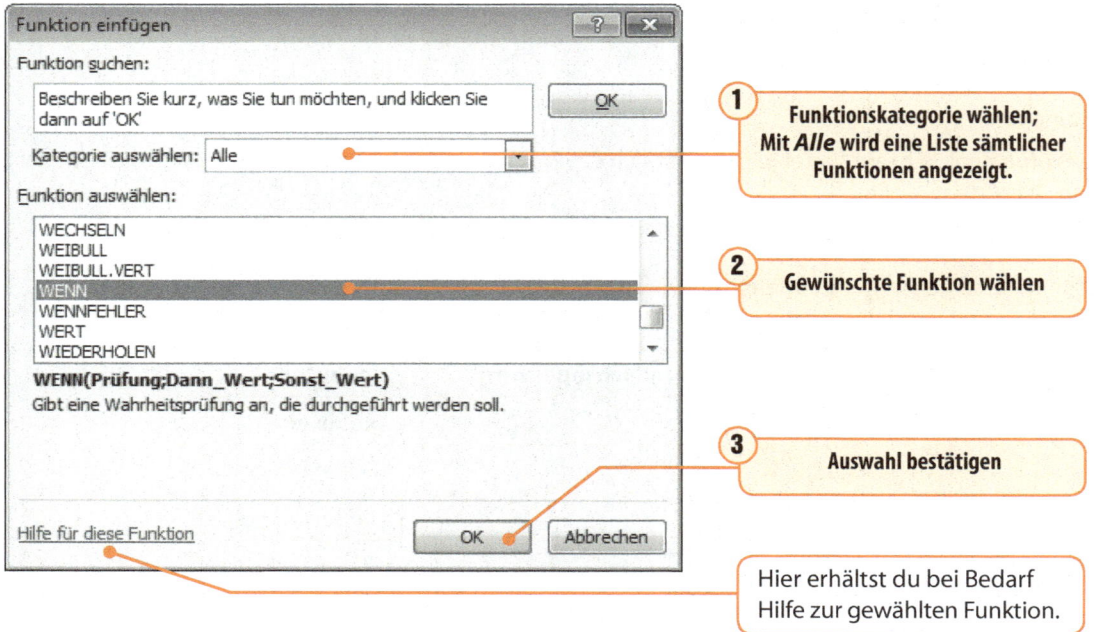

▶ Gib nun die Argumente der Funktion ein.

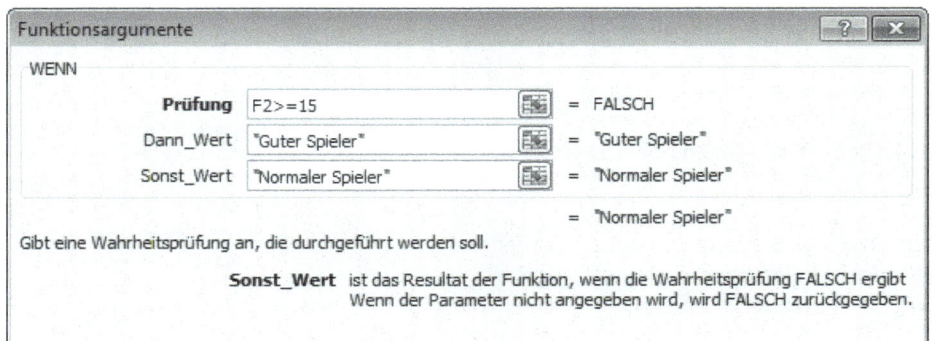

 Um Zellbezüge als Argumente einzugeben, kannst du auch im Funktions-Assistenten die Zeige-Methode verwenden. Wenn das Fenster **Funktionsargumente** den betreffenden Tabellenbereich verdeckt, kannst du es über ▦ verkleinern. Mit ⏎ oder ▦ vergrößerst du es wieder.

Unten siehst du die ausgewertete Tabelle. Die Formel in Zelle G2 wurde mit der Ausfüllfunktion in den Zellbereich G3:G7 kopiert.

| G2 | fx | =WENN(F2>=15;"Guter Spieler";"Normaler Spieler") |

	A	B	C	D	E	F	G
1		Spiel 1	Spiel 2	Spiel 3	Spiel 4	Gesamt	Bewertung
2	Anna	4	3	4	3	14	Normaler Spieler
3	Ben	5	4	5	4	18	Guter Spieler
4	Lena	4	3	4	3	14	Normaler Spieler
5	Lisa	4	4	3	5	16	Guter Spieler
6	Lukas	3	3	3	2	11	Normaler Spieler
7	Peter	4	2	2	3	11	Normaler Spieler

Fehler in Formeln finden

Wenn eine Formel einen Fehler enthält, etwa weil du dich vertippt hast oder weil eine Division durch null vorkommt, zeigt dir Excel eine Fehlermeldung an. Bei einigen Fehlern erscheint ein Dialogfenster oder eine Optionsschaltfläche. Andere Fehlermeldungen erscheinen in der Zelle selbst.

- Dialogfenster enthalten oft nur die Mitteilung, dass die Formel einen Fehler enthält. Wenn du die Fehlermeldung mit **OK** schließt, wird die Stelle in der Formel markiert, an der der Fehler auftritt.

- Manchmal bietet Excel in den Dialogfenstern sogar Korrekturvorschläge an, etwa wenn du versehentlich zwei Rechenoperatoren hintereinander eingegeben hast (z. B. =5+*2).

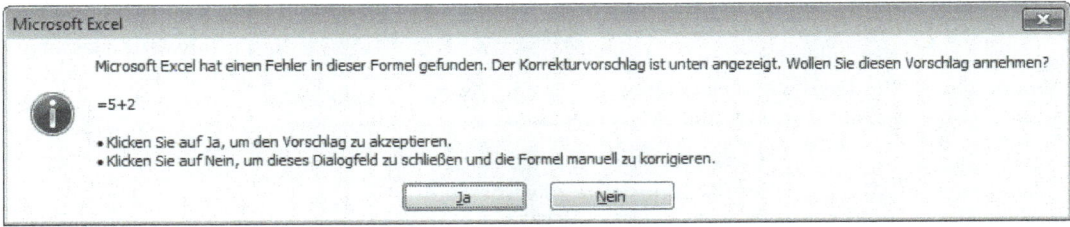

Ein weiterer Typ von Fehlern sind **Zirkelbezüge**. Sie entstehen, wenn sich eine Formel oder Funktion auf sich selbst bezieht, also z. B. Zelle A1 die Formel =A1+1 enthält. Zirkelbezüge zeigt dir Excel ebenfalls in einem Dialogfenster an. Am besten schließt du das Fenster und korrigierst die Formel manuell.

Du kannst einen Fehler innerhalb einer Formel jederzeit verbessern. Dabei gehst du genauso vor wie beim Ändern eines „normalen" Zelleintrags.

Bei bestimmten Fehlern erscheint in der linken oberen Ecke der Zelle ein grünes Dreieck.

Wenn du auf die entsprechende Zelle klickst, wird neben der Zelle eine Optionsschaltfläche eingeblendet, das dir mehrere Möglichkeiten zur Fehlerprüfung bzw. -verbesserung bietet.

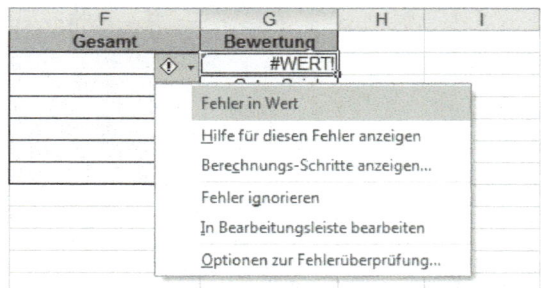

Fehlermeldungen, die in einer Zelle erscheinen, beginnen immer mit einer Raute # und heißen **Fehlerwerte**. Hier ist eine Übersicht über wichtige Fehlerwerte und ihre Ursachen:

Fehlerwert	Ursache
######	Die Spalte ist nicht breit genug, um eine Zahl, ein Datum oder eine Uhrzeit anzuzeigen.
#DIV/0!	In der Formel tritt eine Division durch null auf.
#NAME?	In der Formel wird ein Name verwendet, der nicht definiert ist, z. B. weil du dich vertippt hast.
#BEZUG!	In der Formel gibt es eine ungültige Zelladresse, z. B. weil du nicht nur den Inhalt einer Zelle, sondern die Zelle selbst gelöscht hast.
#WERT!	Eine der Zellen, auf die deine Formel zugreift, enthält einen Datentyp, mit dem du nicht rechnen kannst (z. B. Text statt eine Zahl).
#NV	Abkürzung für „Nicht vorhanden". Die Formel kann keinen Wert ermitteln.

Tabellenblatt auf Formelfehler prüfen

Mit der Fehlerüberprüfung kannst du in deiner Tabelle Fehler in Formelzellen finden und auch gleich verbessern.

▶ Klicke im Register **Formeln**, Gruppe **Formelüberwachung**, auf ◇ Fehlerüberprüfung ▾ .

Falls Excel einen Fehler im aktuellen Tabellenblatt findet, wird das abgebildete Fenster eingeblendet.

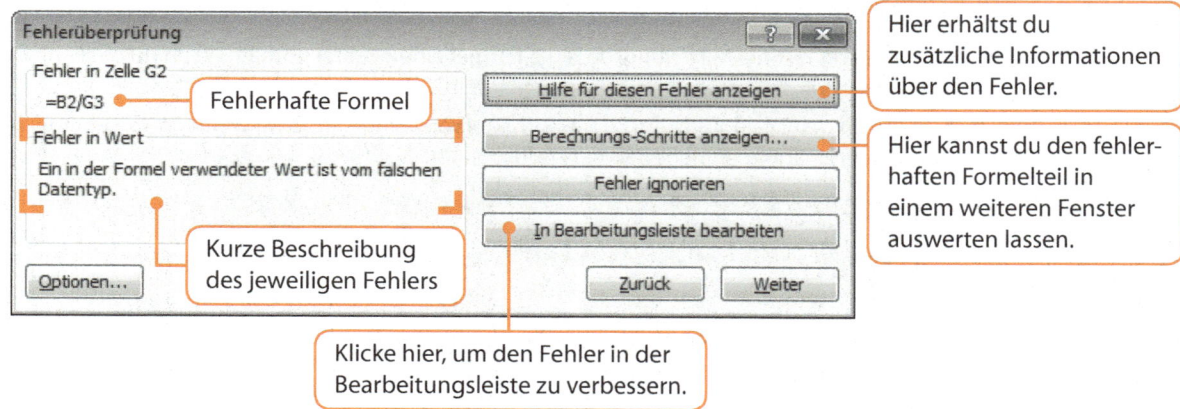

- Nachdem du einen Fehler korrigiert hast, gelangst du durch Anklicken von **Fortsetzen** zurück zum Fenster **Fehlerüberprüfung**.
- Über **Weiter** bzw. **Zurück** springst du zum nächsten bzw. vorherigen Fehler.

6   Zahlen in Diagrammen darstellen

Übersicht

Mit Diagrammen kannst du komplizierte Sachverhalte und Zahlenreihen anschaulich und verständlich darstellen. In diesem Kapitel lernst du, wie Diagramme erstellt und bearbeitet werden. Konkret geht es dabei um folgende Themen:

- Wichtige Diagrammtypen in Excel kennen
- Diagramm erstellen
- Diagrammlayouts nutzen

- Diagrammelemente markieren und bearbeiten
- Diagramm beschriften und drucken
- Diagramm verschieben, kopieren und löschen

Diagrammtypen im Überblick

Bevor du dich daran machst, ein Diagramm zu erstellen, entscheidest du dich für einen passenden Diagrammtyp. Das ist wichtig, weil nicht jeder Diagrammtyp sich für jede Aufgabe eignet. Hier siehst du eine Auswahl von Diagrammtypen, die du in Excel nutzen kannst:

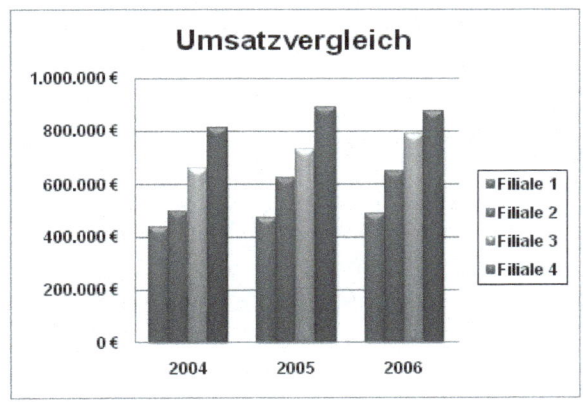

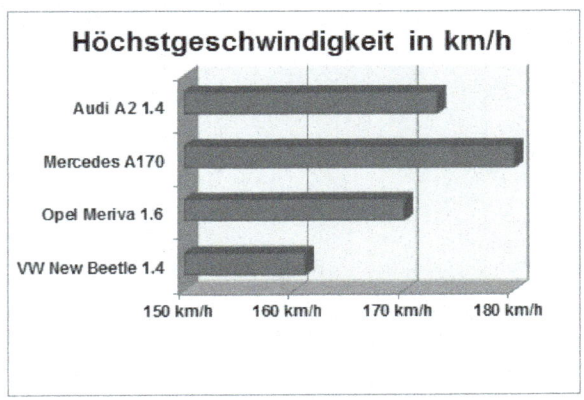

Säulendiagramme sind geeignet, um Zahlen z. B. über größere Zeitspannen (Monate, Quartale oder Jahre) hinweg zu vergleichen, etwa die Umsätze verschiedener Filialen.

Balkendiagramme dienen dem schnellen Vergleich einzelner Werte, zum Beispiel, wenn die Höchstgeschwindigkeit von Autos verglichen werden soll.

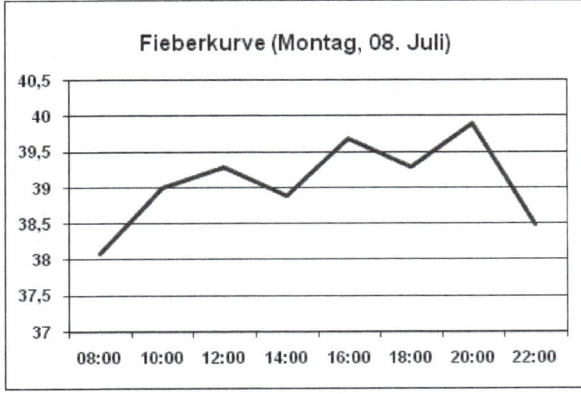

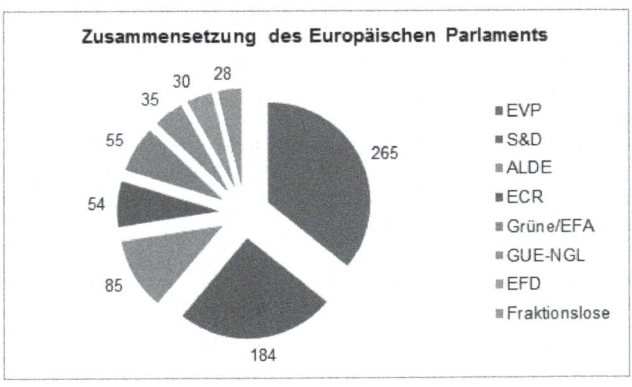

Liniendiagramme eignen sich, um Trends oder Entwicklungen über einen bestimmten Zeitraum hinweg anzuzeigen. Ein typisches Beispiel ist die Darstellung von Messwerten, etwa in Form einer Fieberkurve.

Kreisdiagramme eignen sich gut, um Werteverteilungen zu verdeutlichen. Ein klassisches Beispiel sind z. B. Wahlen, bei denen Kreisdiagramme die Anteile der verschiedenen Parteien zeigen.

Zusammengehörige Daten werden in einem Diagramm in einer sogenannten **Datenreihe** abgebildet. Jede Datenreihe wird mit der gleichen Farbe dargestellt. Diagramme können mehrere oder auch nur eine Datenreihe darstellen.

Diagramm mit mehreren Datenreihen erstellen

Du möchtest für ein Referat die Zahlen der unten abgebildeten Tabelle in einem Säulendiagramm veranschaulichen. Im Diagramm sollen die Werte der einzelnen Jahre als Datenreihen angezeigt werden.

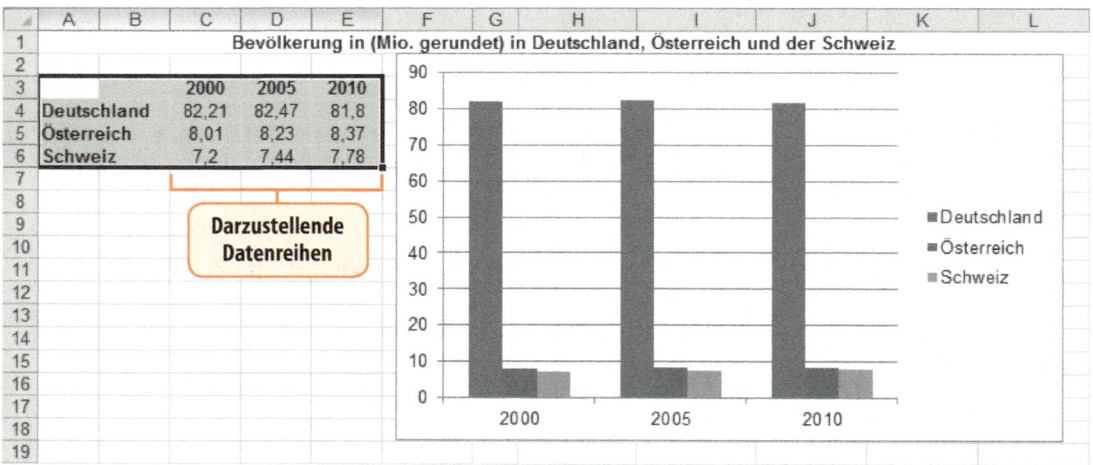

▶ Markiere den Bereich der Tabelle, der im Diagramm angezeigt werden soll (im Beispiel den Zellbereich A3:E6). Die Zeilen- und Spaltenüberschriften markierst du dabei gleich mit.

▶ Klicke im Register *Einfügen*, Gruppe *Diagramme*, auf eines der abgebildeten Schaltflächen, um den Diagramm-typ für dein Diagramm auszuwählen. Im vorliegenden Beispiel klickst du auf *Säule*.

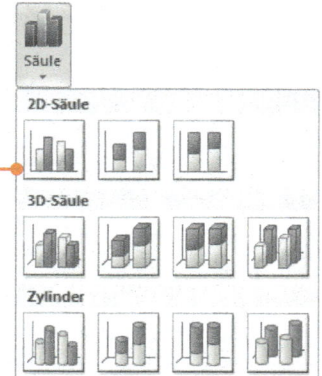

Sobald du eine Schaltfläche angeklickt hast, öffnet sich eine Liste. Sie enthält die Schaltflächen der Diagrammuntertypen, die beim betreffenden Diagrammtyp zur Verfügung stehen.

▶ Klicke den gewünschten Diagrammuntertyp an, im Beispiel den Diagramm-untertyp *Gruppierte Säulen*.

▪ Das oben abgebildete Säulendiagramm wird als **Objekt** auf dem aktuellen Tabellenblatt eingefügt und automatisch markiert.

▪ Bei markiertem Diagramm werden im Menüband die zusätzlichen Register *Entwurf*, *Layout* und *Format* eingeblendet, über die sich das Diagramm bearbeiten und formatieren lässt.

Was du alles machen kannst, um das Aussehen deines Diagramms nach deinen Wünschen zu gestalten, erfährst du weiter hinten in diesem Kapitel.

Diagramm mit einer Datenreihe erstellen

Als Hausaufgabe sollst du eine Prognose der Bevölkerungsentwicklung des Statistischen Bundesamtes in einem 3D-Säulendiagramm darstellen.

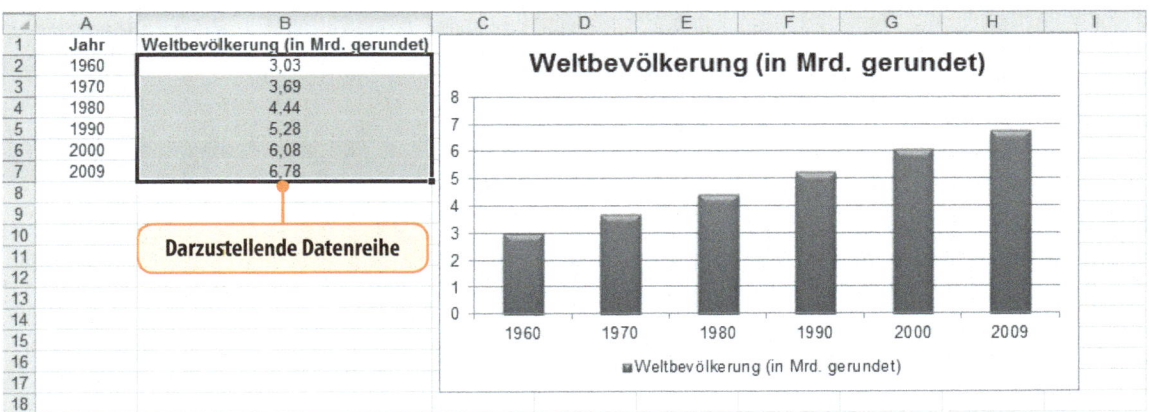

Wenn du wie im Beispiel nur eine Datenreihe in deinem Diagramm anzeigen willst, machst du Folgendes:

▸ Markiere in der Tabelle die Zellen mit den Werten, die im Diagramm dargestellt werden sollen (im Beispiel den Zellbereich B2:B7). Markiere dabei jedoch **keine** Zeilen- bzw. Spaltenüberschriften.

▸ Wähle im Register *Einfügen*, Gruppe *Diagramme*, einen Diagrammtyp (im Beispiel den Diagrammtyp *Säule*) und einen Diagrammuntertyp - im Beispiel *3D-Säulen* (gruppiert) .

Excel fügt das unten abgebildete Diagramm als Diagrammobjekt auf dem aktuellen Tabellenblatt ein und markiert es automatisch.

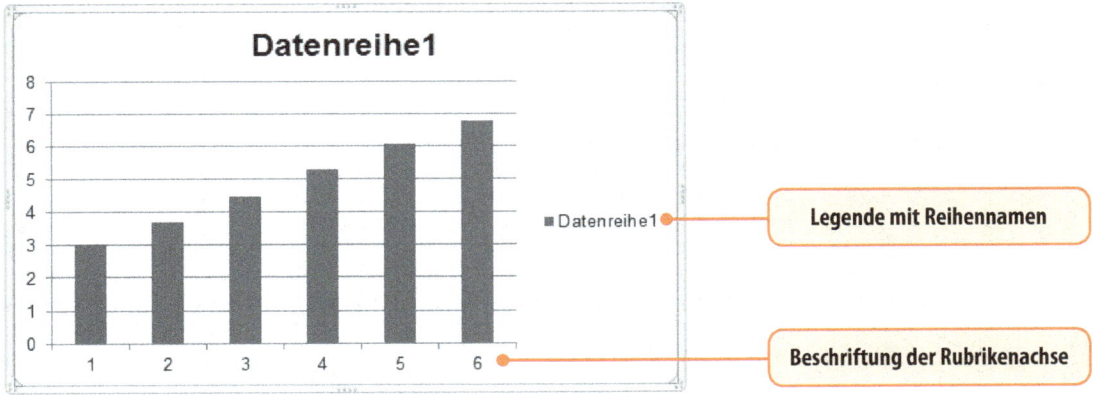

Du möchtest, dass in der Legende der Reihenname „Bevölkerung (in Mrd.)" angezeigt und die Rubrikenachse mit den jeweiligen Jahreszahlen aus der Spalte A beschriftet wird. Dies erreichst du folgendermaßen:

▸ Klicke im Register *Entwurf*, Gruppe *Daten*, auf *Daten auswählen*.

Das Fenster *Datenquelle auswählen* wird eingeblendet.

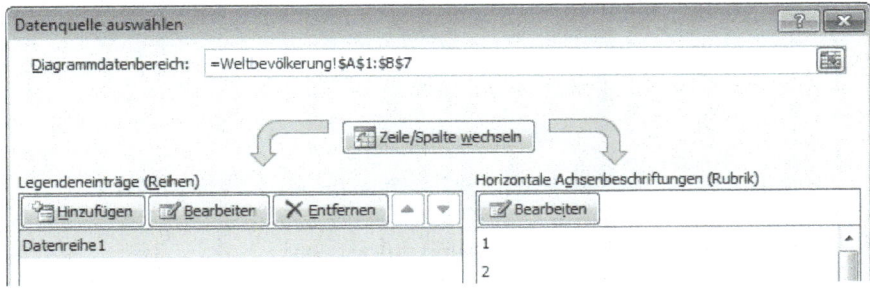

▶ Markiere im linken Listenfeld den Eintrag **Datenreihen 1** und klicke im **linken** Fensterbereich auf **Bearbeiten**.

Das Fenster **Datenreihe bearbeiten** wird geöffnet.

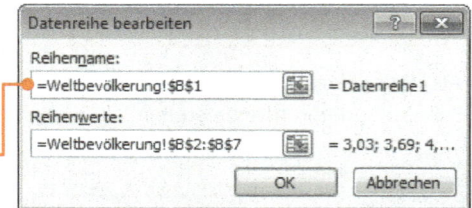

▶ Klicke auf die Zelle B1, um die dort eingetragene Bezeichnung als Reihenname ins gleichnamige Listenfeld des Fensters zu übernehmen, und bestätige mit **OK**.

▶ Klicke anschließend im Fenster **Datenquelle auswählen** im **rechten** Fensterbereich auf **Bearbeiten**.

Das Fenster **Achsenbeschriftungen** wird eingeblendet.

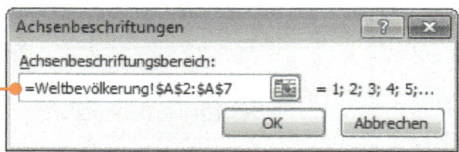

▶ Markiere den Zellbereich A2:A7, um die dortigen Jahreszahlen als Beschriftung der Rubrikenachse anzuzeigen.

▶ Schließe die Fenster jeweils mit **OK**.

Diagramm mit einem Layout gestalten

Excel bietet dir verschiedene vorgefertigte Diagrammlayouts, mit deren Hilfe du deinem Diagramm schnell ein professionelles Aussehen geben kannst.

▶ Klicke das Diagramm an und wechsle zum Register **Entwurf**.

▶ Klicke in der Gruppe **Diagrammlayouts** auf die Schaltfläche und wähle eines der nun aufgelisteten Diagrammlayouts.

Das Diagramm, das du am Anfang des Kapitels erstellt hast, sieht beispielsweise so aus, wenn du ihm das **Layout 9** zugewiesen hast:

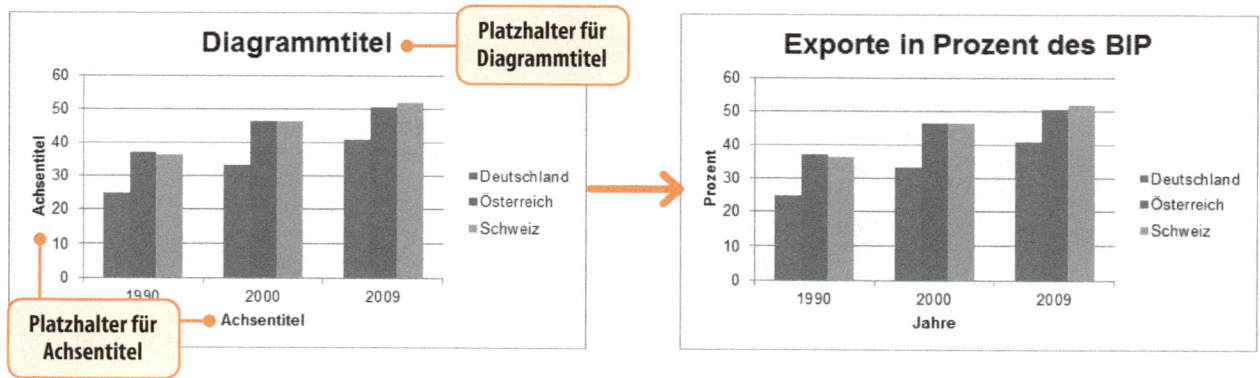

 Je nach zugewiesenem Layout werden im Diagramm Platzhalter für Achsen- und Diagrammtitel eingeblendet.

▪ Du kannst den in den Platzhaltern vorgegebenen Standardtext einfach ersetzen, indem du den Platzhalter anklickst, den gewünschten Text eingibst und anschließend ⏎ drückst.

▪ Um einen nicht benötigten Platzhalter zu löschen, klickst du ihn an und drückst Entf.

Diagrammelemente markieren und Farben im Diagramm ändern

▶ Zeige im Diagramm auf das Element, dessen Farbe du ändern möchtest. Eine QuickInfo zeigt dir an, an welcher Stelle du dich im Diagramm befindest (z. B. 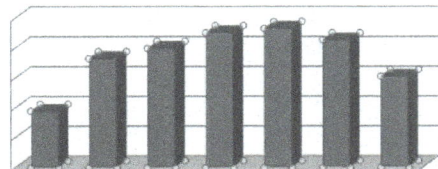).

▶ Markiere das entsprechende Element durch Anklicken - z. B. den Diagrammbereich, um die Hintergrundfarbe des Diagramms zu ändern.

▶ Klicke im Register **Format**, Gruppe **Formenarten**, auf **Fülleffekt** und wähle in der geöffneten Farbpalette die gewünschte Farbe aus.

Auf die gleiche Weise kannst du auch andere Diagrammelemente (z. B. die Legende, Säulen, Balken oder Kreissegmente) mit einer anderen Farbe versehen.

■ Wenn du auf ein Element (z. B. auf eine Säule) klickst, werden zunächst sämtliche Elemente der gleichen Elementgruppe (z. B. alle Säulen einer Datenreihe) markiert. Anschließend vorgenommene Formatierungen (z. B. die Zuweisung einer anderen Farbe) wirken sich auf alle markierten Elemente aus.

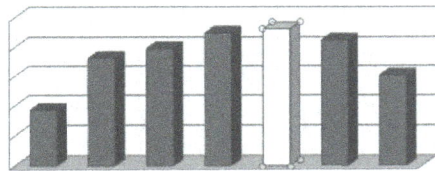

■ Klickst du ein Element einer markierten Elementgruppe (z. B. eine bestimmte Säule) ein zweites Mal an, ist nur noch dieses Element markiert - und kann anschließend gesondert formatiert werden.

■ Das gesamte Diagramm markierst du, indem du es anklickst.

> Du kannst das Aussehen (z. B. die Farbe) der Datenreihen in deinem Diagramm schnell ändern, indem du dem zuvor markierten Diagramm eine Diagrammformatvorlage zuweist. Die zur Verfügung stehenden Formatvorlagen findest du im Register **Entwurf** in der Gruppe **Diagrammformatvorlagen**.

Diagramm- und Achsentitel nachträglich einfügen

▶ Markiere das Diagramm.

▶ Um einen Diagrammtitel einzufügen, klickst du im Register **Layout**, Gruppe **Beschriftungen**, auf **Diagrammtitel** und wählst in der Liste die gewünschte Position des Diagrammtitels.

▶ Möchtest du einen Achsentitel einfügen, klickst du im Register **Layout**, Gruppe **Beschriftungen**, auf **Achsentitel**.

▶ Zeige auf **Titel der horizontalen** bzw. **vertikalen Primärachse** und wähle in der nun geöffneten Liste die Position bzw. Laufrichtung des jeweiligen Achsentitels.

Excel fügt im Diagramm Platzhalter für die zuvor gewählten Titel ein. Der dort vorhandene Standardtext lässt sich ändern, indem du den gewünschten Text eingibst und anschließend ⏎ drückst.

Legende ein-/ausblenden und positionieren

▶ Markiere das Diagramm und klicke im Register *Layout*, Gruppe *Beschriftungen*, auf *Legende*.

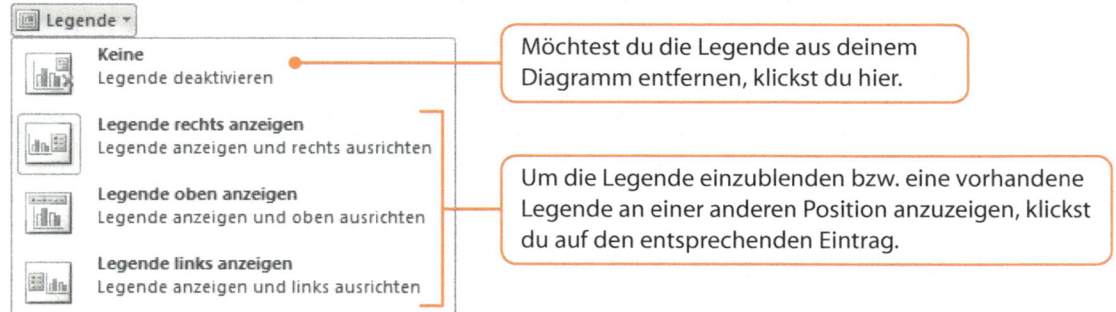

Datenreihen beschriften

Du kannst in einem Diagramm die einzelnen Datenreihen mit den jeweiligen Werten beschriften.

▶ Markiere das Diagramm und klicke im Register *Layout*, Gruppe *Beschriftungen*, auf *Datenbeschriftungen*.

▶ Wähle in der geöffneten Liste die Position, an der die Beschriftungen angezeigt werden sollen.

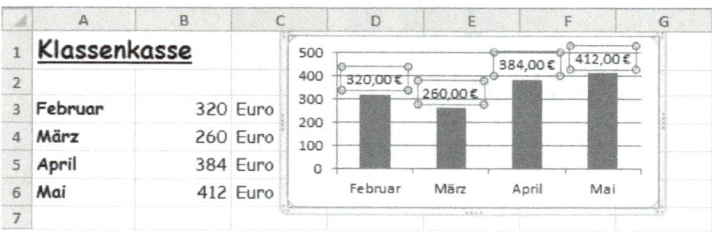

Standardmäßig wird für jedes Element einer Datenreihe (Datenpunkt) der jeweilige Wert angezeigt.

Im Fenster *Datenbeschriftungen formatieren* kannst du festlegen, dass stattdessen der Kategoriename oder Datenreihenname angezeigt wird. Bei einem Kreisdiagramm lässt sich hier auch der jeweilige Prozentwert der einzelnen Kreissegmente anzeigen.

Um das Fenster zu öffnen, klickst du im Register *Layout*, Gruppe *Beschriftungen*, auf *Datenbeschriftungen* und wählst anschließend den Listenfeldeintrag *Weitere Datenbeschriftungsoptionen*.

 Du kannst bei Bedarf die eingefügten Beschriftungen wie gewohnt mit der Maus verschieben.

Beschriftungen innerhalb des Diagramms formatieren

Im Diagramm lassen sich sämtliche Beschriftungen (z. B. die Legendenbeschriftung oder der Diagramm- bzw. die Achsentitel) individuell formatieren.

▶ Markiere das Diagrammelement, dessen Beschriftung du formatieren möchtest (z. B. die Legende).

▶ Weise dem markierten Element wie beim Formatieren von Zellinhalten die gewünschten Schrifteigenschaften zu (z. B. über die entsprechenden Schaltflächen und Felder des Registers *Start*, Gruppe *Schriftart*).

Wenn du das entsprechende Diagrammelement mit der rechten Maustaste anklickst, kannst du die Schrifteigenschaften auch über die Minisymbolleiste vornehmen. So sparst du dir den Registerwechsel im Menüband.

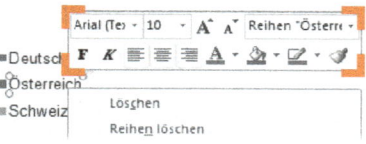

Größe des Diagramms ändern

▶ Markiere das Diagramm.

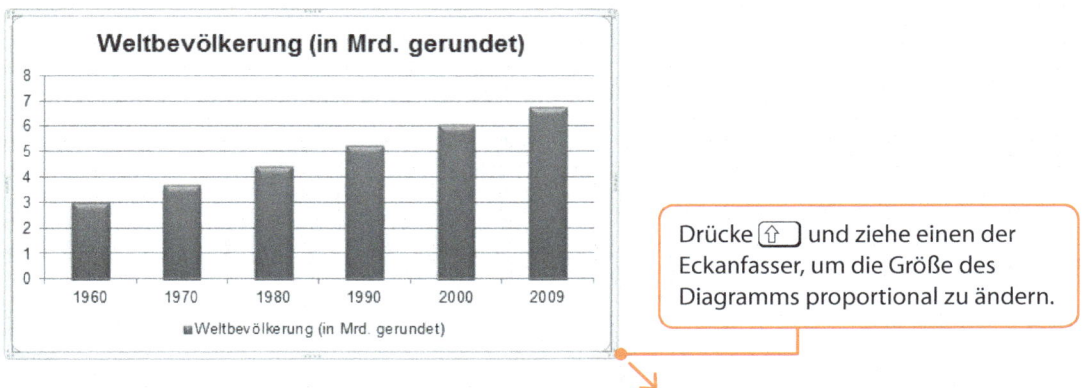

Drücke ⇧ und ziehe einen der Eckanfasser, um die Größe des Diagramms proportional zu ändern.

Diagrammtyp bzw. -untertyp nachträglich ändern

▶ Markiere das entsprechende Diagramm an und klicke im Register *Entwurf*, Gruppe *Typ*, auf *Diagrammtyp ändern*.

Das Fenster *Diagrammtyp ändern* wird geöffnet.

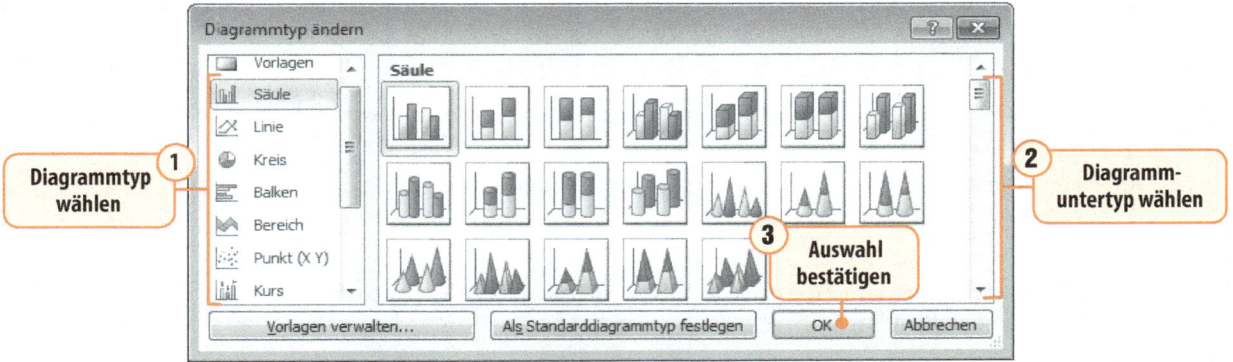

① Diagrammtyp wählen

② Diagramm-untertyp wählen

③ Auswahl bestätigen

Speicherort des Diagramms ändern

Wenn du in Excel ein Diagramm erstellst, wird dieses standardmäßig als **Objekt** auf dem aktuellen Tabellenblatt eingefügt. Möchtest du, dass das Diagramm auf einem neuen Arbeitsblatt (**Diagrammblatt**) angezeigt wird, machst du Folgendes:

▶ Markiere das Diagramm und klicke im Register *Entwurf*, Gruppe *Ort*, auf *Diagramm verschieben*.

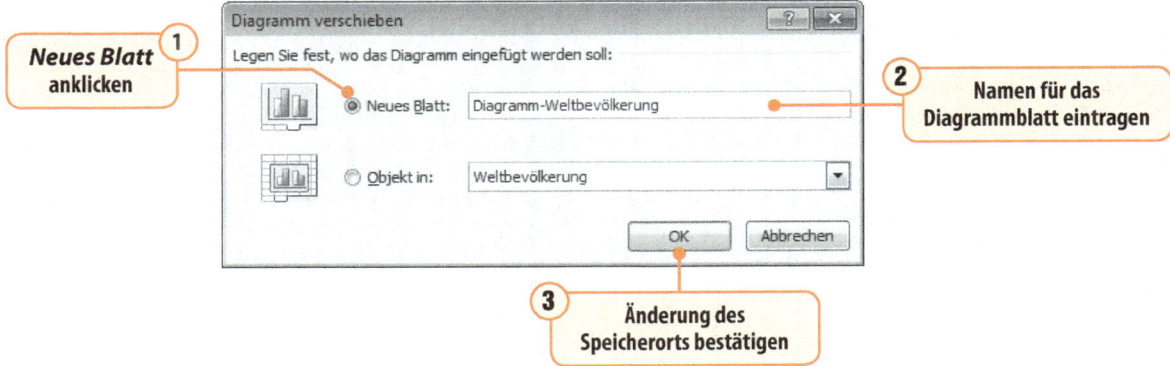

① *Neues Blatt* anklicken

② Namen für das Diagrammblatt eintragen

③ Änderung des Speicherorts bestätigen

Diagrammobjekt verschieben, kopieren oder löschen

▶ Um ein Diagrammobjekt auf dem aktuellen Tabellenblatt zu **verschieben**, klickst du es an und ziehst es mit gedrückter Maustaste an die neue Position.

▶ Möchtest du das Diagrammobjekt **kopieren**, hältst du beim Ziehen ⌷Strg⌷ gedrückt.

▶ Um ein Diagrammobjekt zu **löschen**, klickst du es an und drückst ⌷Entf⌷.

Wenn du ein Diagrammobjekt in ein anderes Tabellenblatt oder in eine andere geöffnete Arbeitsmappe kopieren oder verschieben möchtest, verwendest du am besten die Zwischenablage:

▶ Klicke das Diagrammobjekt an, um es zu markieren.

▶ Drücke ⌷Strg⌷+⌷X⌷, wenn du das Diagrammobjekt verschieben möchtest, bzw. ⌷Strg⌷+⌷C⌷, wenn du es kopieren möchtest.

▶ Wechsle über das Blattregister in das Tabellenblatt, in das das Diagrammobjekt eingefügt werden soll, und drücke ⌷Strg⌷+⌷V⌷.

Falls das Diagramm in eine andere geöffnete Arbeitsmappe eingefügt werden soll, wechselst du vor dem Einfügen über die Taskleiste in die entsprechende Arbeitsmappe.

 Wie du ein komplettes **Diagrammblatt verschieben, kopieren oder löschen** kannst, erfährst du im übernächsten Kapitel.

Diagramm drucken

Je nachdem, ob das Diagramm als Diagrammblatt oder Diagrammobjekt erstellt wurde, unterscheidet sich die Vorgehensweise beim Drucken, Verschieben, Kopieren oder Löschen des Diagramms.

▶ Um ein Diagramm zu drucken, das sich auf einem eigenen **Diagrammblatt** befindet, klickst du im Blattregister das entsprechende Diagrammblatt an.

oder

▶ Um ein **Diagrammobjekt und die dazugehörige Ausgangstabelle** zu drucken, klickst du im Blattregister das entsprechende Tabellenblatt an.

oder

▶ Um ein **Diagrammobjekt ohne die dazugehörige Ausgangstabelle** zu drucken, klickst du auf eine beliebige Stelle des Diagrammobjekts.

▶ Klicke im Register *Start* auf *Drucken* und anschließend auf die Schaltfläche *Drucken*.

 Beim Ausdruck eines Diagrammobjekts ohne die dazugehörige Ausgangstabelle wird das Diagramm automatisch so vergrößert, dass es die komplette Druckseite füllt.

7   Große Tabellen bearbeiten

Übersicht

Im folgenden Kapitel lernst du, welche Möglichkeiten es in Excel gibt, große Tabellen schnell und problemlos zu bearbeiten. Dabei lernst du Folgendes:

- Zoom-Einstellung ändern
- Tabellen sortieren
- Zeilen/Spalten fixieren
- Zellinhalte suchen/ersetzen
- Rechtschreibprüfung anwenden

Zoom-Einstellung ändern

Du kannst die Darstellungsgröße des Tabellenblatts auf dem Bildschirm anpassen. So kannst du beispielsweise große Tabellen komplett anzeigen. Am schnellsten änderst du die Zoom-Einstellung über Zoom-Regler in der Statusleiste:

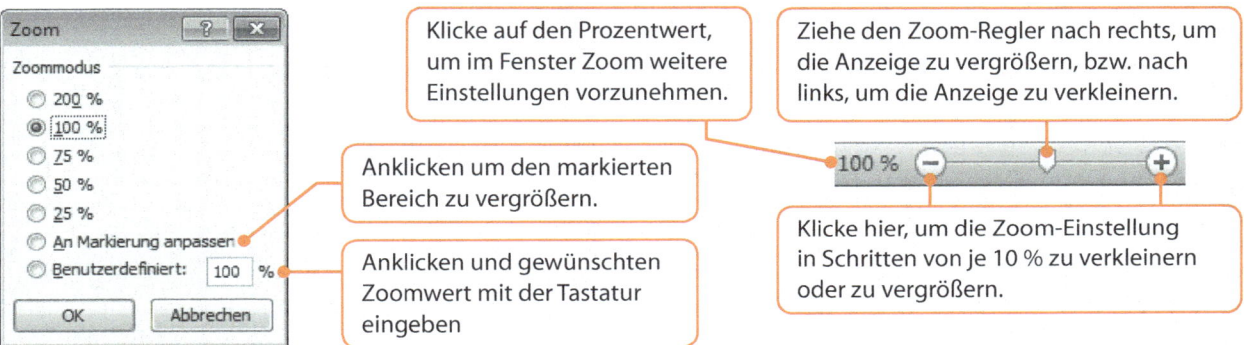

Klicke auf den Prozentwert, um im Fenster Zoom weitere Einstellungen vorzunehmen.

Ziehe den Zoom-Regler nach rechts, um die Anzeige zu vergrößern, bzw. nach links, um die Anzeige zu verkleinern.

Anklicken um den markierten Bereich zu vergrößern.

Klicke hier, um die Zoom-Einstellung in Schritten von je 10 % zu verkleinern oder zu vergrößern.

Anklicken und gewünschten Zoomwert mit der Tastatur eingeben

- Die Zoom-Einstellung wirkt sich nur auf die Bildschirmdarstellung aus, auf das Drucken hat sie keinen Einfluss.
- Wenn du einen Zellbereich markiert hast, kannst du diesen bildschirmfüllend anzeigen, indem du im Register **Ansicht**, Gruppe **Zoom**, auf **Zoom** klickst. Um zur Standardanzeige zurückzukehren, klickst du auf **100 %**.

Tabellen sortieren

Du kannst in Excel sowohl Text als auch Zahlen sortieren. Außerdem kannst du wählen, wie du die Daten sortieren willst, nämlich aufsteigend oder absteigend.

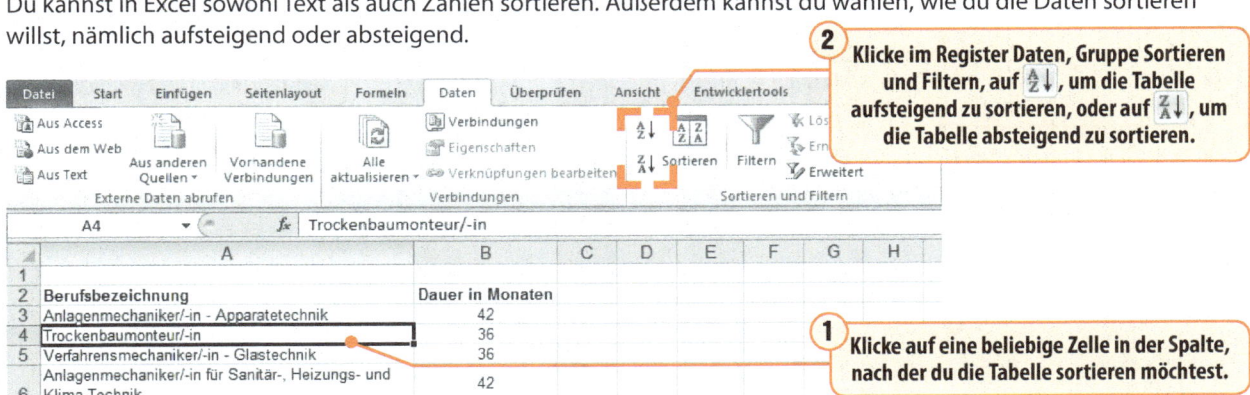

2 Klicke im Register Daten, Gruppe Sortieren und Filtern, auf ⇅, um die Tabelle aufsteigend zu sortieren, oder auf ⇅, um die Tabelle absteigend zu sortieren.

1 Klicke auf eine beliebige Zelle in der Spalte, nach der du die Tabelle sortieren möchtest.

Du kannst eine Tabelle auch auf- bzw. absteigend sortieren, indem du im Register **Start**, Gruppe **Bearbeiten**, auf **Sortieren und Filtern** klickst und in der anschließend geöffneten Liste die Art der Sortierung wählst.

Wenn deine Tabelle (wie unten abgebildet) mehr als eine Überschrift hat, sortiert Excel die Überschriften mit. Du kannst dies verhindern, indem du **vor** dem Sortieren den zu sortierenden Bereich markierst:

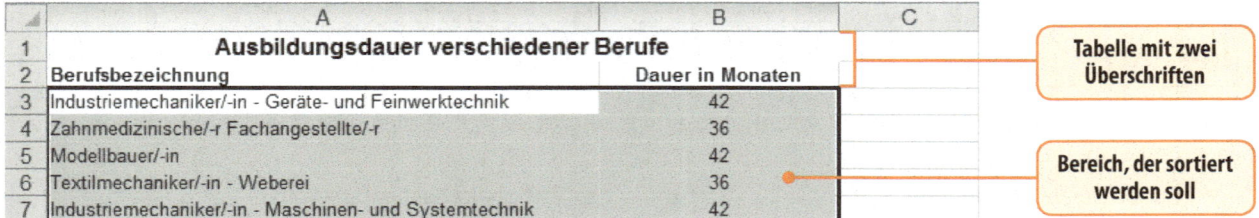

	A	B	C
1	**Ausbildungsdauer verschiedener Berufe**		
2	Berufsbezeichnung	Dauer in Monaten	
3	Industriemechaniker/-in - Geräte- und Feinwerktechnik	42	
4	Zahnmedizinische/-r Fachangestellte/-r	36	
5	Modellbauer/-in	42	
6	Textilmechaniker/-in - Weberei	36	
7	Industriemechaniker/-in - Maschinen- und Systemtechnik	42	

> Tabelle mit zwei Überschriften

> Bereich, der sortiert werden soll

 Du solltest darauf achten, dass innerhalb der zu sortierenden Liste keine leeren Zeilen bzw. Spalten enthalten sind und dass die an die Liste grenzenden Zellen leer sind. So stellst du sicher, dass die Sortierfunktion in Excel fehlerfrei arbeitet.

Du kannst in Excel eine Tabelle auch nach den Inhalten verschiedener Spalten (Sortierebenen) sortieren. Dabei bestimmst du, in welcher Reihenfolge die Sortierebenen berücksichtigt werden.

	A	B	C	D	E	F
1	Nachname	Vorname	Land	Ort	PLZ	Straße
2	Mosioma	Bernd	CH	Bern	3011	Mani-Matter-Straße 123
3	Sedladschek	Josefa	A	Linz	4020	Schubertplatz 9
4	Hänle	Ljubov	D	Annweiler	76855	Romanstraße 6
5	Frosch	Bettina	D	Salzwedel	29410	Diesdorfer Straße 21
6	Finsterwald	Veronika	CH	Winterthur	8400	Thurgasse 2

Möchtest du beispielsweise die abgebildete Tabelle zunächst nach Ländern, dann nach Orten und anschließend nach Nachnamen sortieren, machst du Folgendes:

▶ Klicke in eine beliebige Zelle der Tabelle.

▶ Klicke im Register **Daten**, Gruppe **Sortieren und Filtern**, auf **Sortieren**.

Das Fenster **Sortieren** wird geöffnet.

> Falls deine Tabelle keine Spaltenüberschriften besitzt, klicke hier.

> ① Wähle den ersten Sortierschlüssel.

> ② Bestimme, ob aufsteigend oder absteigend sortiert werden soll.

▶ Klicke im Fenster **Sortieren** auf **Ebene hinzufügen**, und definiere wie zuvor beschrieben die Einstellungen für die zweite Sortierebene.

▶ Auf die gleiche Weise kannst du bei Bedarf weitere Sortierebenen festlegen.

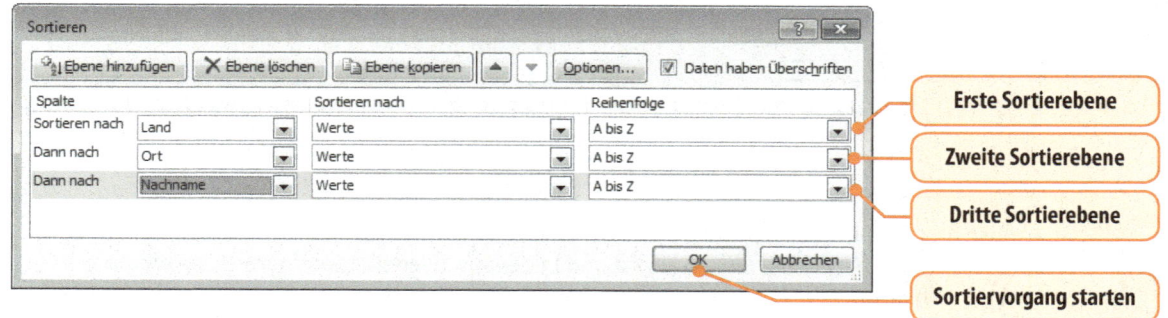

> Erste Sortierebene

> Zweite Sortierebene

> Dritte Sortierebene

> Sortiervorgang starten

Zeilen und Spalten einfrieren

Um den Überblick zu behalten, ist es bei großen Tabellen wichtig, dass die Zeilen- oder Spaltenüberschriften auch beim Scrollen immer zu sehen sind. Du erreichst dies, indem du die entsprechenden Überschriften einfrierst:

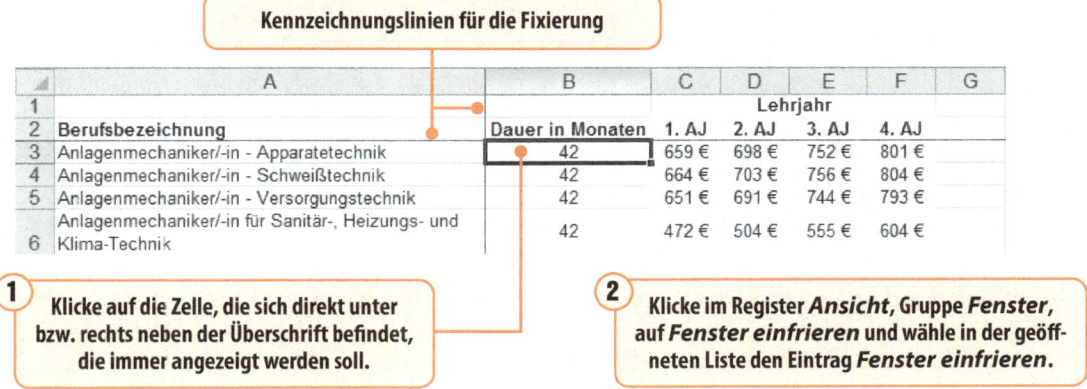

Im abgebildeten Beispiel werden nun die Zeilen 1 und 2 und die Spalte A immer angezeigt. Hättest du vor dem Einfrieren die Zelle A3 (statt der Zelle B3) markiert, wären lediglich die Zeilen 1 und 2 eingefroren worden.

Das Listenfeld der Schaltfläche *Fenster einfrieren* bietet dir folgende weitere Möglichkeiten:

Zellinhalte suchen

Wenn du in einer großen Tabelle einen bestimmten Eintrag (z. B. ein Wort oder eine Zahl) suchst, hilft dir die Suchfunktion von Excel.

▶ Klicke im Register *Start*, Gruppe *Bearbeiten*, auf *Suchen und Auswählen* und wähle den Eintrag *Suchen* oder drücke [Strg]+[F].

Das Fenster *Suchen und Ersetzen* wird geöffnet.

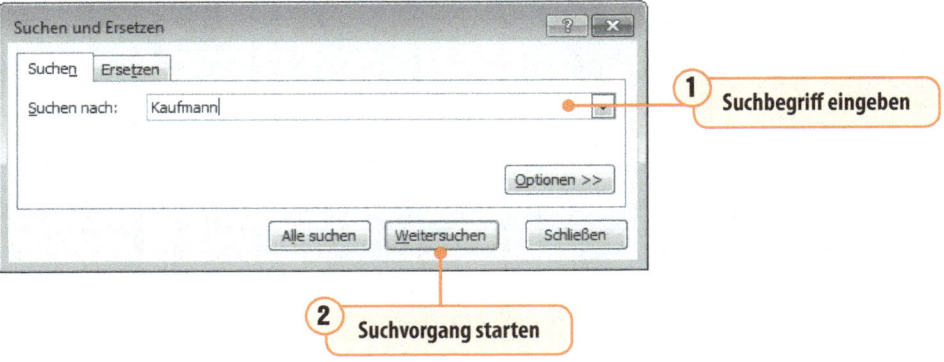

Sofern der eingegebene Suchbegriff auf dem aktuellen Tabellenblatt vorhanden ist, markiert Excel die Zelle, in der dieser zuerst auftaucht:

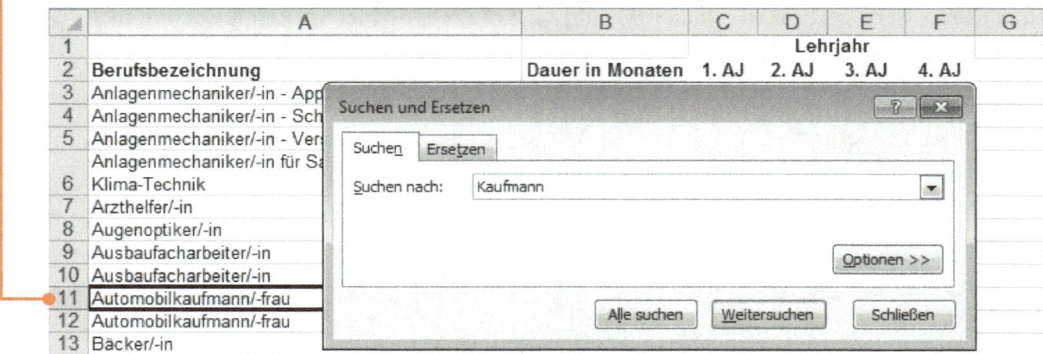

▶ Klicke auf **Weitersuchen**, um die Suche fortzusetzen und die nächste Zelle anzuzeigen, in der dein Suchbegriff vorkommt.

 Wenn du im Fenster **Suchen und Ersetzen** auf **Alle suchen** klickst, blendet Excel eine Liste aller Zellen ein, die den Suchbegriff enthalten.

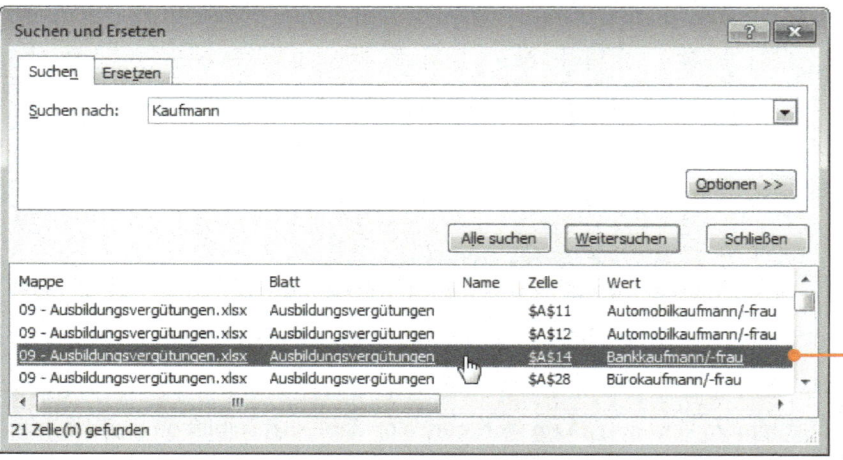

Du kannst zu einer bestimmten Fundstelle springen, indem du den entsprechenden Eintrag in der Liste anklickst.

Excel unterscheidet standardmäßig bei der Suche nicht zwischen Groß- und Kleinschreibung und findet auch diejenigen Zellen, in denen der eingegebene Suchbegriff nur ein Teil des jeweiligen Zellinhalts ist. Im Beispiel werden deshalb sämtliche Zellen gefunden, in denen die Zeichenfolge „kaufmann" vorkommt (z. B. die Zelle A14, die den Eintrag „Automobilkaufmann/-frau" enthält).

Du kannst dies ändern, wenn du im Fenster **Suchen und Ersetzen** auf **Optionen** drückst und das entsprechende Kästchen anklickst:

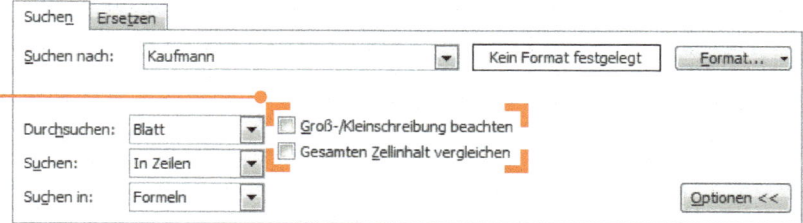

Zellinhalte ersetzen

Willst du in deiner Tabelle einen bestimmten Eintrag durch einen anderen austauschen, verwendest du hierzu die Ersetzen-Funktion:

▶ Klicke im Register **Start**, Gruppe **Bearbeiten**, auf **Suchen und Auswählen** und wähle den Eintrag **Ersetzen** oder drücke Strg+H.

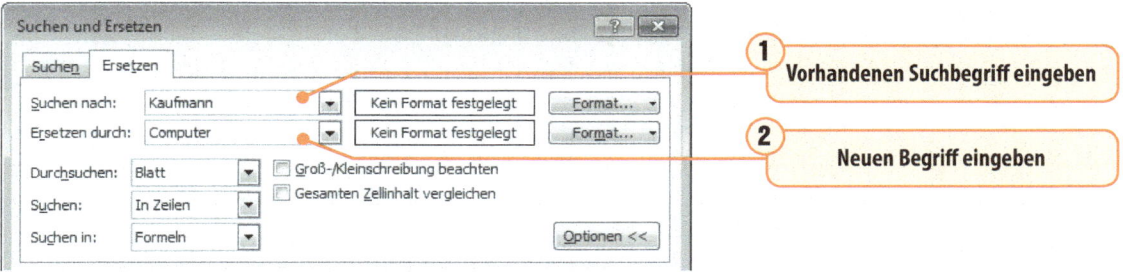

Du hast nun zwei Möglichkeiten:

▶ Klicke auf **Weitersuchen**. Um ein gefundenes Wort an der aktuellen Fundstelle zu ersetzen, klickst du auf **Ersetzen**. Wiederhole den Vorgang, bis du am Tabellenende angelangt bist.

oder

▶ Klicke auf **Alle ersetzen**, um alle gefundenen Wörter automatisch zu ersetzen.

 Wenn du **Alle ersetzen** verwendet hast, solltest du hinterher kontrollieren, dass keine unbeabsichtigten Wortersetzungen vorgenommen wurden.

Rechtschreibfehler finden und korrigieren

Mit der Rechtschreibprüfung kannst du in einer fertigen Tabelle Rechtschreib- oder Tippfehler finden und auch gleich verbessern. Dies solltest du vor allem dann machen, wenn du die entsprechende Arbeitsmappe einem anderen (z. B. deinem Lehrer) zur Verfügung stellst.

Möchtest du Rechtschreib- oder Tippfehler in deiner Tabelle korrigieren, gehst du folgendermaßen vor:

▶ Klicke im Register **Überprüfen**, Gruppe **Dokumentprüfung**, auf **Rechtschreibung** bzw. drücke ⟨F7⟩.

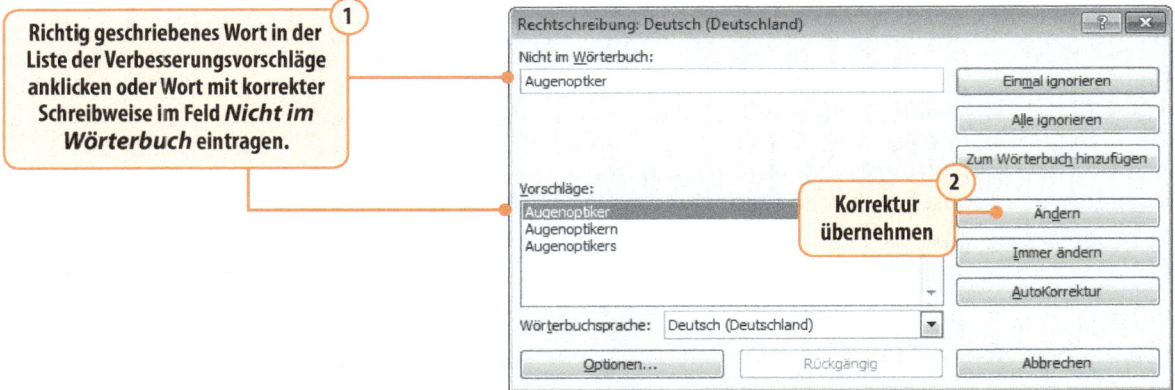

Nachdem du einen Korrekturvorschlag übernommen bzw. durch Anklicken von **Einmal ignorieren** übersprungen hast, bekommst du automatisch den nächsten Fehler angezeigt. Zum Schluss siehst du eine entsprechende Meldung:

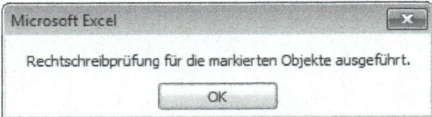

Zur Fehlerkorrektur greift Excel auf eine Art Wörterbuch zurück. Ist ein Begriff darin nicht enthalten, wird er bei der Rechtschreibprüfung als Fehler gekennzeichnet - obwohl er vielleicht richtig geschrieben ist (z. B. der Nachname „Weisbrod"). Um das zu vermeiden, kannst du das Wörterbuch um unbekannte Begriffe erweitern, indem du im Fenster **Rechtschreibung** auf **Zum Wörterbuch hinzufügen** klickst.

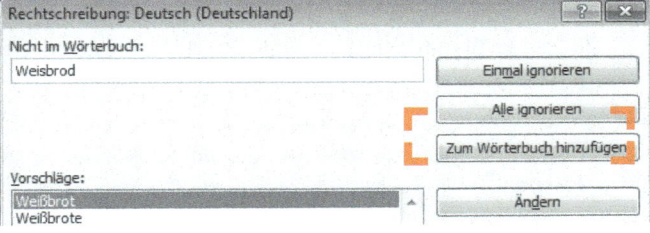

8   Arbeitsmappen und Arbeitsblätter verwalten

Übersicht

Im folgenden Kapitel erfährst du, wie du Arbeitsmappen wie ein Profi nutzen kannst. Dabei geht es um diese Themen:

- Zwischen Arbeitsblättern wechseln
- Tabellenblätter einfügen
- Arbeitsblätter umbenennen und löschen
- Arbeitsblätter verschieben und kopieren
- Arbeitsmappe exportieren

Zwischen den Arbeitsblättern einer Arbeitsmappe wechseln

Eine Arbeitsmappe besteht aus **Arbeitsblättern** (**Tabellenblätter** oder **Diagrammblätter**), zwischen denen du über das **Blattregister** wechseln kannst:

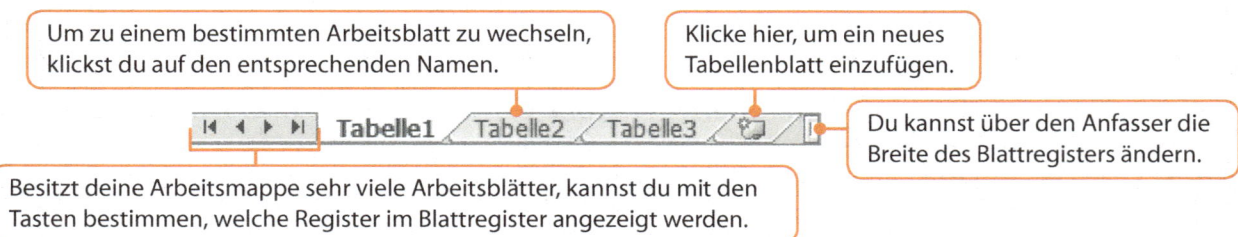

Um zu einem bestimmten Arbeitsblatt zu wechseln, klickst du auf den entsprechenden Namen.

Klicke hier, um ein neues Tabellenblatt einzufügen.

Du kannst über den Anfasser die Breite des Blattregisters ändern.

Besitzt deine Arbeitsmappe sehr viele Arbeitsblätter, kannst du mit den Tasten bestimmen, welche Register im Blattregister angezeigt werden.

Neues Tabellenblatt einfügen

▶ Klicke im Blattregister auf ⬚, um hinter den vorhandenen Arbeitsblättern ein neues Tabellenblatt einzufügen.

Arbeitsblatt umbenennen

Du solltest die Arbeitsblätter einer Arbeitsmappe, auf denen sich Daten oder Diagramme befinden, aussagekräftig beschriften. So erkennst du schon im Blattregister, welche Inhalte sich auf den einzelnen Arbeitsblättern befinden.

▶ Klicke im Blattregister doppelt auf den Namen des entsprechenden Arbeitsblatts.

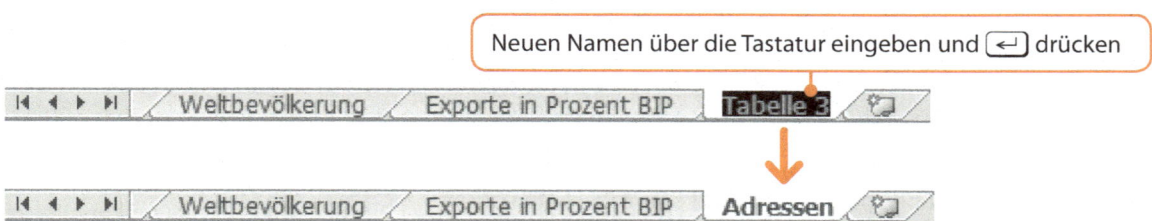

Neuen Namen über die Tastatur eingeben und ⏎ drücken

Arbeitsblatt löschen

▶ Klicke im Blattregister mit der rechten Maustaste auf den Namen des betreffenden Arbeitsblatts und wähle **Löschen**.

oder

▶ Klicke im Register **Start**, Gruppe **Zellen**, auf den Pfeil der Schaltfläche **Löschen** und wähle den Eintrag **Blatt löschen**.

▶ Klicke in der eventuell eingeblendeten Sicherheitsrückfrage auf *Löschen*.

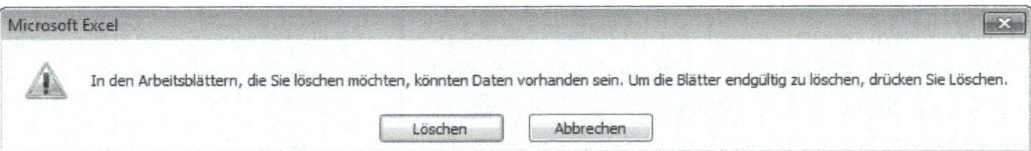

Arbeitsblatt mit der Maus verschieben oder kopieren

▶ Klicke im Blattregister auf den Namen des entsprechenden Arbeitsblatts und halte die Maustaste so lange gedrückt, bis hinter dem Mauszeiger ein Blatt eingeblendet wird.

▶ Ziehe das Arbeitsblatt per Drag & Drop an die gewünschte neue Stelle im Blattregister, um es dorthin zu **verschieben**.

▶ Willst du das Arbeitsblatt kopieren, halte beim Ziehen Strg gedrückt.

Wenn du ein Arbeitsblatt in eine andere geöffnete Arbeitsmappe verschieben oder kopieren möchtest, öffnest du zunächst beide Arbeitsmappen. Dann klickst du im Register *Ansicht*, Gruppe *Fenster*, auf *Alle anordnen*. Um die Blattregister beider Arbeitsmappen im Anwendungsfenster zu sehen, wählst du im geöffneten Fenster z. B. *Horizontal* und verschiebst das Arbeitsblatt genauso wie zuvor beschrieben.

Arbeitsblatt über ein Fenster verschieben oder kopieren

Sind mehrere Arbeitsmappen geöffnet oder enthält eine Arbeitsmappe viele Arbeitsblätter, ist das Verschieben oder Kopieren über ein Fenster leichter.

▶ Klicke im Blattregister auf den Namen des Arbeitsblatts, das du verschieben/kopieren möchtest.

▶ Klicke im Register *Start*, Gruppe *Zellen*, auf *Format* und wähle in der geöffneten Liste den Eintrag *Blatt verschieben/kopieren*.

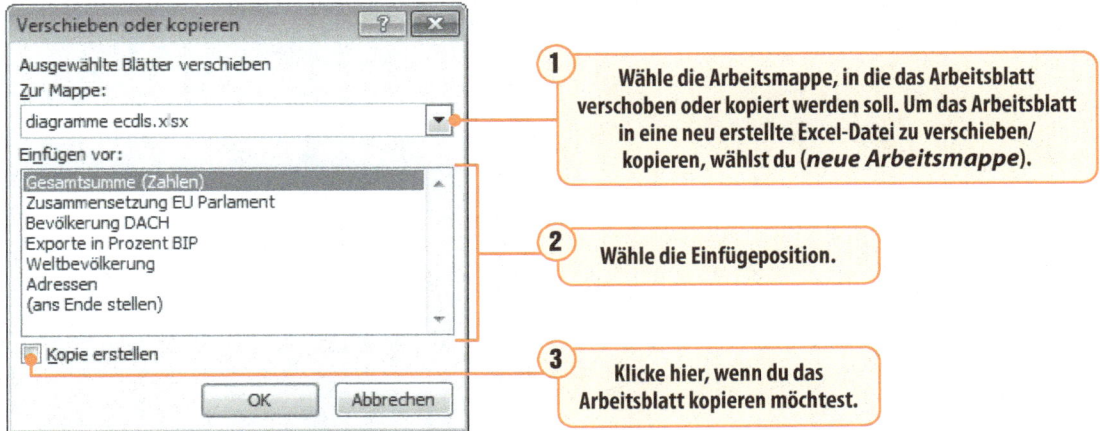

 Du kannst das abgebildete Dialogfenster schnell öffnen, indem du mit der rechten Maustaste auf den Namen des zu verschiebenden/kopierenden Arbeitsblatts klickst und *Verschieben* oder *Kopieren* wählst.

Arbeitsmappe exportieren

Willst du deine Tabellen beispielsweise in einem anderen Programm oder in einer älteren Excel-Version nutzen, musst du die Arbeitsmappe im entsprechenden Dateiformat speichern (exportieren). Das machst du so:

▶ Klicke im Register *Start* auf *Speichern unter* oder drücke F12.

▶ Wähle im geöffnete Fenster über die Schaltfläche *Dateityp* das gewünschte Dateiformat aus.

■ Viele andere Programme können die Daten einer Excel-Tabelle lesen, wenn du diese im Textformat - z. B. als *Text (Tabstopp-getrennt)* bzw. *Unicode Text* - oder als *CSV (Trennzeichen-getrennt)* speicherst. Formeln und Formatierungen gehen dabei jedoch verloren.

■ Soll die Arbeitsmappe in einer älteren Excel-Version genutzt werden können, wählst du das entsprechende Dateiformat (z. B. *Excel 97-2003-Arbeitsmappe* oder *Microsoft Excel 5.0/95-Arbeitsmappe*)

■ Mithilfe des Dateityps *Excel-Vorlage* speicherst du die Arbeitsmappe so ab, dass sie als Grundlage für ähnliche Arbeitsmappen genutzt werden kann.

```
Excel-Arbeitsmappe
Excel-Arbeitsmappe mit Makros
Excel-Binärarbeitsmappe
Excel 97-2003-Arbeitsmappe
XML-Daten
Einzelnes Webarchiv
Webseite
Excel-Vorlage
Excel-Vorlage mit Makros
Excel 97-2003-Vorlage
Text (Tabstopp-getrennt)
Unicode Text
XML-Kalkulationstabelle 2003
Microsoft Excel 5.0/95-Arbeitsmappe
CSV (Trennzeichen-getrennt)
Formatierter Text (Leerzeichen getrennt)
Text (Macintosh)
Text (MS-DOS)
CSV (Macintosh)
CSV (MS-DOS)
DIF (Data Interchange-Format)
SYLK (symbolische Verbindung)
Excel-Add-In
Excel 97-2003-Add-In
PDF
XPS-Dokument
OpenDocument-Kalkulationstabelle
```
Dateityp: | Excel-Arbeitsmappe |

9 Arbeitsmappen drucken

Übersicht

Im folgenden Kapitel dreht sich alles um das Drucken deiner Arbeitsmappen:

- Seitenansicht nutzen
- Druckseite einrichten
- Seitenränder und Drucktitel festlegen
- Kopf- und Fußzeile verwenden
- Tabellen (mit bestimmten Einstellungen) drucken

Druckvorschau nutzen

Wenn eine Tabelle am Bildschirm klasse aussieht, bedeutet das noch lange nicht, dass auch der Ausdruck gut wird. Um kein Papier zu verschwenden, schaust du dir die entsprechenden Tabellen vor dem Drucken in der **Seitenansicht** an.

▶ Klicke im Register **Start** auf **Drucken**.

Im rechten Bereich siehst du jetzt eine Vorschau deiner Tabelle, wie sie später im Ausdruck aussehen wird.

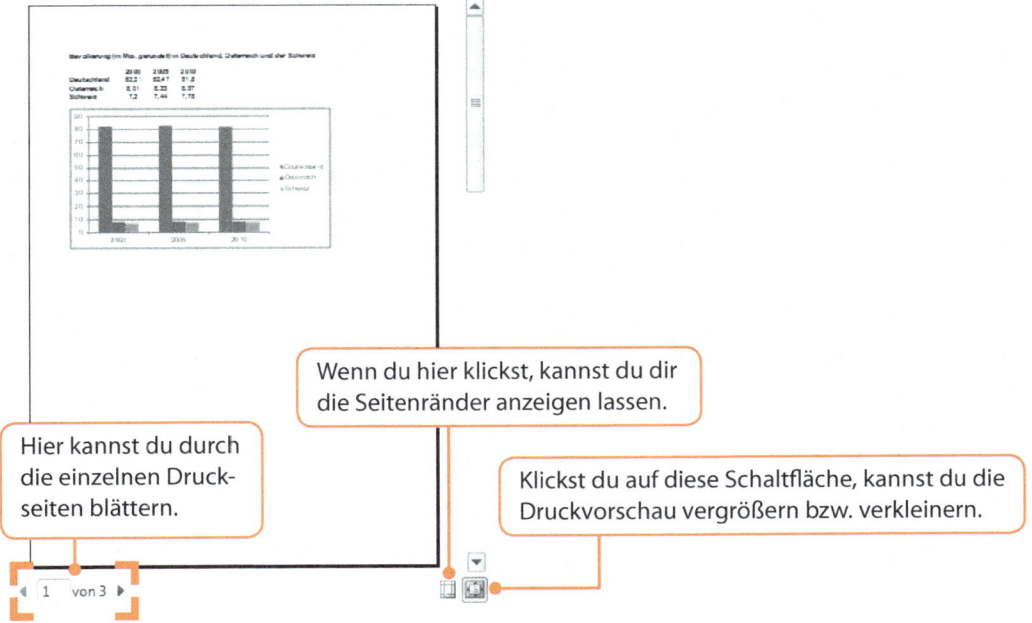

Wenn du hier klickst, kannst du dir die Seitenränder anzeigen lassen.

Hier kannst du durch die einzelnen Druck-seiten blättern.

Klickst du auf diese Schaltfläche, kannst du die Druckvorschau vergrößern bzw. verkleinern.

Druckseite einrichten

Du kannst in Excel mithilfe der unten abgebildeten Gruppen des Registers **Seitenlayout** die Eigenschaften der Druck-seite selbst festlegen. Um sicherzustellen, dass die Tabelle komplett auf eine Seite passt, kannst du sie beispielsweise im Quer- statt im Hochformat ausdrucken.

▶ Wechsle im Menüband zum Register **Seitenlayout**.

Hier legst du fest, ob die Seite im Hoch- oder Querformat gedruckt werden soll.

Wenn dein Papier eine andere Größe als DIN A4 hat, wähle hier das entsprechende Format.

Mit diesen Feldern kannst du die Größe der Tabelle so anpassen, dass sie auf eine bestimmte Anzahl von Seiten passt.

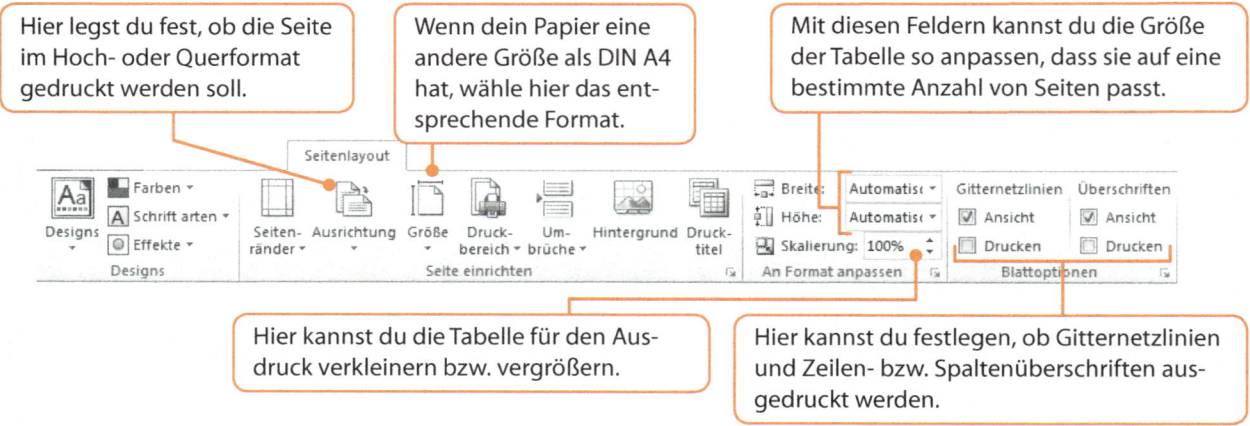

Hier kannst du die Tabelle für den Ausdruck verkleinern bzw. vergrößern.

Hier kannst du festlegen, ob Gitternetzlinien und Zeilen- bzw. Spaltenüberschriften ausgedruckt werden.

Seitenränder ändern

▶ Klicke im Register **Seitenlayout**, Gruppe **Seite einrichten**, auf **Seitenränder**.

▶ Wähle aus der Liste eine der vordefinierten Randeinstellungen oder klicke auf **Benutzerdefinierte Seitenränder**, wenn du im Fenster **Seite einrichten** eigene Seitenränder festlegen willst.

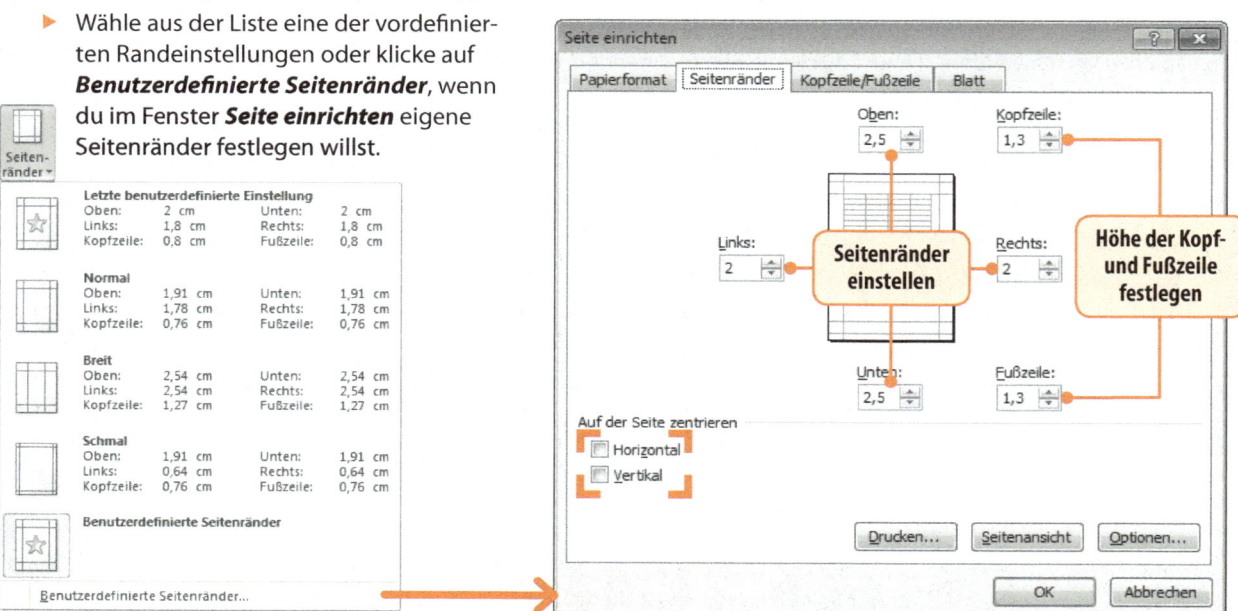

 Möchtest du z. B. eine kleine Tabelle mittig auf ein Blatt drucken, zentrierst du sie durch Einschalten von **Horizontal** und **Vertikal** im Fenster **Seite einrichten**.

Drucktitel und weitere Druckeinstellungen festlegen

Um bei großen Tabellen die Inhalte leichter den Zeilen und Spalten zuordnen zu können, kannst du die Tabellenüberschriften auf jeder Druckseite automatisch wiederholen lassen. Diese Überschriften nennt man **Drucktitel**.

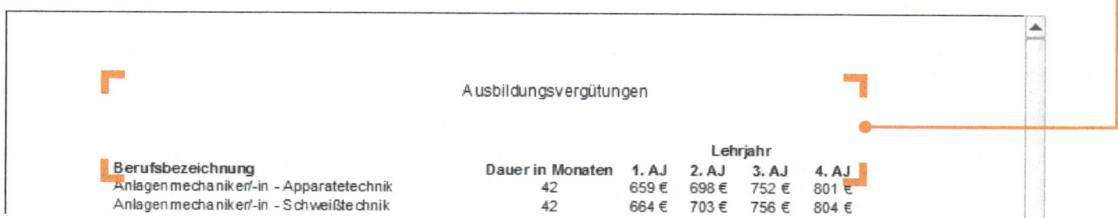

Um Drucktitel zu definieren, machst du Folgendes:

▶ Klicke im Register **Seitenlayout**, Gruppe **Seite einrichten**, auf **Drucktitel**.

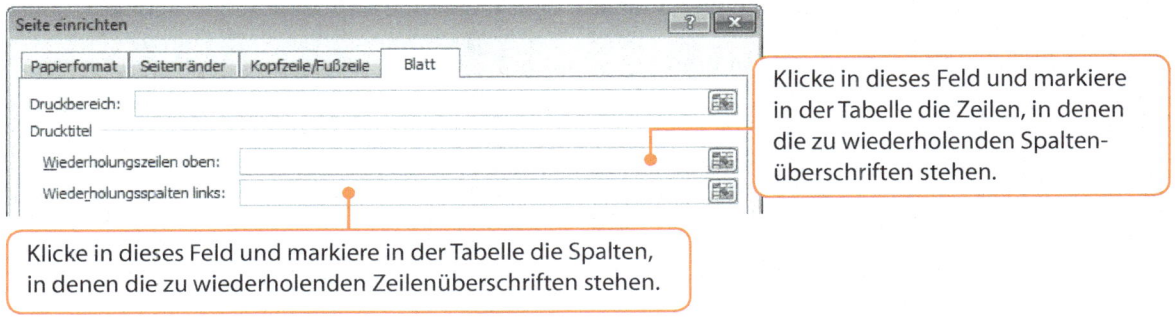

Klicke in dieses Feld und markiere in der Tabelle die Zeilen, in denen die zu wiederholenden Spaltenüberschriften stehen.

Klicke in dieses Feld und markiere in der Tabelle die Spalten, in denen die zu wiederholenden Zeilenüberschriften stehen.

Du kannst in Excel festlegen, dass **immer** nur ein bestimmter Teil deiner Tabelle gedruckt wird. Hierzu markierst du den entsprechenden Zellbereich, klickst im Register **Seitenlayout**, Gruppe **Seite einrichten**, auf **Druckbereich** und wählst den Eintrag **Druckbereich festlegen**. Wenn du den Eintrag **Druckbereich aufheben** anklickst, entfernst du den festgelegten Druckbereich wieder.

Kopf- und Fußzeile für ein Tabellenblatt festlegen

In den Bereichen oberhalb und unterhalb der Tabelle kannst du Infos in die **Kopf- und Fußzeilen** aufnehmen. Diese erscheinen automatisch auf jeder Seite des Ausdrucks.

Am schnellsten lässt sich der Inhalt von Kopf- und Fußzeilen bei Tabellenblättern in der sogenannten **Seitenlayoutansicht** festlegen. In dieser Ansicht wird deine Tabelle genauso angezeigt, wie sie auf der Druckseite erscheint.

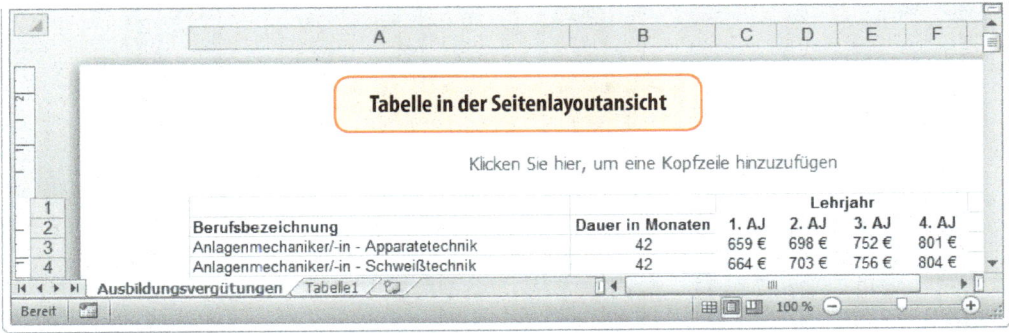

▶ Um zur Seitenlayoutansicht zu wechseln, klickst du in der Statusleiste in der Ansichtssteuerung auf [icon].

▶ Klicke am oberen bzw. unteren Seitenrand an der gewünschten Stelle auf den Platzhalter für die Kopf- bzw. Fußzeile.

Je nachdem, wo du geklickt hast, kannst du nun linksbündige, zentrierte oder rechtsbündige Einträge für die Kopf- bzw. Fußzeile festlegen.

Kopfzeile

▶ Du kannst an der entsprechenden Stelle eigene Inhalte für die Kopf- bzw. Fußzeile eingeben.

oder

▶ Möchtest du eine vordefinierte Kopf- bzw. Fußzeile einfügen, klickst du im Register **Entwurf**, Gruppe **Kopf- und Fußzeile**, auf **Kopfzeile** bzw. **Fußzeile** und wählst in der geöffneten Liste den gewünschten Eintrag.

oder

▶ Füge über die Schaltflächen, die sich im Register **Entwurf** in der Gruppe **Kopf- und Fußzeilenelemente** befinden, vorgefertigte Einträge (z. B. das aktuelle Datum) ein.

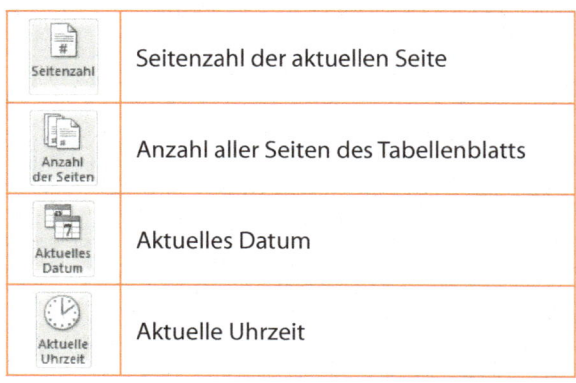

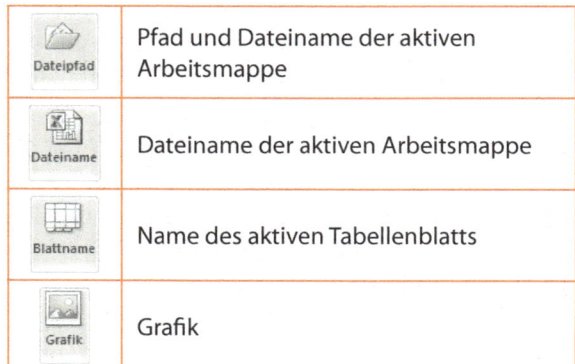

Seitenzahl	Seitenzahl der aktuellen Seite
Anzahl der Seiten	Anzahl aller Seiten des Tabellenblatts
Aktuelles Datum	Aktuelles Datum
Aktuelle Uhrzeit	Aktuelle Uhrzeit

Dateipfad	Pfad und Dateiname der aktiven Arbeitsmappe
Dateiname	Dateiname der aktiven Arbeitsmappe
Blattname	Name des aktiven Tabellenblatts
Grafik	Grafik

- In der Seitenlayoutansicht lassen sich zuvor markierte Kopf- und Fußzeilentexte wie gewohnt formatieren (z. B. mithilfe der Elemente im Register **Start** in der Gruppe **Schriftart**).
- Über ⊞ (Ansichtssteuerung) kannst du wieder zur Normalansicht wechseln.

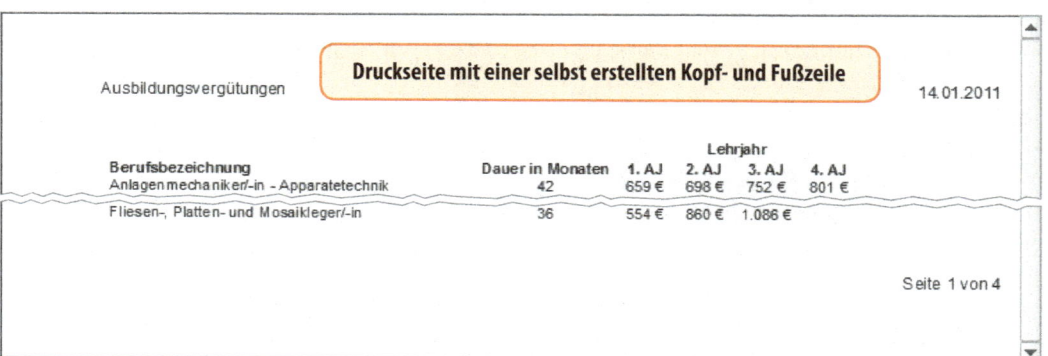

Kopf- und Fußzeile für ein Diagrammblatt festlegen

Für **Diagrammblätter** steht dir in Excel keine Seitenlayoutansicht zur Verfügung. Du kannst über das Fenster **Seite einrichten** aber auch für diese Arbeitsblätter Kopf- und Fußzeilen definieren.

▶ Klicke im Register **Einfügen**, Gruppe **Text** auf **Kopf- und Fußzeile**.

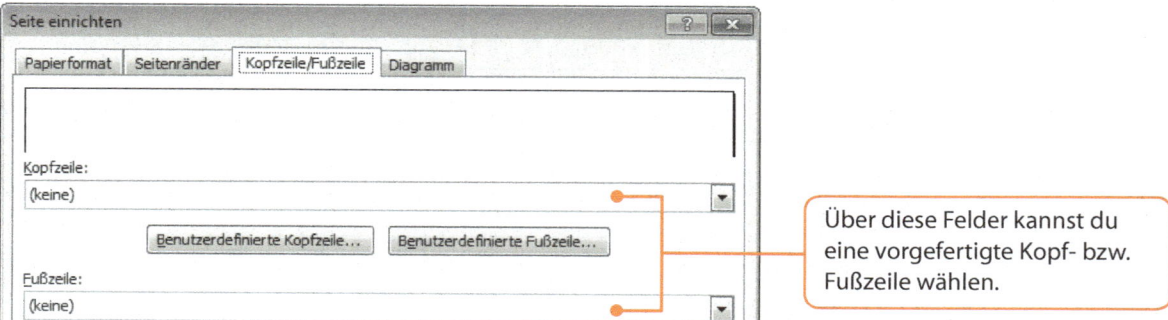

© HERDT-Verlag

So kannst du selbst bestimmen, was in der Kopf- bzw. Fußzeile deines Diagrammblatts stehen soll:

▶ Drücke **Benutzerdefinierte Kopfzeile** oder **Benutzerdefinierte Fußzeile**, um eine eigene Kopf- bzw. Fußzeile zu erstellen.

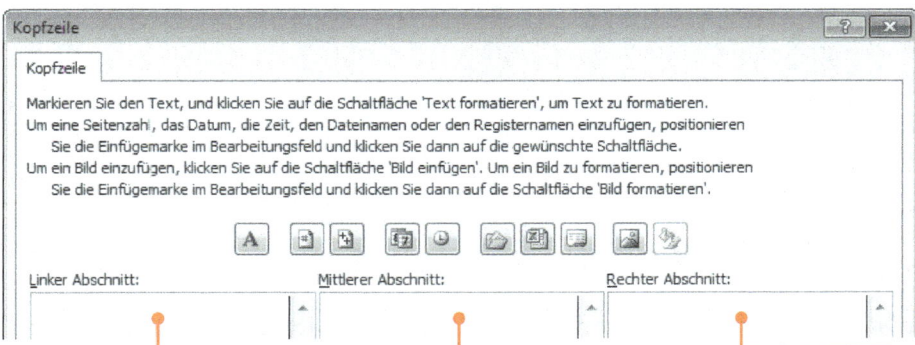

Du kannst hier eigene Inhalte selbst eingeben oder mithilfe der oben stehenden Schaltflächen vorgefertigte Elemente (z. B. das aktuelle Datum) einfügen.

▶ **A** ermöglicht dir die Formatierung zuvor markierter Kopf- bzw. Fußzeilentexte.

Bestimmte Einstellungen beim Drucken verwenden

Im Register **Start** klickst du auf **Drucken** und danach auf die Schaltfläche **Drucken**. Dort kannst du das aktuelle Tabellenblatt mit den Standardeinstellungen deines Druckers ausdrucken. Willst du vor dem Drucken weitere Einstellungen vornehmen (z. B. die Anzahl der Kopien festlegen), machst du Folgendes:

▶ Klicke auf die Register **Start** und dann auf **Drucken** oder drücke [Strg]+[P].

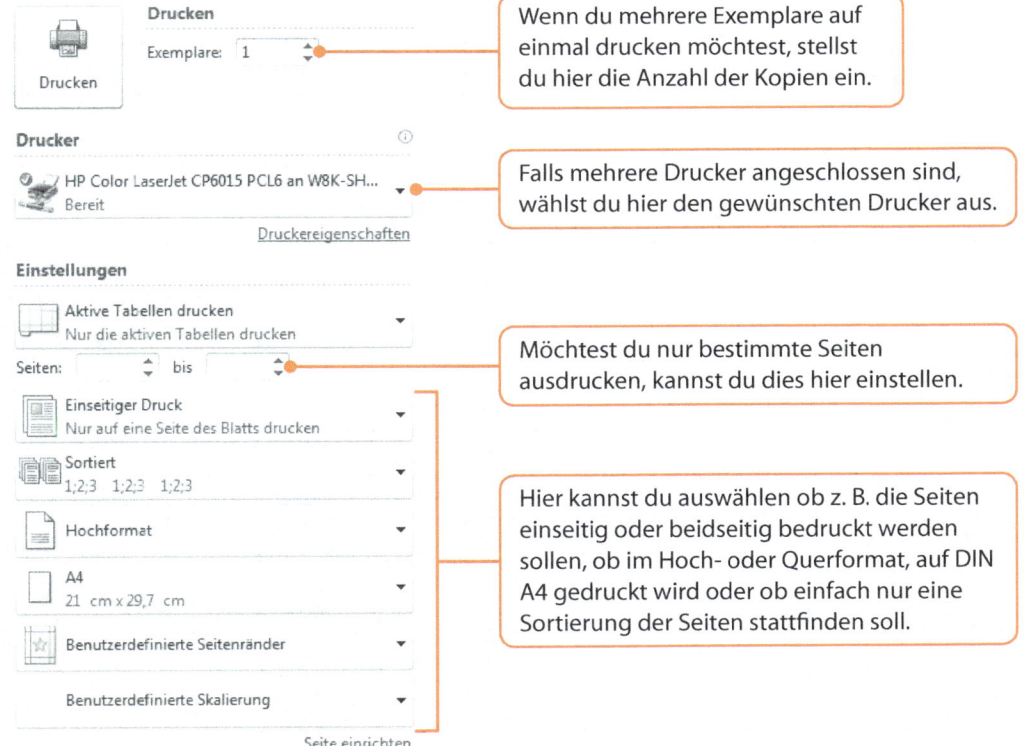

Wenn du mehrere Exemplare auf einmal drucken möchtest, stellst du hier die Anzahl der Kopien ein.

Falls mehrere Drucker angeschlossen sind, wählst du hier den gewünschten Drucker aus.

Möchtest du nur bestimmte Seiten ausdrucken, kannst du dies hier einstellen.

Hier kannst du auswählen ob z. B. die Seiten einseitig oder beidseitig bedruckt werden sollen, ob im Hoch- oder Querformat, auf DIN A4 gedruckt wird oder ob einfach nur eine Sortierung der Seiten stattfinden soll.

10 Excel anpassen und Hilfe nutzen

Übersicht

Im letzten Kapitel lernst du, wie du wichtige Programmeinstellungen anpasst und die Excel-Hilfe nutzt:

- Standardspeicherort und Benutzernamen ändern
- Hilfe verwenden

Standardspeicherort und Benutzernamen ändern

Beim Öffnen des Fensters **Öffnen** bzw. **Speichern unter** wird der Inhalt des Standardarbeitsordners angezeigt. Normalerweise ist dies der Ordner **Dokumente**. Möchtest du deine Arbeitsmappen lieber woanders speichern, kannst du einen anderen Ordner als Standardspeicherort festlegen. Das machst du so:

▶ Klicke im Register **Datei** auf **Optionen**.

Du siehst nun das Fenster **Excel-Optionen**.

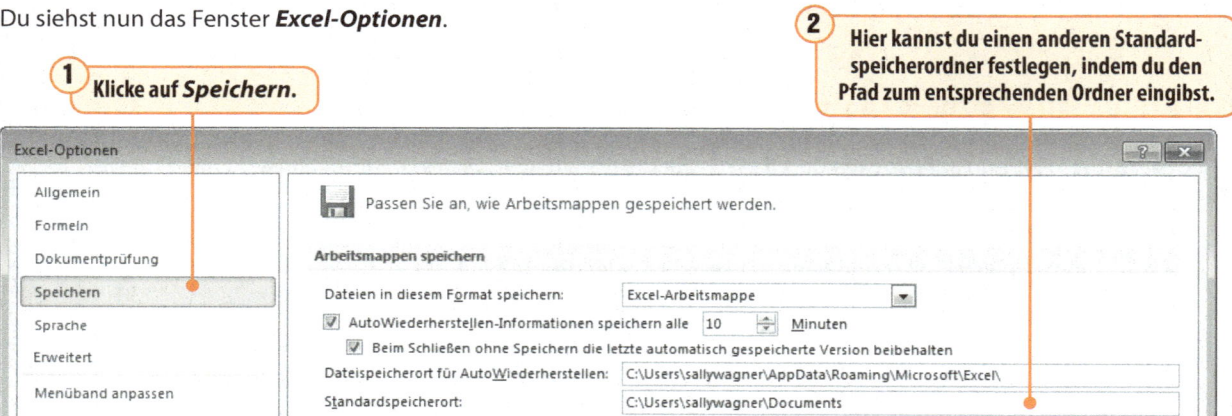

1 Klicke auf **Speichern.**

2 Hier kannst du einen anderen Standardspeicherordner festlegen, indem du den Pfad zum entsprechenden Ordner eingibst.

Wenn du schon hier bist, kannst du bei Bedarf auch gleich den Benutzernamen ändern. Der Benutzername wird mit jeder Arbeitsmappe gespeichert, die du selbst erstellst. So kann man später nachvollziehen, von wem die Datei stammt.

▶ Klicke am linken Rand des Fensters **Excel-Optionen** auf **Allgemein**.

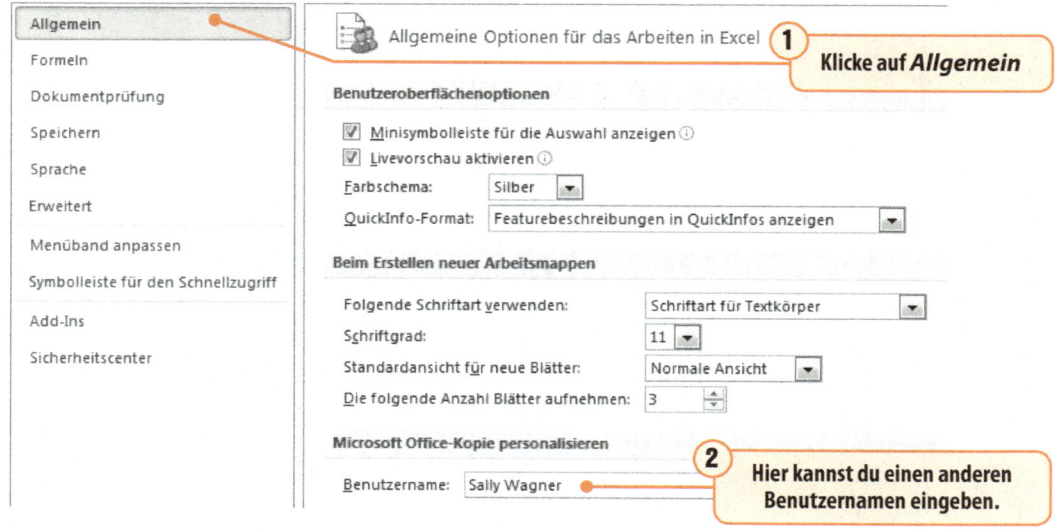

1 Klicke auf **Allgemein**

2 Hier kannst du einen anderen Benutzernamen eingeben.

Hilfesystem nutzen

Excel bietet ein umfangreiches Hilfesystem an, das dir bei Fragen und Problemen zur Seite steht.

▶ Klicke auf ❓ er drücke F1.

Das Fenster **Excel-Hilfe** wird geöffnet.

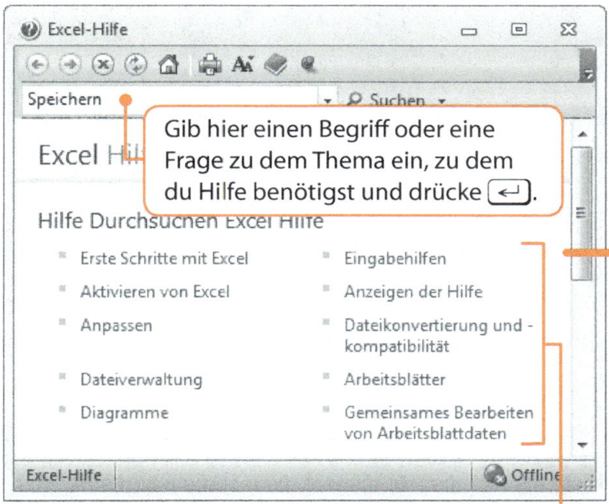

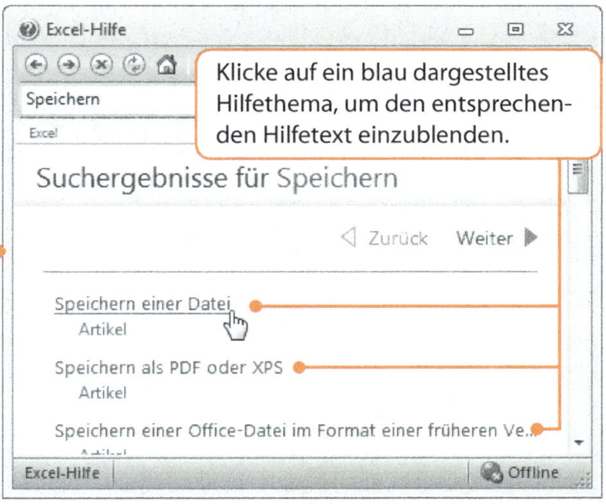

Gib hier einen Begriff oder eine Frage zu dem Thema ein, zu dem du Hilfe benötigst und drücke ↵.

Klicke auf ein blau dargestelltes Hilfethema, um den entsprechenden Hilfetext einzublenden.

… oder klicke auf eine Überschrift des Hilfeverzeichnisses, um eine Liste mit den zugehörigen Hilfethemen zu öffnen.

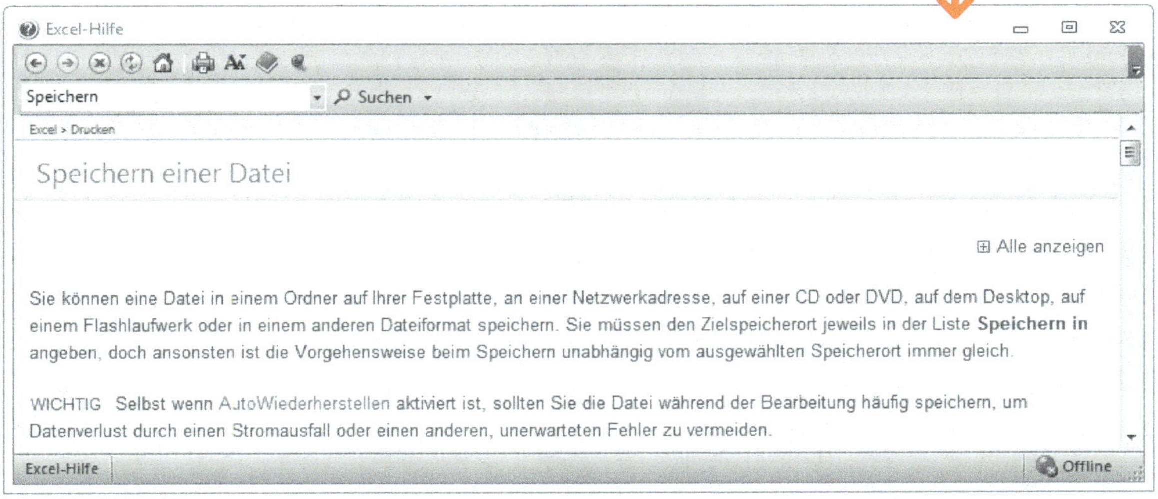

- Klicke auf 🖨, wenn du den Hilfetext drucken möchtest.
- Mit den Pfeilen ⬅ ➡ kannst du zwischen Seiten blättern.
- Um erneut die Startseite der Hilfe einzublenden, klickst du auf 🏠.

Weitere Hilfen

- Wenn du mit der Maus auf einem Element des Menübands (z. B. auf einer Schaltfläche) verweilst, wird die Funktion des jeweiligen Bedienelements als **QuickInfo** eingeblendet.

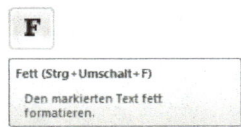

- Bei einigen Elementen befindet sich unter der QuickInfo ein Hinweis auf die Excel-Hilfe. Drückst du F1, während die QuickInfo angezeigt wird, wird das Hilfefenster mit dem passenden Hilfetext eingeblendet.

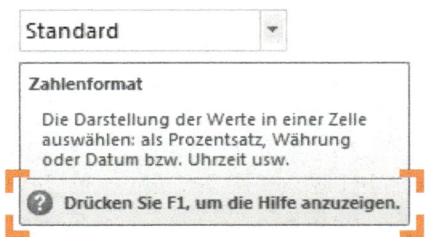

- Wenn du in der Titelleiste eines Dialogfensters auf das Fragezeichen-Symbol klickst, wird das Hilfefenster geöffnet. Ist ein Hilfetext für das Fenster vorhanden, wird er direkt angezeigt. Ansonsten wird die Startseite der Hilfe eingeblendet.

PowerPoint 2010

PowerPoint 2010

PowerPoint 2010

Inhalt

1 Willkommen zu PowerPoint 2010   173
Was ist PowerPoint 2010? 173
PowerPoint starten 173
PowerPoint im Überblick 173
Eine neue Präsentation erstellen 174
Neue Präsentation auf Basis einer Vorlage erstellen . 174
Titelfolie ausfüllen 175
Folie hinzufügen 176
Aufzählung ausfüllen 176
Design zuweisen 177
Präsentation speichern 178
Präsentation vorführen 179
Präsentation schließen 179
PowerPoint beenden 179
Zusammenfassung 179

2 Präsentationen bearbeiten   180
Übersicht 180
Präsentation öffnen 180
Zwischen Präsentationen wechseln 180
Ansicht wechseln 181
Folie verschieben, kopieren oder löschen 181
Folienlayout ändern 182
Zoom-Einstellung ändern 183

3 Text bearbeiten   184
Übersicht 184
Text markieren 184
Aktion rückgängig machen 184
Text in der Gliederungsansicht hinzufügen 184
Text formatieren 185
Farbe auswählen 186
Text ausrichten 187
Abstand einstellen 187
Aufzählung ändern 188
Aufzählungs- und Nummerierungsstil einstellen 188
Notiz eingeben oder bearbeiten 189
Tabelle hinzufügen und bearbeiten 190

4 Bilder und Zeichnungen einfügen   192
Übersicht 192
ClipArt einfügen 192
Bilddatei einfügen 193
Bildgröße verändern 193
Zeichnungsobjekt einfügen 194
Zeichnungsobjekt bearbeiten 195
Schatten zuweisen 196
Zeichnungsobjekt ausrichten 197
Zeichnungsobjekt drehen oder kippen 198
Reihenfolge ändern 198
Zeichnungsobjekte gruppieren 199
Objekte verschieben, kopieren oder löschen 199

5 Diagramme einfügen   200
Übersicht 200
Diagramm einfügen 200
Datenblatt ausfüllen 201
Diagramm bearbeiten 202
Farben ändern 203
Diagrammbeschriftung bearbeiten 204
Was ist ein Organigramm? 205
Organigramm einfügen 205
Organigramm bearbeiten 206

6 Folien übergreifend bearbeiten   207
Übersicht 207
Kopf- oder Fußzeile erstellen 207
Folienmaster bearbeiten 208
Bild in Folienmaster einfügen 208

7 Effekte anwenden   209
Übersicht 209
Animation zuweisen 209
Übergang auswählen 210

8 Präsentationen fertig stellen   211
Übersicht 211
Rechtschreibung prüfen 211
Folien, Notizen oder Handzettel drucken 212
Seitenformat einrichten 213
Präsentation exportieren 213
Folie vorübergehend ausblenden 214

9 PowerPoint anpassen   215
Übersicht 215
Symbolleiste für den Schnellzugriff anpassen 215
Programmeinstellungen ändern 215
Hilfesystem nutzen 216
Weitere Hilfen 217

1 Willkommen zu PowerPoint 2010

Was ist PowerPoint 2010?

Ein **Präsentationsprogramm** unterstützt dich bei der Vorbereitung und beim Vortragen von Referaten und Workshops. Mit einem Präsentationsprogramm kannst du

- Informationsseiten (Folien) einheitlich gestalten
- Texte, Bilder und Diagramme hinzufügen
- Animationen (bewegte Bilder) erzeugen
- Folien per Bildschirm oder Beamer wiedergeben
- Handzettel ausdrucken

PowerPoint 2010 ist ein weit verbreitetes Präsentationsprogramm. Dieses Kapitel zeigt dir in einem kurzen Rundgang die grundsätzliche Vorgehensweise beim Erstellen und Vorführen einer Bildschirmpräsentation.

PowerPoint starten

Du startest PowerPoint auf gewohnte Weise über das Startmenü:

▶ Öffne das Startmenü und klicke auf **Alle Programme**.

▶ Klicke auf **Microsoft Office** und dann auf **Microsoft Office PowerPoint 2010**.

 Wenn sich auf dem Desktop das Programmsymbol von PowerPoint befindet, kannst du PowerPoint auch starten, indem du das Symbol doppelt anklickst.

PowerPoint im Überblick

Das Anwendungsfenster von PowerPoint enthält folgende Bedienelemente und Bereiche:

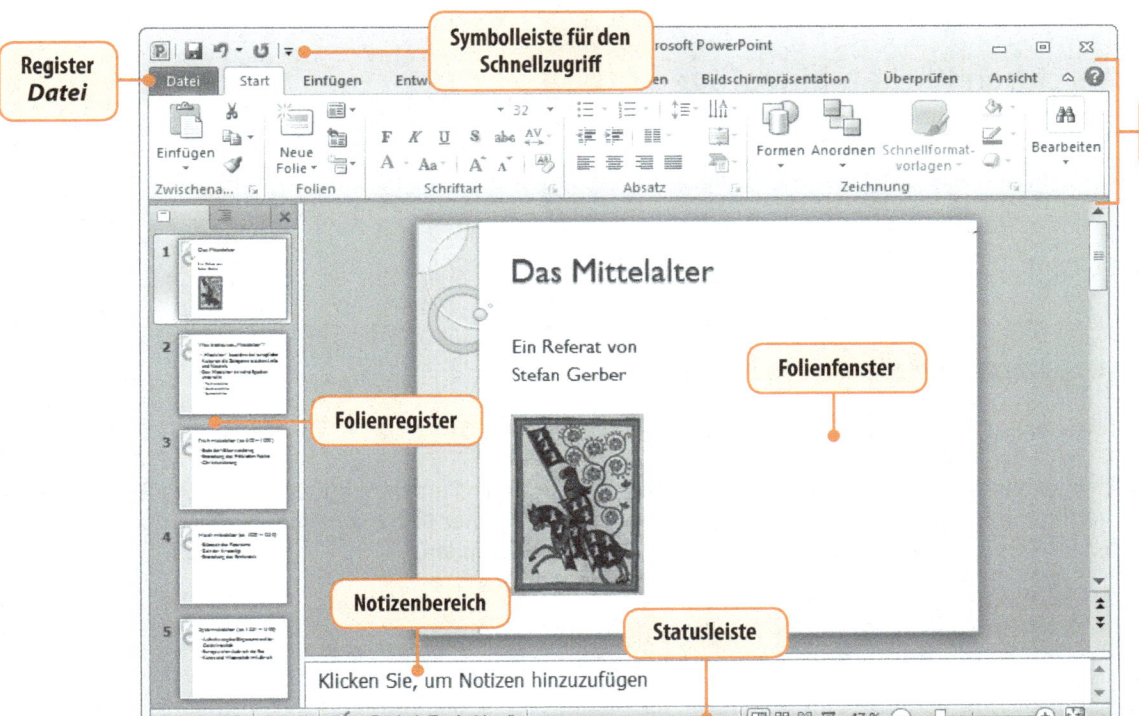

Fast alle Befehle und Funktionen von PowerPoint werden über das Menüband aufgerufen. Das Menüband ist in **Register** und **Gruppen** unterteilt:

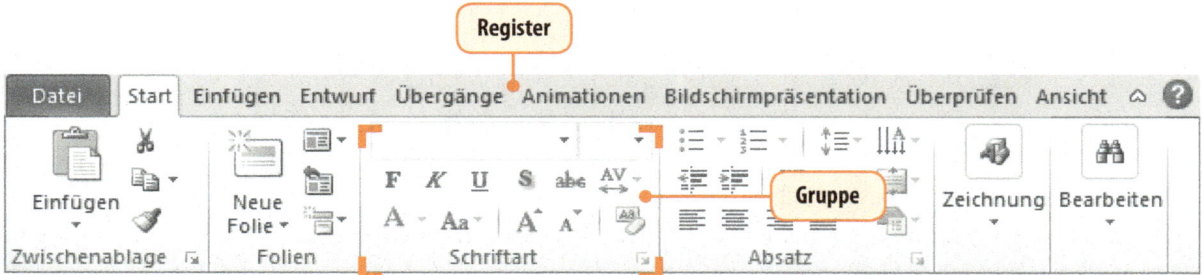

Um in ein anderes Register zu wechseln, klickst du einfach auf dessen Namen.

Durch Anklicken von ⌃ bzw. ⌄ kannst du das Menüband aus- und einblenden. Alternativ dazu kannst du auch auf den Namen eines Registers doppelklicken oder [Strg]+[F1] drücken.

Eine neue Präsentation erstellen

Nach dem Starten legt PowerPoint automatisch eine neue leere Präsentation an, die auf einer Standardvorlage basiert. Du kannst eine neue Präsentation aber auch zu erstellen, wenn PowerPoint bereits geöffnet ist:

▶ Klicke auf **Datei**, danach auf *Neu* und dann doppelt auf *Leere Präsentation*.

Eine neue leere Präsentation enthält lediglich eine einzige Folie, die sogenannte **Titelfolie**. Die Titelfolie enthält zwei **Textplatzhalter**, in die du den Titel und den Untertitel deiner Präsentation einträgst:

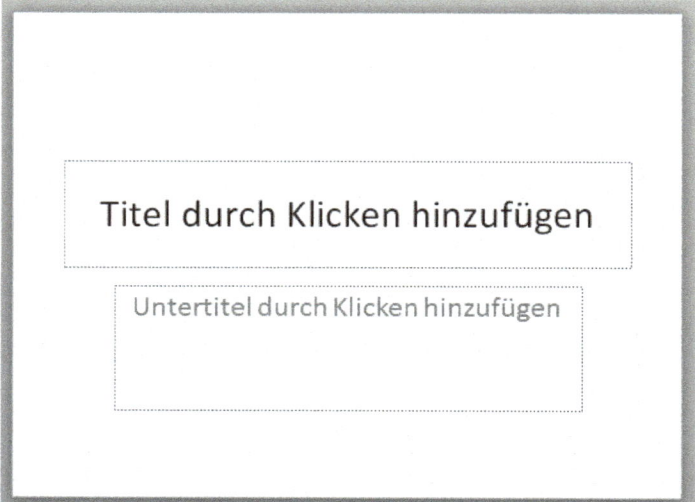

Neue Präsentation auf Basis einer Vorlage erstellen

PowerPoint stellt dir eine Vielzahl an Vorlagen, die bereits mit bestimmten Farben, Schriftarten und Grafiken gestaltet wurden, zur Verfügung. Die Vorlagen sind in Kategorien unterteilt. Die unter *Office.com* angebotenen Vorlagen werden nach dem Auswählen automatisch aus dem Internet heruntergeladen.

▶ Klicke auf **Datei** und dann auf *Neu*.
▶ Wähle mit einem Doppelklick die gewünschte Vorlage oder Kategorie aus.

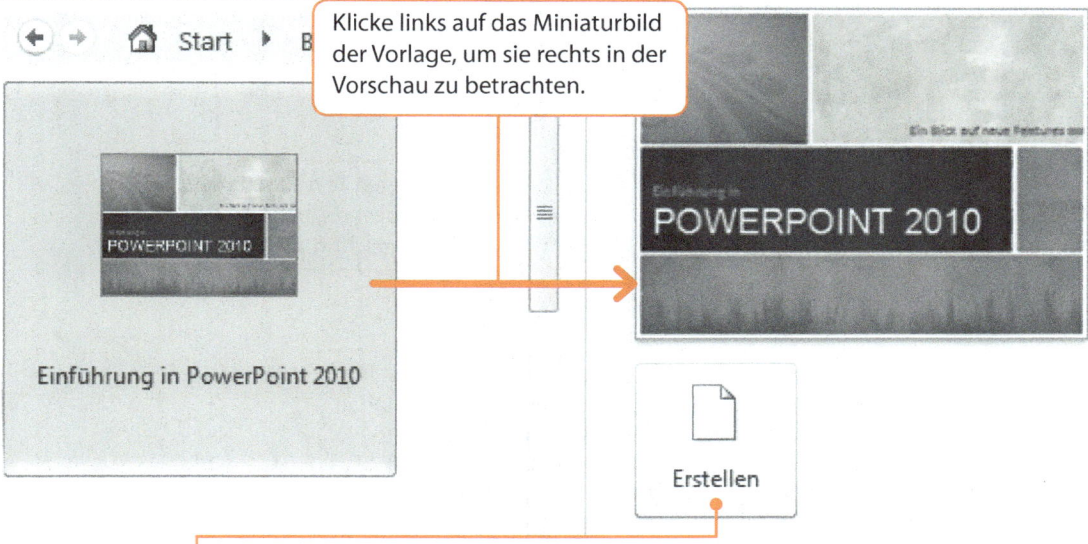

▶ Klicke auf **Erstellen** bzw. auf **Download**, um auf Basis der Vorlage eine neue Präsentation zu erstellen.

Titelfolie ausfüllen

Eine neue leere Präsentation enthält lediglich eine einzige Folie, die sogenannte **Titelfolie**. Die Titelfolie enthält zwei **Textplatzhalter**:

▶ Klicke in den oberen Platzhalter, um den Titel einzugeben:

▶ Klicke irgendwo außerhalb des Platzhalters, um die Eingabe zu beenden.
▶ Gib nun im unteren Platzhalter den Untertitel ein. Drücke ⏎, falls du eine neue Zeile beginnen möchtest.

 Falls deine Präsentation keinen Untertitel hat, lässt du den Textplatzhalter einfach leer.

Mit Entf oder ⬅ kannst du deine eingegebenen Zeichen wie gewohnt löschen.

Folie hinzufügen

Die Titelfolie informiert über das Thema. Für die Inhalte fügst du weitere Folien hinzu.

▶ Klicke im Register **Start**, Gruppe **Folien**, auf ⌨.

Die neue Folie bekommt das Folienlayout **Titel und Inhalt** zugewiesen:

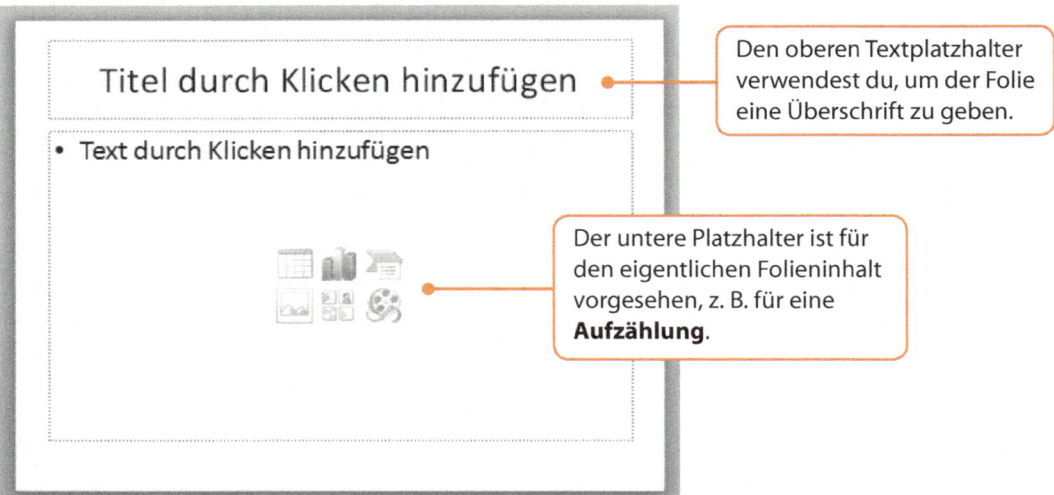

Den oberen Textplatzhalter verwendest du, um der Folie eine Überschrift zu geben.

Der untere Platzhalter ist für den eigentlichen Folieninhalt vorgesehen, z. B. für eine **Aufzählung**.

Achte darauf, dass du eine treffende und eindeutige Folienüberschrift (Folientitel) formulierst. So kannst du die einzelnen Folien im Folienregister besser unterscheiden und die Präsentation wird dadurch automatisch übersichtlicher.

 Das **Folienlayout** bestimmt die Art, die Anzahl und die Anordnung der Platzhalter auf einer Folie.

Aufzählung ausfüllen

Dass viele Folienlayouts eine Aufzählung enthalten, hat seinen Grund: Aufzählungen mit Stichwörtern oder kurzen präzisen Sätzen sind leichter zu lesen und zu merken als zusammenhängender Text.

▶ Klicke in den unteren Platzhalter und beginne mit der Eingabe der Aufzählung:

▶ Beende eine Zeile mit ⏎, um den nächsten Aufzählungspunkt zu erzeugen.

Du kannst auch **untergeordnete Ebenen** (Unterpunkte) erzeugen:

▶ Drücke am Anfang der Zeile ⇆, um einen untergeordneten Aufzählungspunkt zu erzeugen. Mit ⇧+⇆ am Zeilenanfang gelangst du wieder eine Ebene höher bzw. die Einrückung wird aufgehoben.

Alternativ dazu kannst du in der Gruppe **Absatz** die Symbole ▤ bzw. ▤ verwenden, um Aufzählungspunkte ein- oder auszurücken.

▶ Am Ende der letzten Zeile drückst du nicht ⏎, sondern klickst außerhalb des Platzhalters.

Design zuweisen

Mithilfe von **Designs** (**Entwurfsvorlagen**) kannst du deine Folien schnell mit einheitlichen Formatierungen (Schriften, Farbkombinationen etc.) verschönern.

▶ Klicke im Register **Entwurf**, Gruppe **Designs**, auf das Symbol ▾.

Du bekommst nun eine Liste mit allen verfügbaren Designs angezeigt:

▶ Klicke auf ein Design, um es auszuwählen.

i Du kannst auf diese Weise auch zu einem anderen Design wechseln.

Alle Folien deiner Präsentation werden nun mit dem ausgewählten Design versehen. Das erkennst du, wenn du dir im Folienregister die Miniaturbilder deiner Folien anschaust:

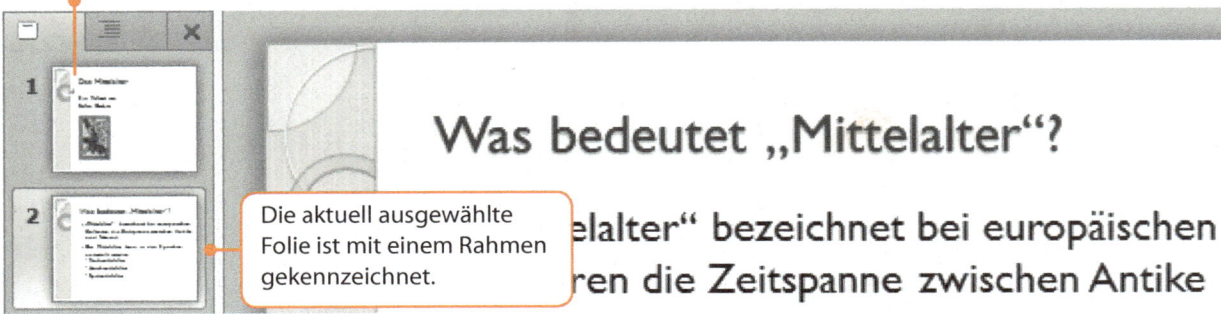

Durch Anklicken der Miniaturbilder bestimmst du, welche Folie im Folienfenster angezeigt wird bzw. bearbeitet werden kann.

Präsentation speichern

▶ Klicke in der Symbolleiste für den Schnellzugriff auf 🖫 .

Falls deine Präsentation bisher noch nicht gespeichert wurde, erscheint das Fenster *Speichern unter*. Hier bestimmst den Speicherort und den Namen deiner Präsentation.

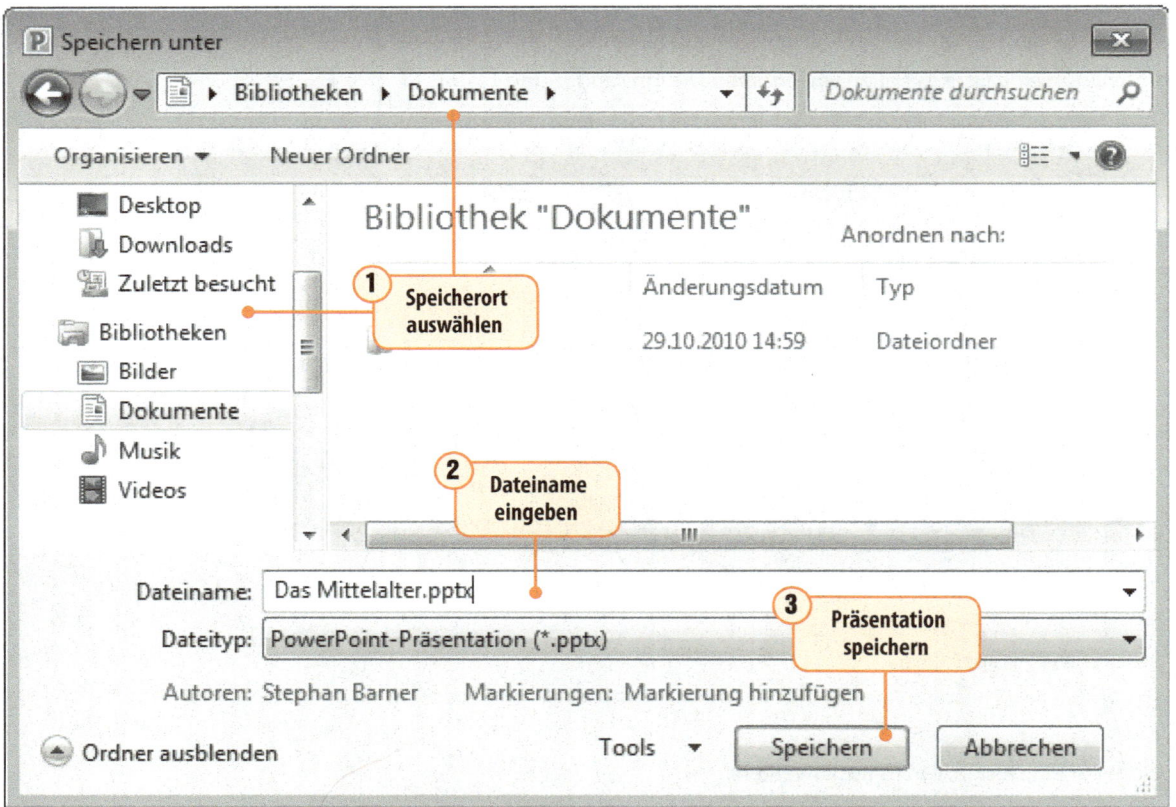

- Wenn du eine bereits gespeicherte Präsentation mit einer neuen Fassung überschreiben willst, klickst du auf 🖫 oder drückst Strg+S. Das Fenster *Speichern unter* wird hierbei nicht mehr geöffnet.
- Möchtest du eine Präsentation unter einem anderen Namen speichern, klickst du auf Datei und wählst *Speichern unter*.

 Wenn du eine Präsentation unter einem neuen Namen speicherst, bleibt die ursprüngliche Datei unverändert erhalten. So kannst du z. B. eine weitere Version von deiner Präsentation anlegen.

Präsentation vorführen

Um zu überprüfen, wie sich deine Folien dem Zuschauer präsentieren, startest du deine Präsentation im **Vollbildmodus** (also bildschirmfüllend):

▶ Klicke im Register **Bildschirmpräsentation**, Gruppe **Bildschirmpräsentation starten**, auf **Von Beginn an** oder drücke [F5], um die Präsentation von der ersten Folie aus zu starten.

▶ Mit der Leertaste oder einem Mausklick gelangst du zur nächsten Folie.

▶ Mit R kehrst du zur vorherigen Folie zurück.

 Wenn du am Ende der Präsentation angelangt bist, bekommst du eine schwarze Folie mit einem Hinweistext angezeigt. Klicke dann mit der Maus, um zum PowerPoint-Fenster zurückzukehren.

Du kannst deine Präsentation auch von einer bestimmten Folie aus starten:

▶ Wähle im Folienregister die gewünschte Folie aus.

▶ Klicke im Register **Bildschirmpräsentation**, Gruppe **Bildschirmpräsentation starten**, auf 🖳 bzw. drücke [⇧]+[F5].

Präsentation schließen

▶ Klicke auf ⊠ bzw. klicke auf Datei und dann auf **Schließen**.

PowerPoint beenden

▶ Klicke auf Datei und wähle ⊠ Beenden .

▶ Wenn nur eine Präsentation geöffnet ist, kannst du alternativ dazu auf ⊠ klicken.

Zusammenfassung

Du bist nun am Ende deines ersten Rundgangs durch PowerPoint angelangt und kannst bereits einfache Präsentationen erstellen, speichern und vorführen. Hier ist noch einmal eine Zusammenfassung der wichtigsten Schritte beim Erstellen einer Präsentation:

- PowerPoint starten
- Folien hinzufügen und ausfüllen
- Textplatzhalter ausfüllen
- Design auswählen
- Präsentation speichern
- Präsentation vorführen
- PowerPoint beenden

2 Präsentationen bearbeiten

Übersicht

Im folgenden Kapitel erfährst du grundlegende Dinge rund um die Bearbeitung von Präsentationen. Konkret geht es dabei um folgende Themen:

- Präsentationen öffnen
- Folie verschieben, kopieren oder löschen
- Folienlayout ändern
- Ansichten und Zoomfunktion verwenden

Präsentation öffnen

▶ Klicke auf Datei und dann auf *Öffnen*.

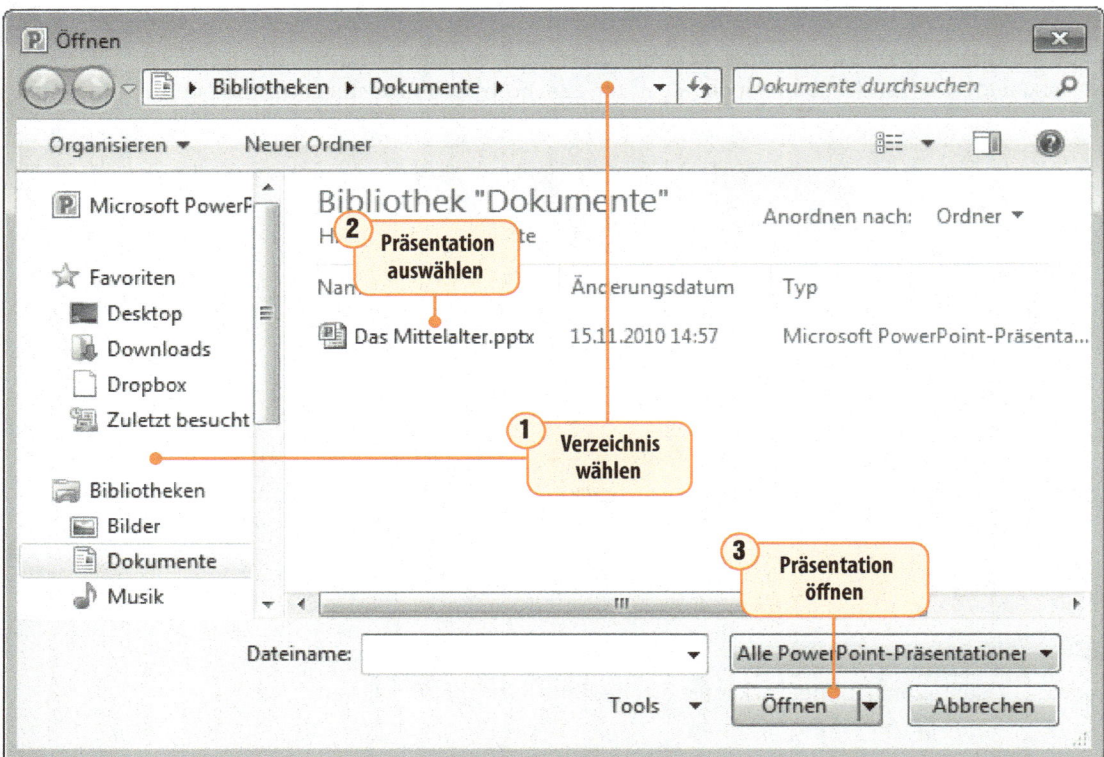

Um eine Präsentation **schreibgeschützt** oder **als Kopie** zu öffnen, klickst du auf den Pfeil der Schaltfläche *Öffnen* und wählst den entsprechenden Befehl aus.

Um mehrere Präsentationen in einem Rutsch zu öffnen, markierst du sie mit einem Mausrahmen bzw. hältst Strg gedrückt und klickst nacheinander die gewünschten Dateien an.

Zwischen Präsentationen wechseln

So wechselst du zwischen mehreren, gleichzeitig geöffneten Präsentationen:

- Mit Strg + F6
- Im Register *Ansicht*, Gruppe *Fenster*, mit der Schaltfläche *Fenster wechseln*

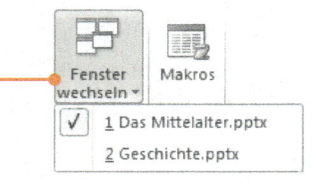

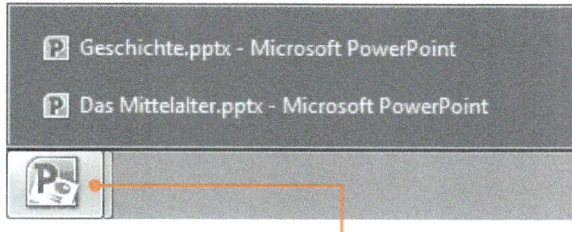

- Nach Anklicken des PowerPoint-Symbols in der Taskleiste.

Ansicht wechseln

Je nachdem, was du in PowerPoint gerade tun möchtest, stehen dir verschiedene **Ansichten** zur Verfügung. Rechts unten in der Statusleiste findest du die Symbole ▭ ▦ ▭, mit denen du schnell zwischen den folgenden Ansichten wechseln kannst:

▭	In der Ansicht **Normal** bearbeitest du deine Folien, und zwar direkt im Folienfenster.
▦	In der Ansicht **Foliensortierung** kannst du die Struktur und den Ablauf deiner Präsentation festlegen, z. B. durch Verschieben oder Löschen von Folien.
▭	Mit der Ansicht **Bildschirmpräsentation** wird die Präsentation vorgeführt. Hier werden die Folien in voller Größe angezeigt; das Fenster von PowerPoint ist nicht sichtbar.

Du kannst auch im Register **Ansicht**, Gruppe **Präsentationsansichten**, zwischen den Ansichten wechseln:

Nutze die **Leseansicht**, wenn du dich ganz auf die Inhalte der Folien konzentrieren möchten. Alle anderen Bereiche von PowerPoint werden dabei ausgeblendet.

Folie verschieben, kopieren oder löschen

Durch Verschieben kannst du ganz einfach die Reihenfolge der Folien verändern.

▶ Klicke in der Statusleiste auf ▦, um in die Foliensortierungsansicht zu wechseln.

▶ Klicke das Miniaturbild der Folie an und ziehe es an die gewünschte Position. Eine senkrechte Linie zeigt dir die aktuelle Einfügeposition an:

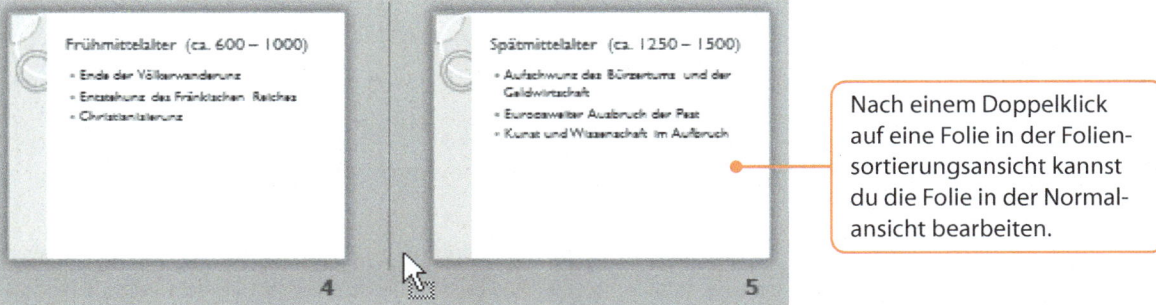

Nach einem Doppelklick auf eine Folie in der Foliensortierungsansicht kannst du die Folie in der Normalansicht bearbeiten.

Möchtest du die Folie nicht verschieben, sondern kopieren, hältst du dabei ⌨Strg gedrückt.

Wenn du Folien in eine andere Präsentation kopieren bzw. verschieben möchtest, verwendest du die Befehle der Zwischenablage. Du findest die entsprechenden Symbole in der Gruppe **Zwischenablage** im Register **Start**.

Ausschneiden	Strg + X	✂
Kopieren	Strg + C	📋
Einfügen	Strg + V	📋

▶ Öffne beide Präsentationen.

▶ Klicke das Miniaturbild der Folie an, die du kopieren möchtest.

▶ Drücke Strg+C, um die Folie in die Zwischenablage zu kopieren. Möchtest du die Folie nicht kopieren, sondern verschieben, verwendest du S+X.

▶ Wechsle z. B. über die Schaltfläche der Taskleiste in die andere Präsentation.

▶ Klicke an die gewünschte Einfügeposition und drücke Strg+V, um die Folie einzufügen.

Um eine Folie zu löschen, klickst du ihr Miniaturbild an und drückst Entf. Oder du klickst im Folienregister die Folie mit der rechten Maustaste an und wählst **Folie löschen**.

 Wenn du mehrere Folien auf einmal verschieben, kopieren oder löschen möchtest, klickst du sie nacheinander mit gedrückter Strg-Taste an.

Übrigens kannst du deine Folien auch im Folienregister kopieren, verschieben oder löschen; in der Foliensortierungsansicht geht es aber komfortabler.

Folienlayout ändern

PowerPoint stellt für oft benötigte Folientypen fertige Layouts mit unterschiedlichen Platzhaltern zur Verfügung, z. B.

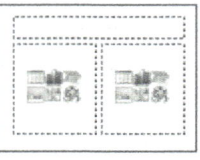

| Titelfolie | Titel und Inhalt | Bild mit Überschrift | Zwei Inhalte | Leere Folie |

 Der Platzhalter **Inhalt** ist für Text, Abbildungen, Diagramme oder Tabellen vorgesehen.

Um das Folienlayout einer Folie nachträglich zu ändern, gehst du folgendermaßen vor:

▶ Markiere die Folie im Folienregister bzw. in der Foliensortierung.

▶ Klicke im Register **Start**, Gruppe **Folien**, auf 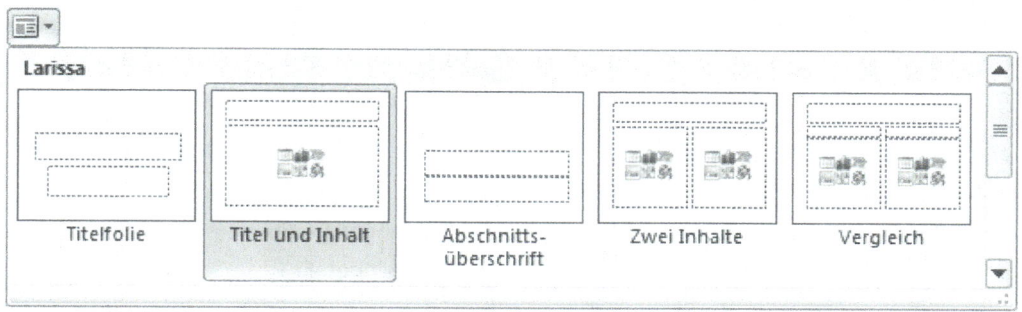 ▾ und wähle das gewünschte Layout aus:

Noch besser ist es, wenn du das Folienlayout wählst, bevor du die Platzhalter mit Inhalten füllst. Du kannst das Folienlayout nämlich schon beim Einfügen einer neuen Folie bestimmen.

▶ Klicke im Register **Start**, Gruppe **Folien**, auf Neue Folie ▾ und wähle in der Liste das gewünschte Layout aus.

Zoom-Einstellung ändern

Zum präzisen Arbeiten an den Folien kannst du die Darstellungsgröße auf dem Bildschirm anpassen. Am schnellsten änderst du die **Zoom**-Einstellung mit dem Schieberegler in der Statusleiste:

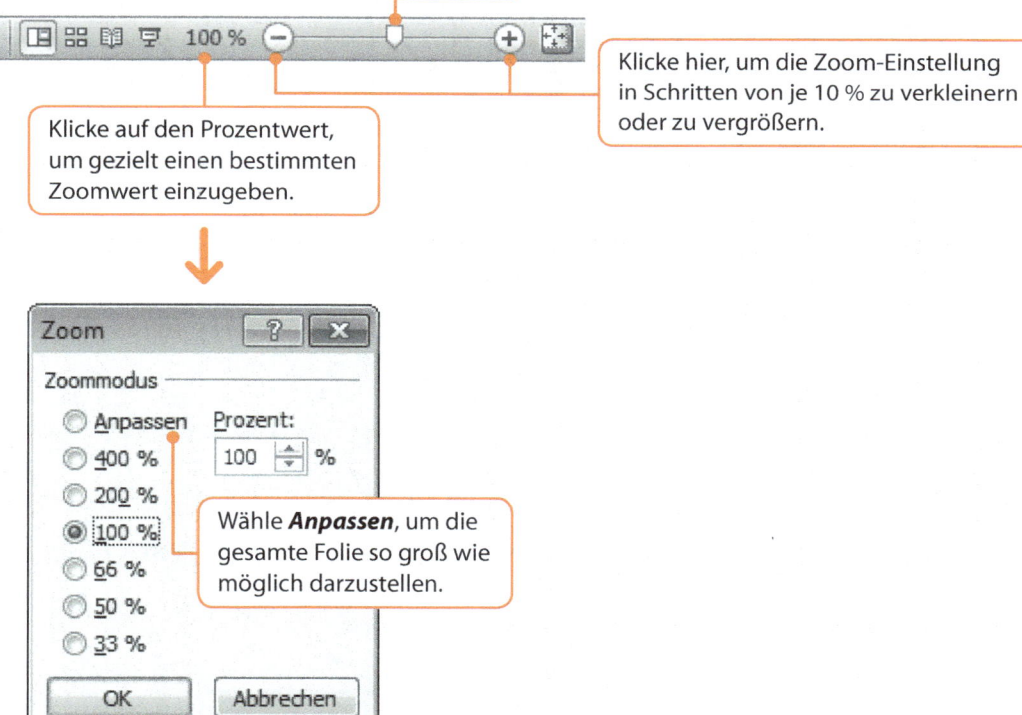

3 Text bearbeiten

Übersicht

Hier erfährst du alle wichtigen Funktionen rund um das Thema Text. Konkret geht es dabei um folgende Themen:

- Text markieren und ändern:
- Text in der Gliederungsansicht eingeben
- Text formatieren

- Schrift- und Hintergrundfarbe bestimmen
- Aufzählungen bearbeiten
- Notizen eingeben

Text markieren

Um einen bestehenden Text zu ändern, klickst du in den entsprechenden Textplatzhalter. Danach kannst du den Cursor per Mausklick bzw. mit ←↑↓→ an die gewünschte Position bewegen und dann den Text auf gewohnte Weise bearbeiten.

Um Text zu markieren, ziehst du den Mauszeiger mit gedrückter Maustaste über den gewünschten Bereich. Ganze Wörter und Abschnitte markierst du folgendermaßen:

Wort markieren	Doppelklick in das Wort
Absatz markieren	Dreifachklick in den Absatz
Gesamten Text im Platzhalter markieren	Strg + A

Aktion rückgängig machen

Beim Bearbeiten von Folien passiert es manchmal, dass du etwas aus Versehen löschst, überschreibst oder falsch formatierst. Solche und andere Pannen kannst du leicht rückgängig machen:

- Mit ↰ oder Strg + Z machst du deine letzte Aktion rückgängig.
- Mit ↱ oder Strg + Y stellst du die rückgängig gemachte Aktion wieder her.
- Mit ↻ wiederholst du den letzten Befehl.

Text in der Gliederungsansicht hinzufügen

Mit der **Gliederungsansicht** bekommst du eine besonders schnelle Möglichkeit, um Texte zu kontrollieren, zu bearbeiten oder einzugeben.

▶ Klicke auf [⊟] bzw. auf *Gliederung*, um in die Gliederungsansicht zu wechseln.

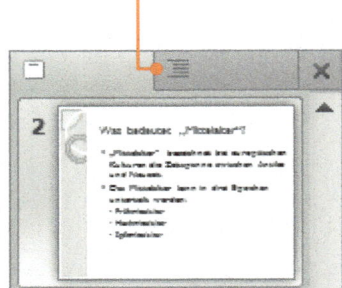
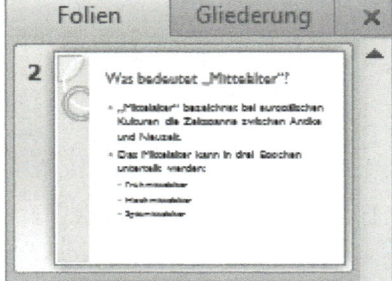

In der Gliederungsansicht siehst du die Texte deiner Folien auf einen Blick.

Hast du eindeutige Folientitel vergeben, kannst du die Folien in der Gliederungsansicht leicht unterscheiden und beim Navigieren schnell eine bestimmte Folie identifizieren.

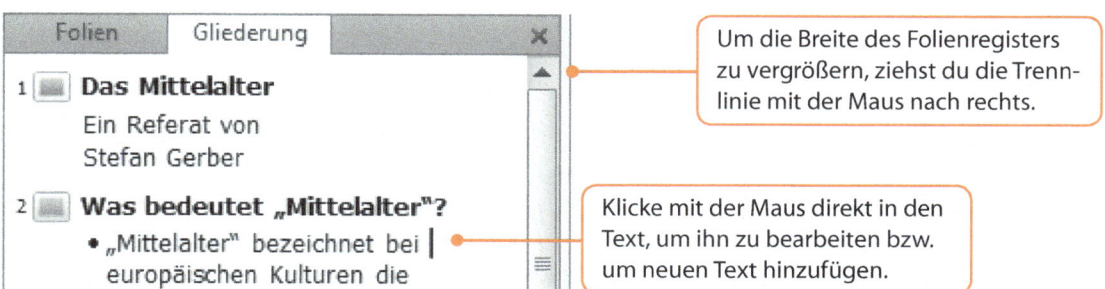

Um die Breite des Folienregisters zu vergrößern, ziehst du die Trennlinie mit der Maus nach rechts.

Klicke mit der Maus direkt in den Text, um ihn zu bearbeiten bzw. um neuen Text hinzufügen.

Auch die Gliederung deines Textes kannst du hier ändern:

▶ Klicke im Register **Start**, Gruppe **Absatz**, auf ▤ bzw. auf ▤ , um die Zeile, in der sich gerade der Cursor befindet, eine Ebene höher bzw. tiefer zu rücken.

▶ Drücke am Ende einer Zeile ⏎ , um einen neuen Aufzählungspunkt zu erzeugen.

▶ Mit _ oder ⌫ kannst du Text wie gewohnt löschen.

Text formatieren

Im Register **Start**, Gruppe **Schriftart**, kannst du Text beliebig formatieren:

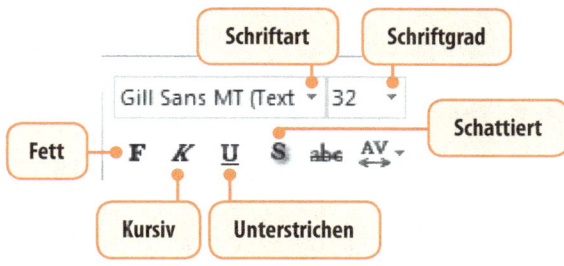

▶ Klicke in den Textplatzhalter und markiere den gewünschten Bereich bzw. setze den Cursor in das Wort, das du formatieren möchtest.

▶ Klicke auf **F** , **K** , **U** bzw. **S** , um den Text fett, kursiv, unterstrichen oder schattiert zu formatieren.

▶ Öffne mit ˇ das Schriftart-Listenfeld, um eine andere Schrift auszuwählen.

▶ Öffne mit ˇ das Schriftgrad-Listenfeld, um eine andere Schriftgröße einzustellen.

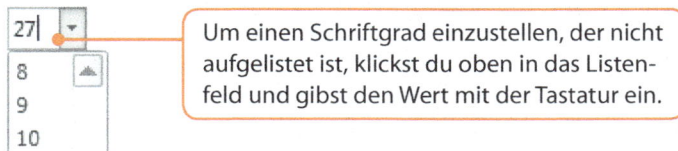

Um einen Schriftgrad einzustellen, der nicht aufgelistet ist, klickst du oben in das Listenfeld und gibst den Wert mit der Tastatur ein.

Mit **A˄** bzw. **A˅** kannst du den Schriftgrad stufenweise ändern, mit **Aa ˇ** wandelst du markierte Kleinbuchstaben in Großbuchstaben um (oder umgekehrt).

Klickst du in der Gruppe **Schriftart** auf ⌐ |, öffnest du ein Fenster, in dem du alle verfügbaren Schriftformatierungen (z. B. Schriftart, Schriftgrad, Schriftschnitt, Schriftfarbe) zentral einstellen kannst.

Farbe auswählen

So änderst du die **Schriftfarbe**:

- ▶ Klicke in den Textplatzhalter und markiere den gewünschten Bereich.
- ▶ Klicke im Register **Start**, Gruppe **Schriftart**, auf das Dreieck im Symbol **A** ▾ .

PowerPoint schlägt automatisch Farben vor, die zum aktuellen Design passen. Falls die gewünschte Farbe nicht dabei ist, klickst du auf **Weitere Farben**.

So änderst du die **Hintergrundfarbe** deiner Folien:

- ▶ Klicke mit der rechten Maustaste auf einen leeren Bereich der Folie und wähle **Hintergrund formatieren**.
- ▶ Wähle im Fenster **Hintergrund formatieren** mit eine Farbe aus.

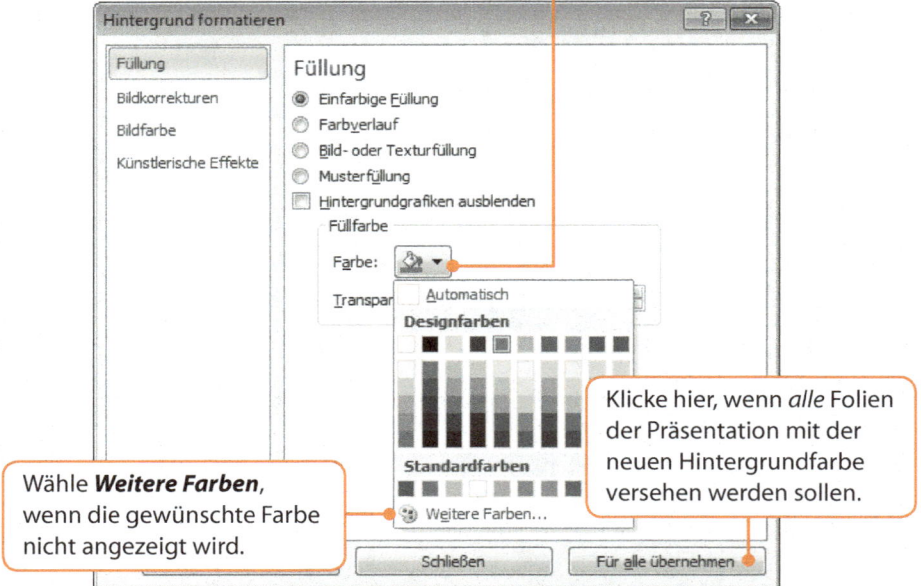

Wähle **Weitere Farben**, wenn die gewünschte Farbe nicht angezeigt wird.

Klicke hier, wenn *alle* Folien der Präsentation mit der neuen Hintergrundfarbe versehen werden sollen.

 Du kannst dieses Fenster auch über das Register **Entwurf**, Gruppe **Hintergrund**, durch Anklicken von ⌐ öffnen.

Text ausrichten

Im Register **Start**, Gruppe **Absatz**, bietet dir PowerPoint die Möglichkeit, Aufzählungen und andere Texte linksbündig, rechtsbündig oder zentriert auszurichten.

Symbole zur Absatzausrichtung.

▶ Klicke in den Textplatzhalter und markiere den gewünschten Bereich.

▶ Wähle die gewünschte Ausrichtung aus, indem du ihr Symbol anklickst.

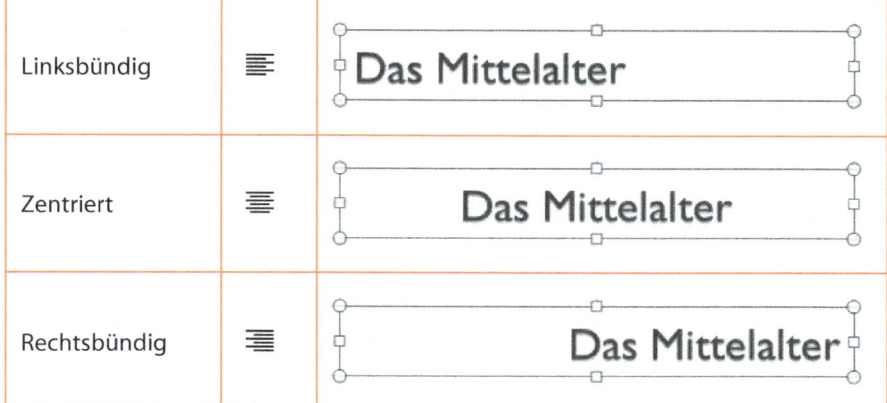

Linksbündig	≣	**Das Mittelalter**
Zentriert	≣	**Das Mittelalter**
Rechtsbündig	≣	**Das Mittelalter**

 Achte darauf, dass der Text auf allen Folien einheitlich ausgerichtet ist.

Abstand einstellen

Folien wirken übersichtlicher und sind besser lesbar, wenn du vor bzw. nach einer Aufzählung für etwas Abstand sorgst.

▶ Klicke im Register **Start**, Gruppe **Absatz**, auf ⌐⌐ .

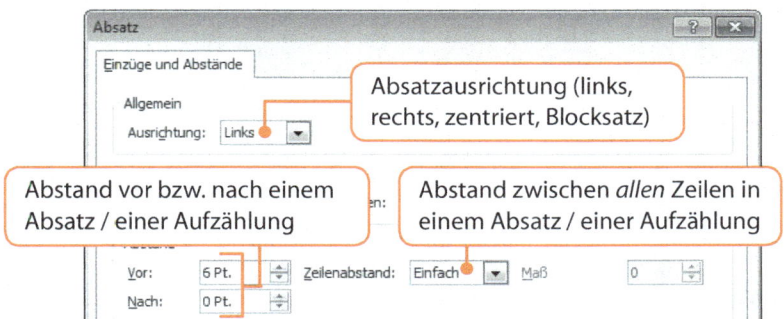

Absatzausrichtung (links, rechts, zentriert, Blocksatz)

Abstand vor bzw. nach einem Absatz / einer Aufzählung

Abstand zwischen *allen* Zeilen in einem Absatz / einer Aufzählung

Alternativ änderst du den Zeilenabstand im Register **Start**, Gruppe **Absatz**, mit ⇕≣▾ .

Aufzählung ändern

Im Register **Start**, Gruppe **Absatz**, kannst du eine Aufzählung in eine nummerierte Liste umwandeln:

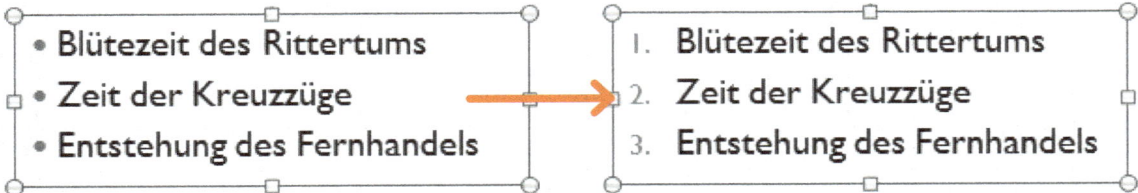

▶ Klicke den Platzhalterrahmen an bzw. markiere die Aufzählung.

▶ Klicke auf ⅓☰ .

Um eine Aufzählung in normale Textzeilen umzuwandeln, gehst du so vor:

▶ Klicke den Platzhalterrahmen an bzw. markiere die Aufzählung.

▶ Klicke auf ☷ .

Aufzählungs- und Nummerierungsstil einstellen

▶ Markiere die Aufzählung.

▶ Klicke im Register **Start**, Gruppe **Absatz**, auf das kleine Dreieck im Symbol ▤▾ .

▶ Wähle in der Liste den gewünschten Stil aus.

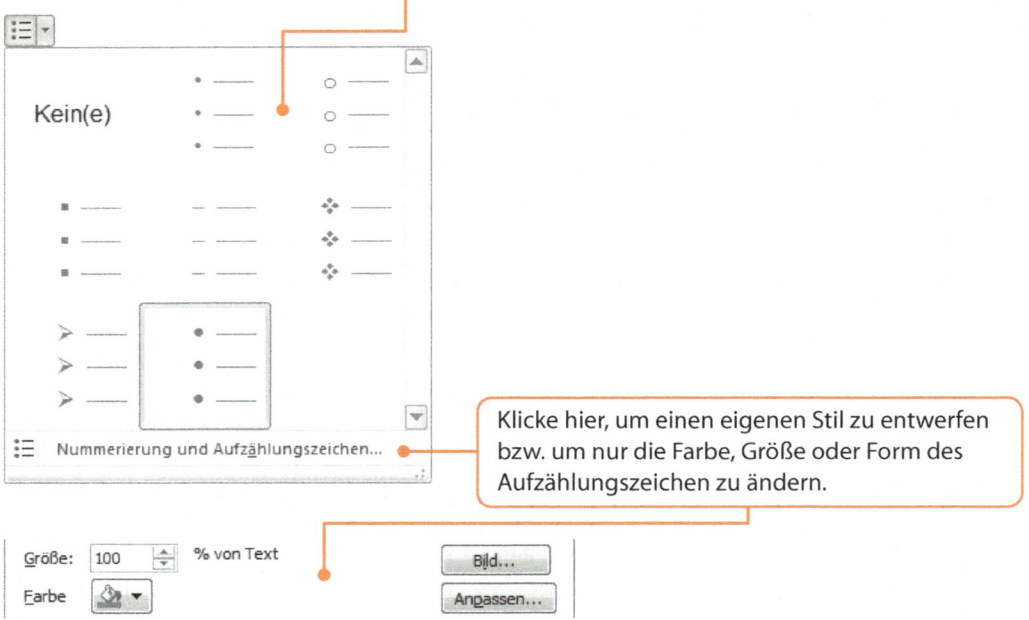

Klicke hier, um einen eigenen Stil zu entwerfen bzw. um nur die Farbe, Größe oder Form des Aufzählungszeichen zu ändern.

Im Falle einer Nummerierung gehst du ähnlich vor.

▶ Markiere die Nummerierung.

▶ Klicke im Register **Start**, Gruppe **Absatz**, auf das Dreieck im Symbol ▤▾ .

▶ Wähle einen der vorgegebenen Stile aus bzw. klicke auf **Aufzählungszeichen und Nummerierung**, um einen eigenen Stil zu entwerfen.

Notiz eingeben oder bearbeiten

In der Ansicht **Notizenseite** kannst du zu jeder Folie ergänzende Hinweise und Stichwörter hinzufügen. Die Notizen sind während der Bildschirmpräsentation für die Zuschauer nicht sichtbar.

▶ Klicke im Register *Ansicht*, Gruppe *Präsentationsansichten*, auf *Notizenseite*.

Die Notizenseite enthält eine verkleinerte Abbildung der Folie und einen Textplatzhalter, in den du deine Notizen eingibst:

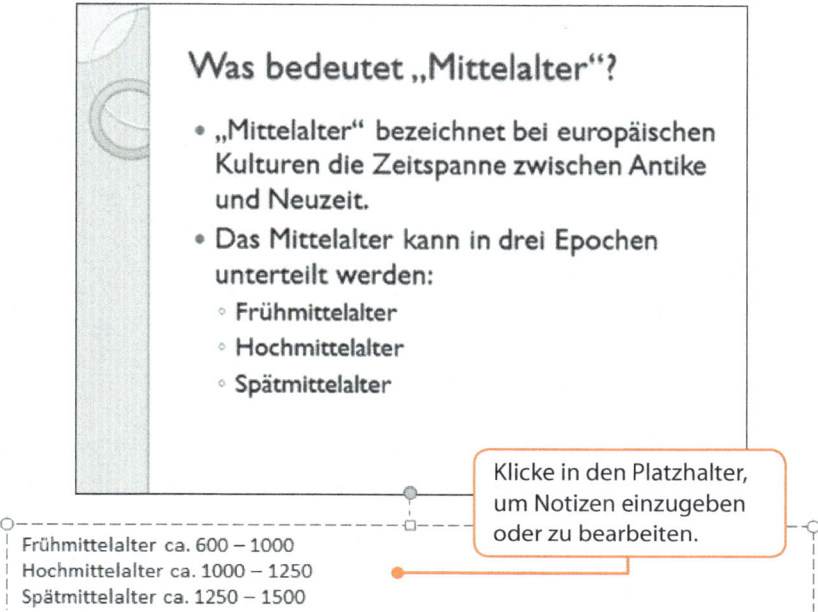

In der Normalansicht ist ein Teil des Notizenfensters ständig sichtbar. Auch hier kannst du Notizen eingeben oder ändern:

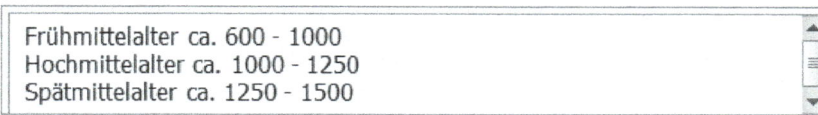

Tabelle hinzufügen und bearbeiten

▶ Klicke im Register *Einfügen*, Gruppe *Tabellen*, auf *Tabelle*, halte die Maustaste gedrückt und ziehe die neue Tabelle auf die gewünschte Größe auf:

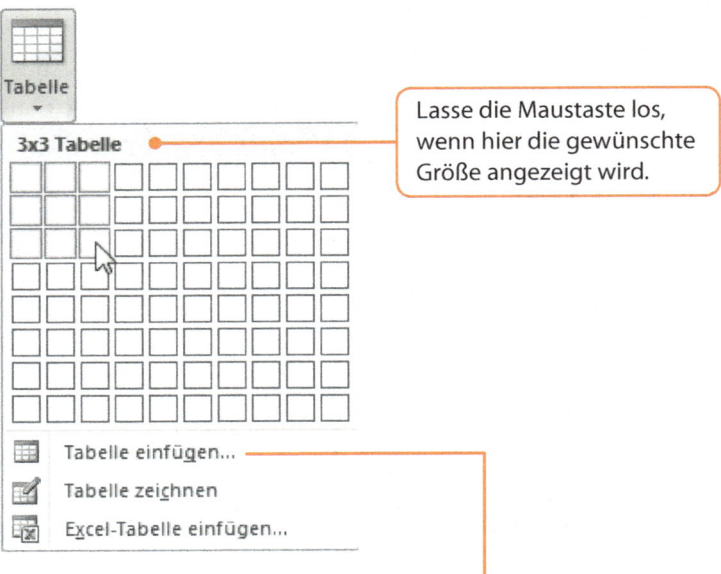

Lasse die Maustaste los, wenn hier die gewünschte Größe angezeigt wird.

Alternativ dazu kannst eine Tabelle auch mit *Tabelle einfügen* erstellen:

Gib hier die gewünschte *Spalten-* und *Zeilenanzahl* ein.

- Um eine Zelle auszufüllen, klickst du sie an und gibst den Text bzw. die Zahlen ein. Mit ⇥ springst du zur nächsten Zelle.
- Um bestehende Inhalte zu ändern, klickst du die Zelle an und bearbeitest den Text wie gewohnt.

Möchtest du Zelleninhalte formatieren, musst du sie vorher mit der Maus markieren. Die gesamte Tabelle markierst du, indem du in sie klickst. Ist die Tabelle markiert, erscheint ein Rahmen mit Anfassern, mit denen du die Tabellengröße einstellen kannst.

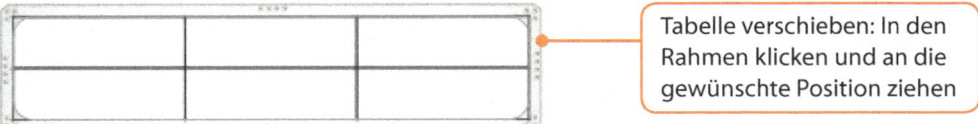

Tabelle verschieben: In den Rahmen klicken und an die gewünschte Position ziehen

Eine einzelne Zelle markierst du, indem du sie in der linken unteren Ecke anklickst:

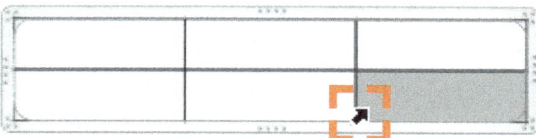

Um die gesamte Tabelle zu markieren, klickst du bei aktivierter Tabelle im Register *Layout*, Gruppe *Tabelle*, auf die Schaltfläche *Auswählen* und wählst *Tabelle auswählen*.

Anschließend kannst du Formatierungen der gesamten Tabelle zuweisen, z. B. alle Zellen farbig formatieren.

Um die Zeilenhöhe bzw. Spaltenbreite zu ändern, verschiebst du die entsprechenden Trennlinien mit der Maus:

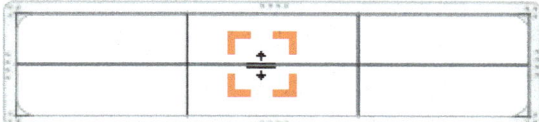
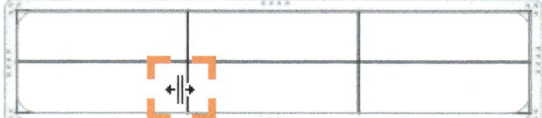

Du kannst die Zeilenhöhe und Spaltenbreite auch im Register *Layout* ändern: Trage in der Gruppe *Zellengröße* die gewünschten Werte ein.

Und so fügst du deiner Tabelle weitere Zeilen oder Spalten hinzu:

▶ Setze den Cursor an die gewünschte Position.

▶ Verwende die entsprechenden Schaltflächen im Register *Layout*, Gruppe *Zeilen und Spalten*:

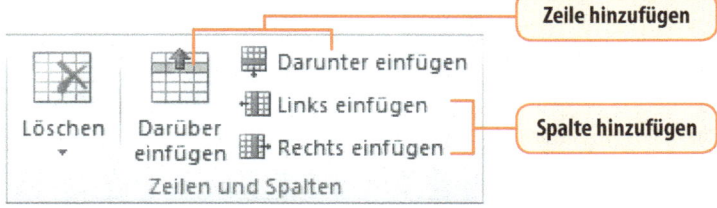

Alternativ dazu kannst du mit der rechten Maustaste in eine Zelle klicken und unter *Einfügen* die gewünschte Funktion auswählen.

 Befindet sich der Cursor in der letzte Zelle der Tabelle, kannst du mit ⭾ schnell eine neue Zeile hinzufügen.

Um eine Zeile bzw. Spalte zu entfernen, markierst du sie zuerst. Danach klickst du im *Register* Layout, Gruppe *Tabelle*, auf *Löschen* und wählst die gewünschte Aktion aus:

4 Bilder und Zeichnungen einfügen

Übersicht

Bisher hast du nur mit Text zu tun gehabt. Im folgenden Kapitel geht es darum, Folien mit Bildern und Grafiken zu verschönern. Dabei spielen folgende Themen eine Rolle:

- ClipArt / Bilddatei einfügen
- Größe einer Abbildung ändern
- Zeichnungsobjekte erstellen oder bearbeiten
- Objekte verschieben, kopieren oder löschen

ClipArt einfügen

PowerPoint bringt eine Sammlung mit universell verwendbaren Illustrationen, Fotos und Sinnbildern mit, die sogenannten **ClipArts**. Hier sind ein paar Beispiele:

ClipArts fügst du folgendermaßen in deine Folien ein:

- ▶ Erstelle eine neue Folie mit einem Folienlayout, das einen Platzhalter für Inhalte enthält. Diese Folienlayouts sind in der Auswahlliste mit  gekennzeichnet.

Klicke im Platzhalter auf .

- ▶ Alternativ klickst du im Register **Einfügen**, Gruppe **Bilder**, auf **ClipArt**.
- ▶ Gib einen Suchbegriff ein, der die gesuchte Grafik möglichst treffend beschreibt.

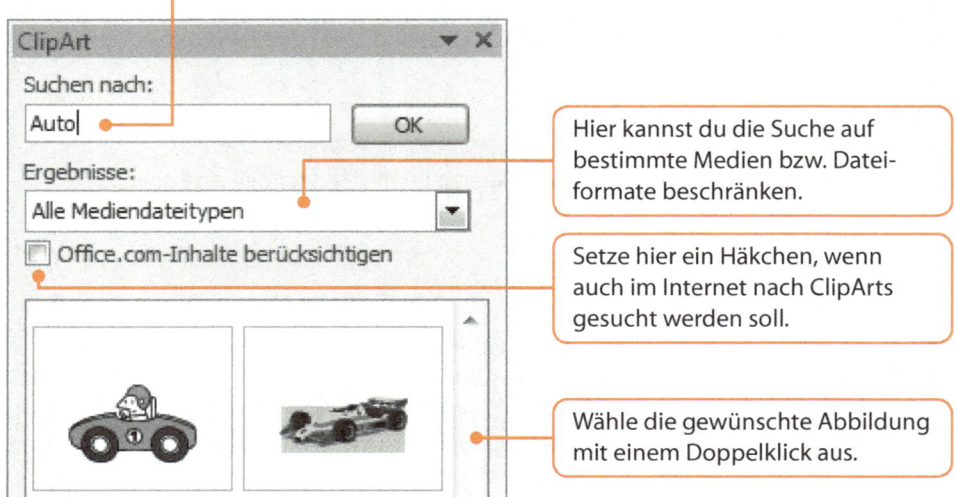

Hier kannst du die Suche auf bestimmte Medien bzw. Dateiformate beschränken.

Setze hier ein Häkchen, wenn auch im Internet nach ClipArts gesucht werden soll.

Wähle die gewünschte Abbildung mit einem Doppelklick aus.

 Falls du keine oder keine geeigneten Bilder angezeigt bekommst, solltest du es mit anderen Suchbegriffen ausprobieren.

Bilddatei einfügen

Du bist keineswegs nur auf die ClipArts angewiesen, sondern kannst deinen Folien auch eigene Abbildungen hinzufügen. Voraussetzung ist, dass die Bilder als Dateien vorliegen.

▶ Klicke im Platzhalter auf ⬚ bzw. im Register **Einfügen**, Gruppe **Bilder**, auf **Grafik**.

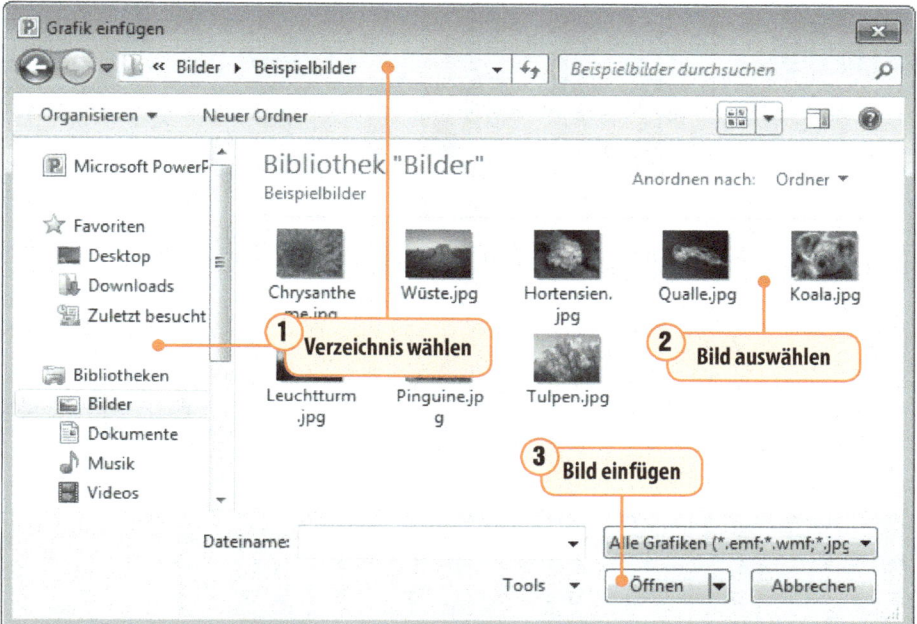

 Du kannst das Bild auch mit einem Doppelklick auswählen und einfügen.

Bildgröße verändern

Nachdem du eine Abbildung eingefügt hast, musst du meistens noch ihre Größe anpassen. So vergrößerst oder verkleinerst du ClipArts und andere Bilder mit der Maus:

▶ Markiere das Bild, indem du es anklickst.

Am Bildrand werden nun mehrere runde und quadratische **Anfasser** (auch Ziehpunkte genannt) sichtbar:

Durch Verschieben eines Anfassers kannst du die Bildgröße ändern bzw. das Bild drehen. Wenn du die Anfasser in den Ecken verwendest, bleibt das Seitenverhältnis gleich, das Bild wird also nicht verzerrt.

Bild drehen

Breite ändern

Höhe und Breite ändern

Höhe ändern

 Beachte bitte, dass sich die Bildqualität (insbesondere bei Fotos) bei einer Vergrößerung verschlechtern kann.

Alternativ dazu kannst du die Bildgröße auch im Register *Format*, Gruppe *Größe*, einstellen:

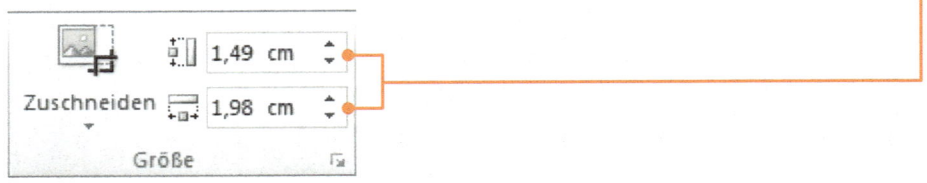

Wie du vielleicht schon bemerkt hast, besitzen auch Textplatzhalter Anfasser, mit denen du die Größe ändern bzw. den Platzhalter drehen kannst. Beim Ändern der Größe wird der Schriftgrad automatisch angepasst:

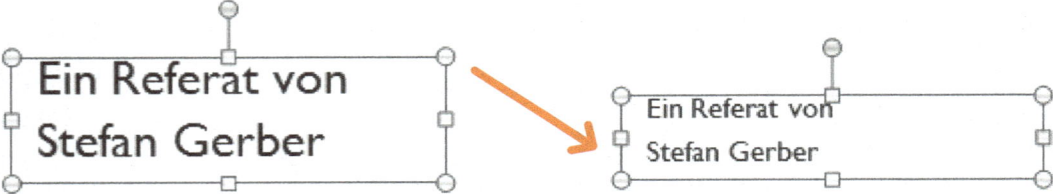

Zeichnungsobjekt einfügen

Mithilfe von **Zeichnungsobjekten** (auch **Formen** genannt) kannst du direkt auf deinen Folien Blickfänger und einfache Zeichnungen erstellen. Zu diesem Zweck stehen dir einfache geometrische Formen wie Linien, Rechtecke oder Ovale, aber auch komplexere Objekte, wie z. B. Blockpfeile, Sterne oder Sprechblasen, zur Verfügung:

     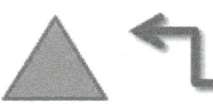 

▶ Wähle ein Folienlayout mit ausreichend Platz für eine Zeichnung aus.

▶ Klicke im Register **Einfügen**, Gruppe **Illustrationen**, auf **Formen**.

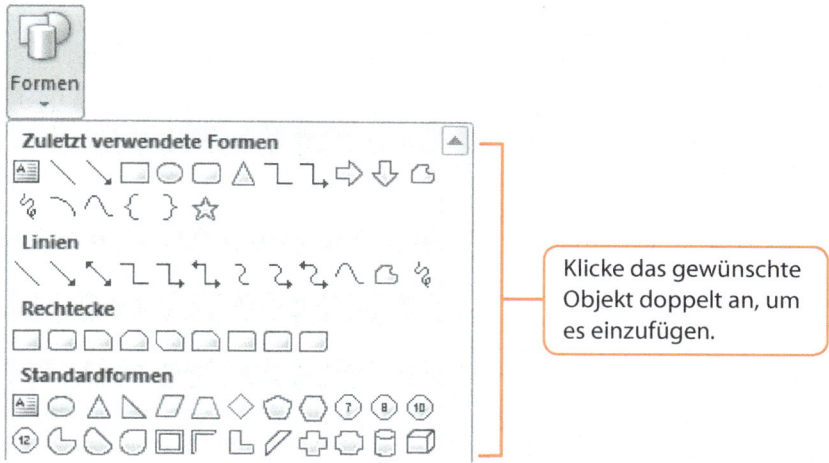

Klicke das gewünschte Objekt doppelt an, um es einzufügen.

Wenn du ein Objekt in der Liste normal anklickst, kannst du direkt beim Einfügen seine Position und Größe festlegen:

▶ Klicke im Register **Einfügen**, Gruppe **Illustrationen**, auf **Formen** und wähle das gewünschte Zeichnungsobjekt durch Anklicken aus.

▶ Klicke mit der Maus auf der Folie an die gewünschte Position, halte die Maustaste gedrückt und ziehe das Objekt auf die entsprechende Größe auf.

Bei einigen Formen kannst du beim Aufziehen zusätzlich die Umschalttaste verwenden:

▪ Um ein **Quadrat** zu erzeugen, wählst du ⬚ und hältst beim Ziehen ⇧ gedrückt.

▪ Um einen **Kreis** zu erzeugen, wählst du ◯ und hältst beim Ziehen ⇧ gedrückt.

▪ Um senkrechte, waagerechte oder schräge Linien zu erstellen, wählst du z. B. ╲ oder ╲ und hältst bei Ziehen ⇧ gedrückt.

Zeichnungsobjekt bearbeiten

Zeichnungsobjekte kannst du nachträglich verschieben, drehen und skalieren:

▶ Klicke auf der Folie in das Objekt und ziehe es an die gewünschte Position.

▶ Mithilfe der Ziehpunkte kannst du das Objekt drehen oder in der Größe ändern.

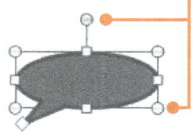

Sobald ein Zeichnungsobjekt ausgewählt ist, kannst du es im Register **Format**, Gruppe **Formenarten**, u. a. mit einer anderen Hintergrundfarbe bzw. Linienfarbe versehen.

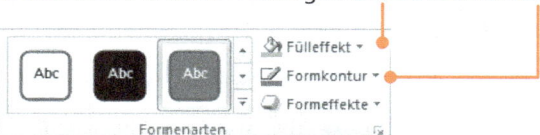

Um die Eigenschaften von Linien bzw. Pfeillinien zu bearbeiten, klickst du auf 🔲 und wählst *Linienart*. Folgende Eigenschaften kannst du hier einstellen:

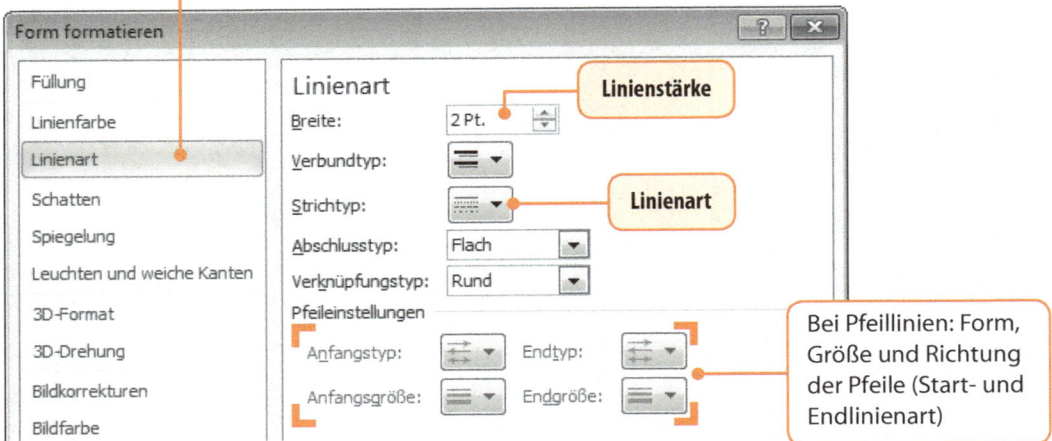

> Wenn du mehrere Zeichnungsobjekte mit gedrückter Strg-Taste markierst bzw. einen Mausrahmen um sie ziehst, kannst du sie gemeinsam bearbeiten. Das ist praktisch, um z. B. allen Objekten schnell die gleiche Hintergrundfarbe zuzuweisen.

Bestimmte Zeichnungsobjekte (Kreis/Ellipse, Rechteck/Quadrat, Blockpfeil, Textfeld) kannst du auch beschriften:

▶ Klicke das Zeichnungsobjekt in der Mitte an.

▶ Gib den gewünschten Text ein.

▶ Markiere und formatiere den Text wie gewohnt.

Schatten zuweisen

Damit ein Zeichnungsobjekt plastischer und damit edler wirkt, kannst du es mit einem **Schatten** versehen:

▶ Markiere das Zeichnungsobjekt durch Anklicken.

▶ Klicke im Register *Format*, Gruppe *Formenarten*, auf *Formeffekte*.

▶ Wähle im Bereich *Schatten* einen der vorgegebenen Schatteneffekte aus bzw. klicke auf *Weitere Schatten*, um den Schatten selbst zu gestalten.

▶ Um einen bestehenden Schatten zu entfernen, wählst du *Kein Schatten*.

> Du kannst den Schatten auch selbst gestalten, indem du in der Gruppe *Formenarten* auf 🔲 klickst und *Schatten* wählst.

Zeichnungsobjekt ausrichten

So richtest du einzelne oder mehrere Zeichnungsobjekte gleichmäßig auf der Folie aus:

- ▶ Markiere die gewünschten Objekte durch Anklicken.
- ▶ Klicke im Register **Start**, Gruppe **Zeichnung**, auf **Anordnen**.
- ▶ Wähle unter **Ausrichten** die gewünschte Ausrichtungsart aus:

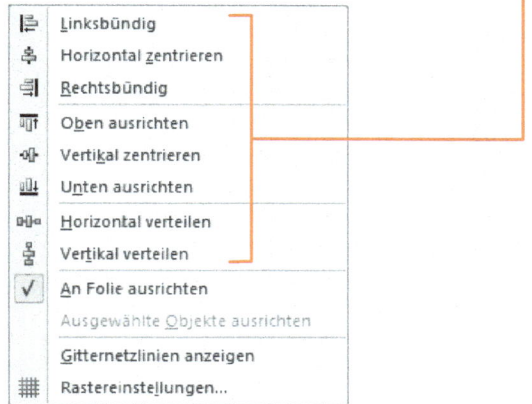

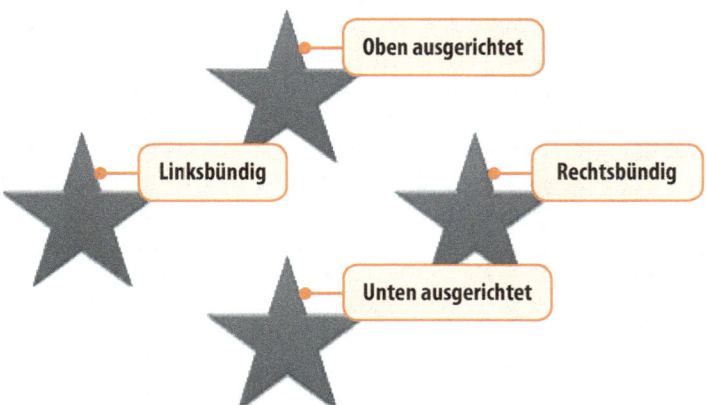

 Um ein Zeichnungsobjekt exakt in der Folienmitte zu platzieren, wählst du hintereinander **Horizontal zentrieren** und **Vertikal zentrieren**.

Mit **Horizontal verteilen** kannst du mehrere Objekte aneinander ausrichten:

Zeichnungsobjekt drehen oder kippen

So drehst du ein markiertes Zeichnungsobjekt:

▶ Klicke auf den grünen Drehpunkt und bewege ihn mit gedrückter Maustaste.

▶ Lass die Maustaste los, wenn sich der Umriss im gewünschten Winkel befindet.

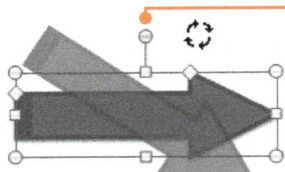

Zeichnungsobjekte lassen sich auch kippen (spiegeln):

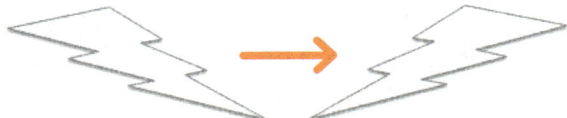

▶ Klicke im Register **Start**, Gruppe **Zeichnung**, auf **Anordnen**.

▶ Wähle unter **Drehen** die gewünschte Kipprichtung aus:

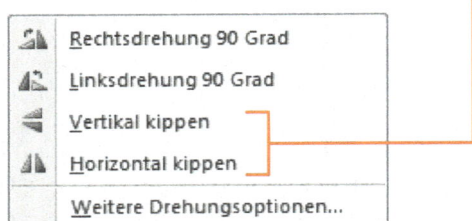

Reihenfolge ändern

Übereinander geschobene Zeichnungsobjekte verdecken sich gegenseitig. Falls das hintere Objekt vorne sein sollte (bzw. umgekehrt), änderst du die Reihenfolge:

▶ Klicke im Register **Start**, Gruppe **Zeichnung**, auf **Anordnen**.

▶ Wähle, ob das markierte Objekt eine Ebene nach vorne oder hinten verschoben bzw. ganz in den Vorder- oder Hintergrund verschoben werden soll.

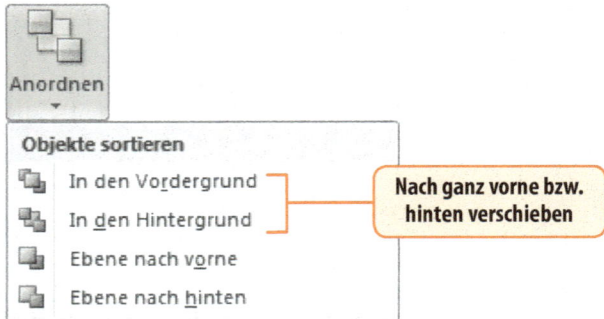

Zeichnungsobjekte gruppieren

Mehrere Zeichnungsobjekte, die zusammen eine Einheit bilden, kannst du gruppieren. Gruppierte Zeichnungsobjekte verhalten sich so, als wären sie ein einzelnes Objekt: Du kannst sie z. B. in einem Rutsch drehen, verkleinern oder mit anderen Farben versehen.

▸ Markiere die Zeichnungsobjekte, die du gruppieren möchtest.

▸ Klicke im Register **Start**, Gruppe **Zeichnung**, auf **Anordnen** und wähle **Gruppieren**.

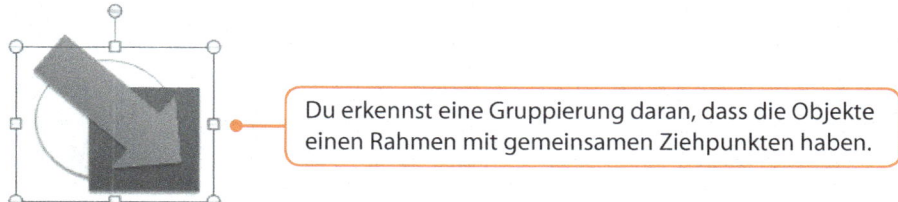

Du erkennst eine Gruppierung daran, dass die Objekte einen Rahmen mit gemeinsamen Ziehpunkten haben.

Um einzelne Objekte zu bearbeiten, kannst du eine Gruppierung auch wieder aufheben:

▸ Markiere das gruppierte Objekt.

▸ Klicke im Register **Start**, Gruppe **Zeichnung**, auf **Anordnen** und wähle **Gruppierung aufheben**.

 Du kannst auf die beschriebene Weise auch mehrere Gruppierungen gruppieren. So kannst du nach und nach sehr komplexe Zeichnungen erstellen.

Objekte verschieben, kopieren oder löschen

Die einzelnen Elemente einer Folie, also Textplatzhalter, Zeichnungsobjekte, Bilder, Tabellen und Diagramme, werden übergreifend als **Objekte** bezeichnet. Wenn du Objekte auf eine andere Folie oder in eine andere Präsentation kopieren bzw. verschieben möchtest, verwendest du wieder die Zwischenablage:

Ausschneiden	Strg + X	✂
Kopieren	Strg + C	📋
Einfügen	Strg + V	📋

▸ Markiere das Objekt, das du kopieren möchtest.

▸ Drücke Strg + C, um das Objekt in die Zwischenablage zu kopieren. Möchtest du das Objekt nicht kopieren, sondern verschieben, verwendest du Strg + X.

▸ Wechsle z. B. über die Schaltfläche der Taskleiste in die andere Präsentation.

▸ Wähle die gewünschte Folie aus.

▸ Drücke Strg + V, um das Objekt einzufügen.

Möchtest du ein Objekt löschen, markierst du es und drückst Entf.

 Wenn du mehrere Objekte auf einmal verschieben, kopieren oder löschen möchtest, klickst du sie nacheinander mit gedrückter Strg-Taste an bzw. markierst sie mit einem Mausrahmen.

5   Diagramme einfügen

Übersicht

Mithilfe von Diagrammen kannst du komplizierte Sachverhalte und Zahlenreihen ansprechend und verständlich darstellen. In diesem Kapitel erfährst du, wie Diagramme eingefügt und bearbeitet werden. Konkret geht es dabei um folgende Themen:

- Diagramm einfügen
- Daten eingeben und ändern
- Diagramm bearbeiten
- Organigramm einfügen und bearbeiten

Diagramm einfügen

▶ Klicke im Register *Einfügen*, Gruppe *Illustrationen*, auf *Diagramm* bzw. klicke im Platzhalter für Inhalte auf .

Im Fenster *Diagramm einfügen* wählst du einen Diagrammtyp und –untertyp aus:

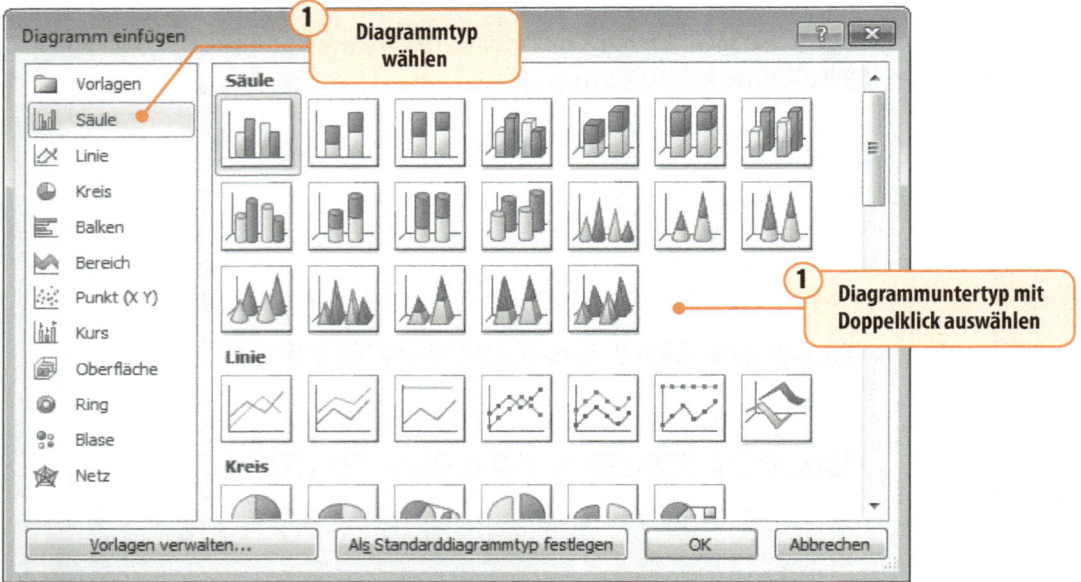

⊕	Kreis	**Kreisdiagramme** machen Verteilungen deutlich. Ein klassisches Beispiel sind Wahlergebnisse, die die Anteile der einzelnen Parteien zeigen.
⏹	Säule	**Säulendiagramme** sind geeignet, um Zahlen z. B. über größere Zeitspannen (Monate, Jahre) zu vergleichen, etwa die Verkaufszahlen eines Unternehmens.
⏹	Balken	**Balkendiagramme** dienen dem schnellen Vergleich und zur Gewinner/Verlierer-Ermittlung, etwa wenn der Kraftstoffverbrauch von Autos verglichen werden soll.
⏹	Linie	**Liniendiagramme** eignen sich, um Trends oder Entwicklungen über einen bestimmten Zeitraum hinweg anzuzeigen, etwa eine Fieberkurve oder der Kursverlauf einer Aktie.

Nachdem PowerPoint das Diagramm eingefügt hat, wird zusätzlich ein Fenster, das eine Tabelle mit Beispieldaten enthält, geöffnet. Das ist das **Datenblatt**.

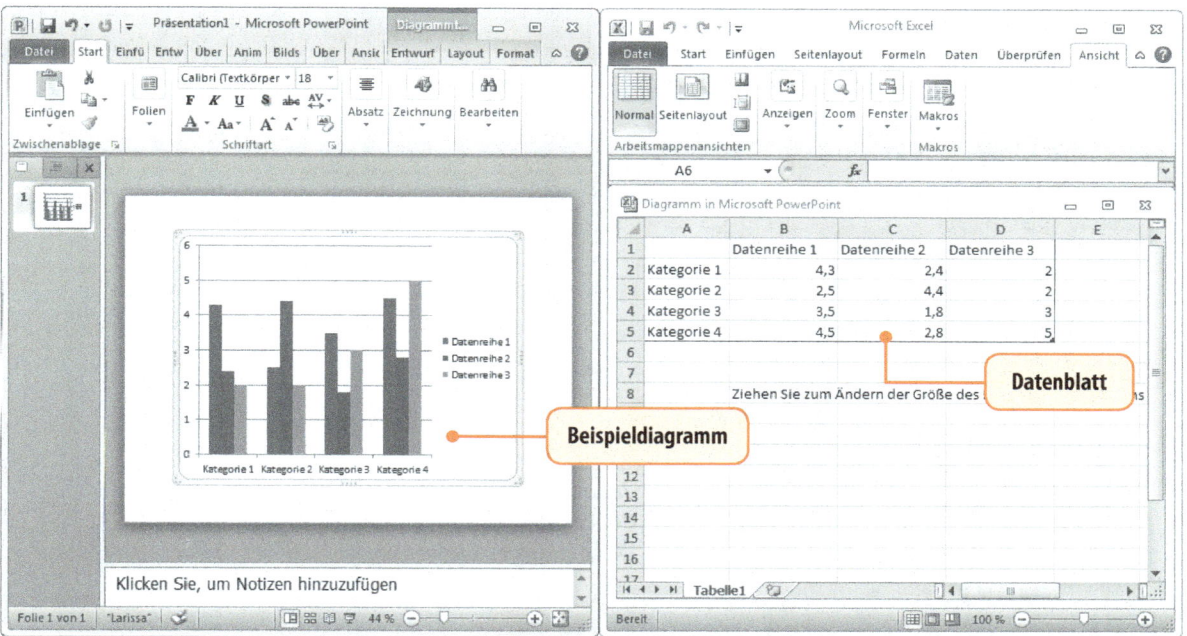

Datenblatt ausfüllen

Im Datenblatt kannst du die Beschriftungen der Zeilen und Spalten ändern und die Zellen mit deinen eigenen Zahlen überschreiben. Oft ist es aber schneller, die Tabelle zu löschen und neu auszufüllen:

▶ Markiere den gesamten Tabelleninhalt, indem du oben links auf ◤ klickst.

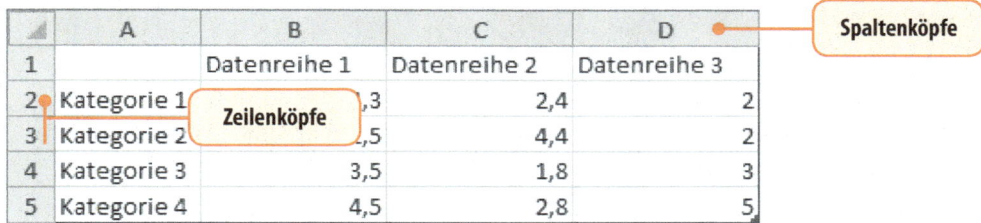

▶ Drücke [Entf], um den Tabelleninhalt zu löschen.

▶ Gib in den Zeilen (Kategorien) bzw. Spalten (Datenreihen) die gewünschten Beschriftungen ein. Die erste Zelle (A1) bleibt frei.

▶ Gib nun die Zahlenwerte ein. Mit [↹] gelangst du zur nächsten Zelle.

◤	A	B	C	D	E
1		650	1000	1350	1450
2	Bevölkerung im Mittelalter (West- und Mitteleuropa, in Mio.)	5,5	12	35,5	22,5

Achte darauf, dass der blaue Rahmen die Überschriften/Werte genau umschließt. Mit dem Anfasser in der rechten unteren Ecke kannst du den Rahmen ändern.

Um in der Tabelle die Breite einer Spalte automatisch an ihren Inhalt anzupassen, klickst du die rechte Trennlinie im Spaltenkopf doppelt an.

Diagramm bearbeiten

Um ein Diagramm zu bearbeiten, klickst du es an. Es erscheint ein Rahmen, mit dem du die Position und Größe des Diagramms ändern kannst:

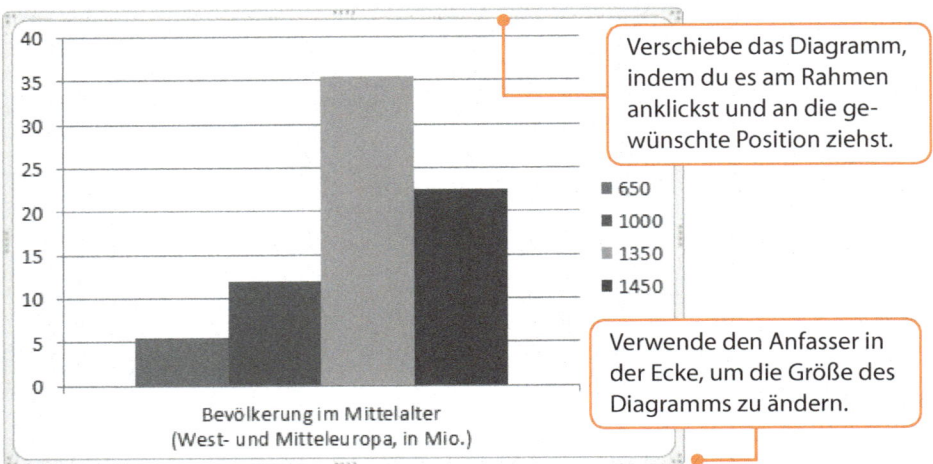

So änderst du nachträglich den Diagrammtyp:

▶ Klicke das Diagramm an, um es auszuwählen.

▶ Klicke im Register **Entwurf** (unter **Diagrammtools**), Gruppe **Typ**, auf **Diagrammtyp ändern**.

▶ Klicke im Fenster **Diagrammtyp ändern** den entsprechenden Diagrammtyp an und wähle den gewünschten Diagrammuntertyp mit einem Doppelklick aus.

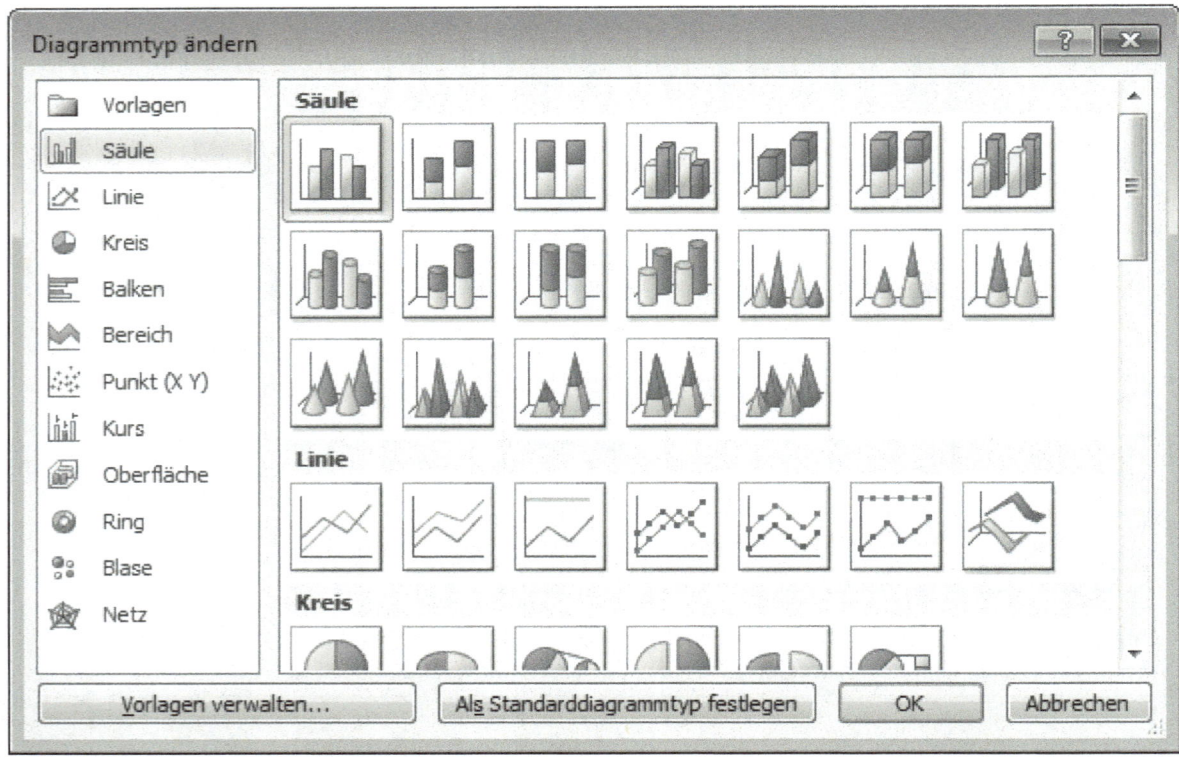

Farben ändern

Du kannst jeden Diagrammbereich mit einer eigenen Farbe versehen.

▶ Markiere das gewünschte Element durch Anklicken, z. B. die Diagrammfläche.

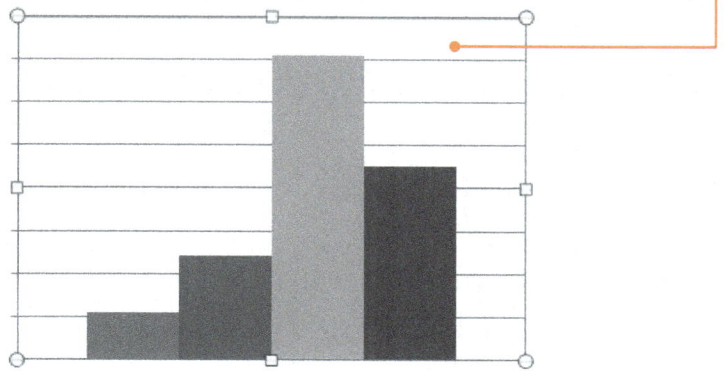

▶ Wähle im Register **Format**, Gruppe **Formenarten**, mit **Fülleffekt** eine Farbe aus.

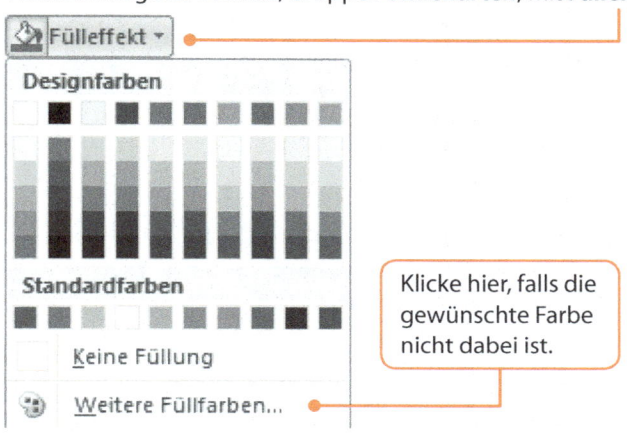

Nicht nur der Hintergrund, auch einzelne Diagrammelemente (z. B. Säulen oder Kreissegmente) können auf die beschriebene Weise mit einer anderen Farbe versehen werden.

Klicke hier, falls die gewünschte Farbe nicht dabei ist.

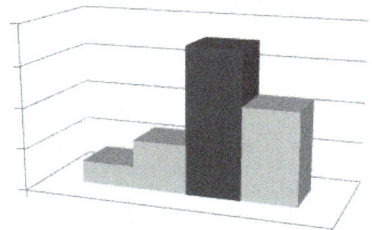

 Bei einigen Diagrammtypen werden beim Anklicken alle Elemente der gleichen Gruppe markiert. Klicke dann noch einmal auf einzelnes Element, um es zu markieren.

Diagrammbeschriftung bearbeiten

Um ein Diagramm zu beschriften, stehen dir verschiedene Elemente zur Verfügung:

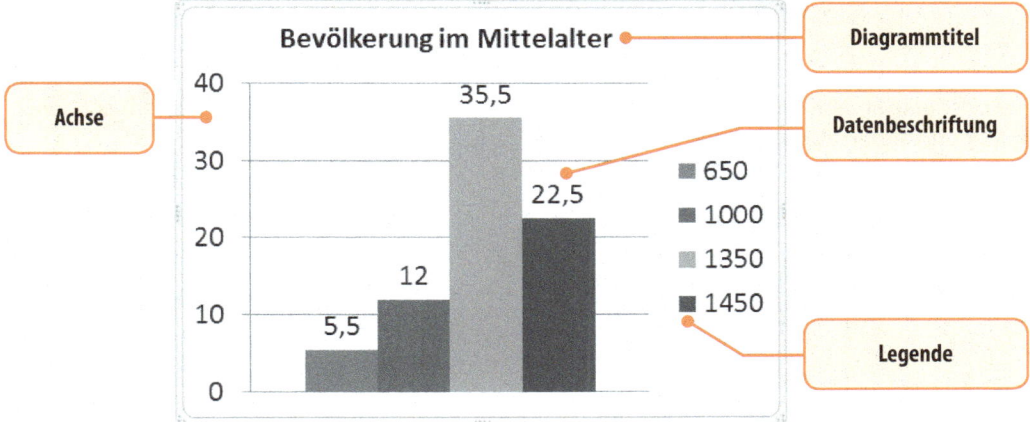

So fügst du einen **Diagrammtitel** hinzu:

▶ Klicke das Diagramm an, um es auszuwählen.

▶ Klicke im Register *Layout*, Gruppe *Beschriftungen*, auf *Diagrammtitel*.

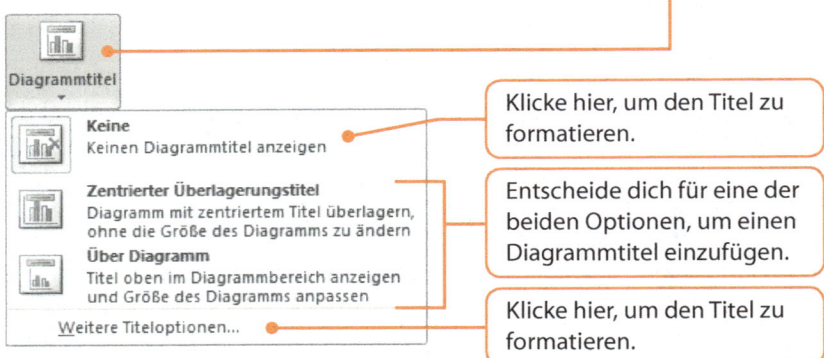

▶ Gib den Diagrammtitel ein.

Wenn du möchtest, dass direkt im Diagramm die verschiedenen Werte angezeigt werden, fügst du **Datenbeschriftungen** hinzu.

▶ Klicke im Register *Layout*, Gruppe *Beschriftungen*, auf *Datenbeschriftungen*.

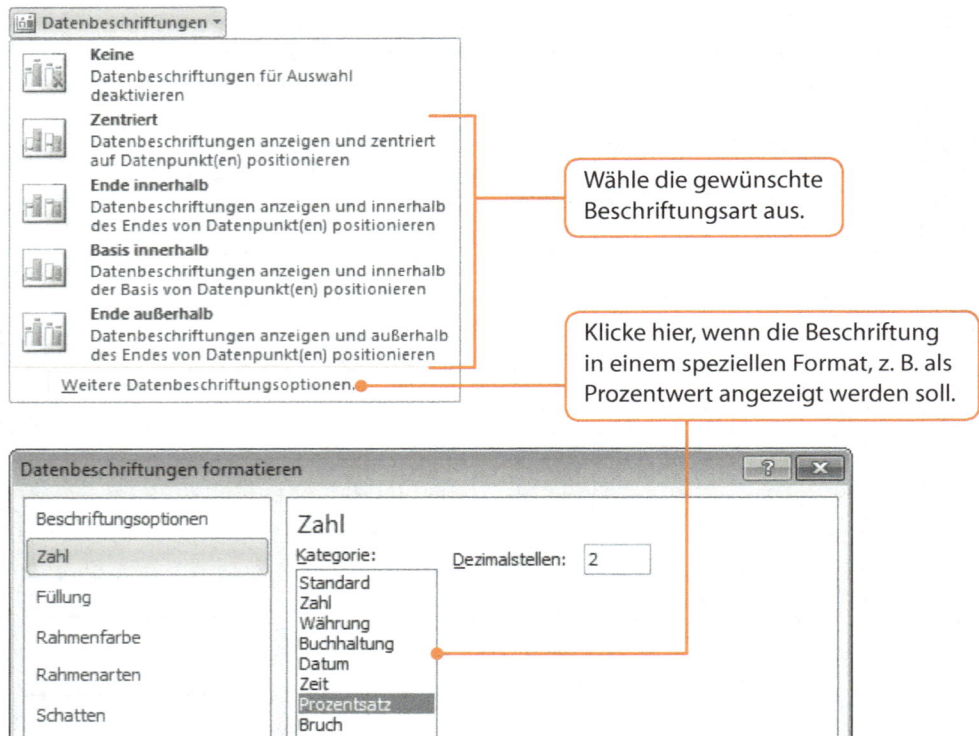

Um einen Diagrammtitel oder eine andere Beschriftung nachträglich zu bearbeiten, klickst du im Diagramm auf den entsprechenden Platzhalter und änderst bzw. formatierst den Text auf gewohnte Weise.

Um eine Beschriftung zu entfernen, klickst du genau auf den Rahmen des entsprechenden Platzhalters und drückst `Entf`.

Was ist ein Organigramm?

Mit einem **Organigramm** (Organisations-Diagramm) werden Hierarchien, Aufgaben und Befugnisse in Unternehmen dargestellt. Ein Organigramm beantwortet Fragen wie z. B.

- Welche Abteilungen hat ein Unternehmen?
- Welcher Mitarbeiter ist für welche Aufgabe zuständig?
- Wer darf wem Weisungen erteilen?

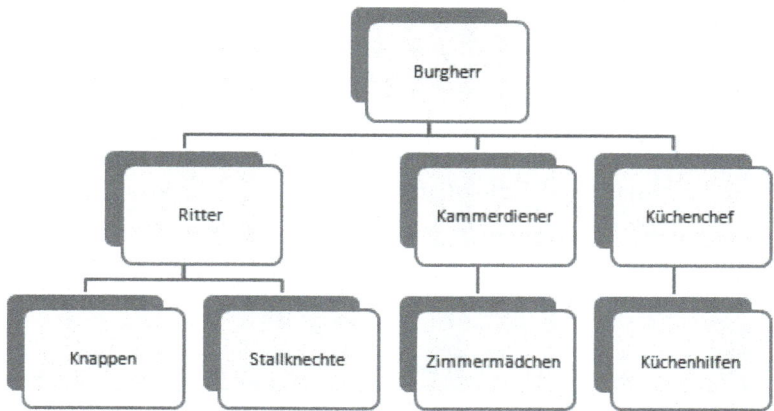

Organigramm einfügen

▶ Klicke im Register **Einfügen**, Gruppe **Illustrationen**, auf **SmartArt** bzw. klicke im Platzhalter für Inhalte auf .

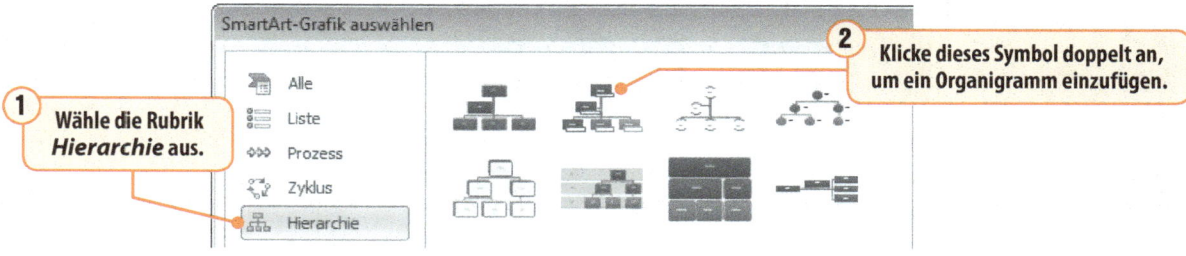

Das vorgegebene Organigramm verfügt über vier Platzhalter (Formen). Mithilfe des Rahmens, der immer sichtbar wird, wenn das Organigramm ausgewählt ist, kannst du es in der Größe ändern bzw. an eine andere Position verschieben.

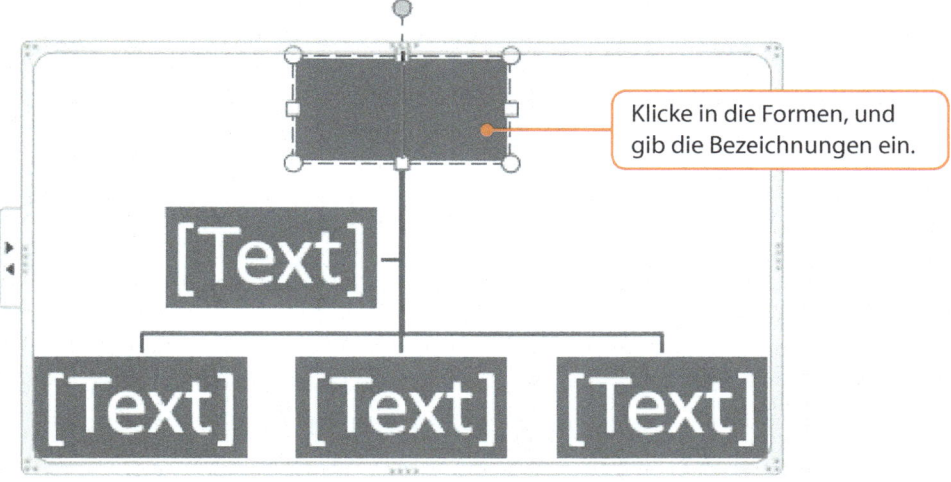

Organigramm bearbeiten

Im Register **Entwurf** (unter **SmartArt-Tools**) kannst du das Organigramm bearbeiten und auch erweitern. So fügst du weitere Formen hinzu:

▶ Markiere die Form, an der du eine weitere Form hinzufügen möchtest, durch Anklicken.

▶ Klicke in der Gruppe **Grafik erstellen** auf den Pfeil von **Form hinzufügen**.

Beim Einfügen einer neuen Form stehen dir verschiedene Rangfolgen zur Verfügung:

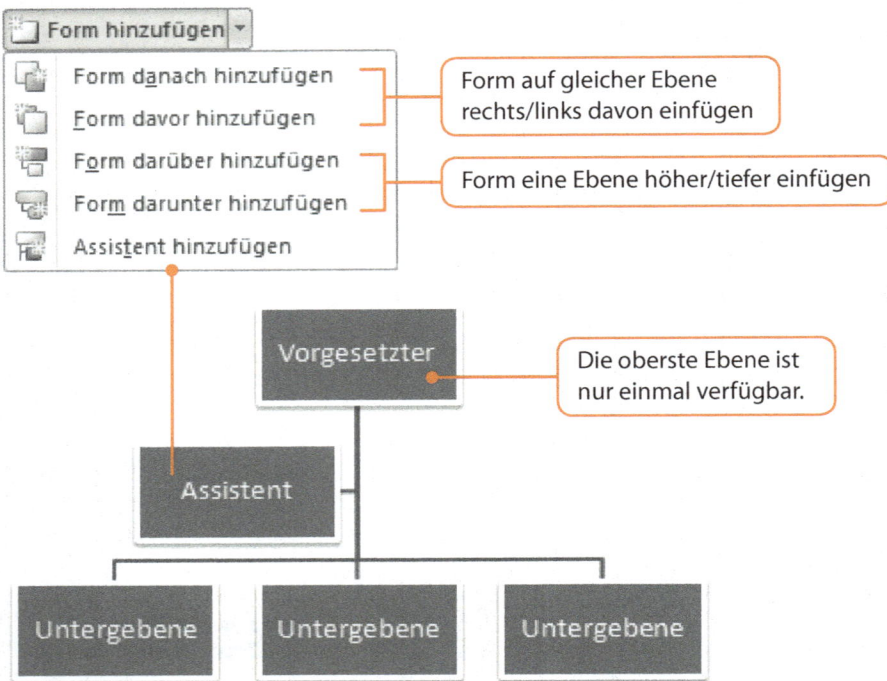

Die Hierarchie, also die Rangfolgen im Organigramm, lassen sich wie folgt ändern:

▶ Markiere die Form, deren Rangfolge du ändern möchtest.

▶ Klicke im Register **Entwurf** (unter **SmartArt-Tools**), Gruppe **Grafik erstellen**, auf **Höher stufen** bzw. **Tiefer stufen**.

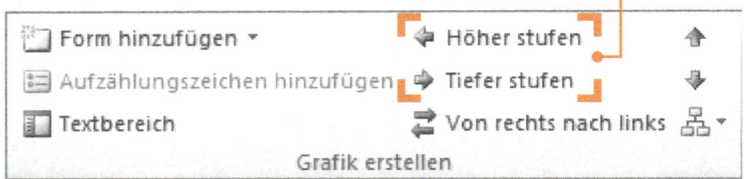

So löschst du eine Form, die du nicht länger benötigst:

▶ Markiere die Form durch Anklicken ihres Rahmens.

▶ Drücke [Entf].

Durch Anklicken mit gedrückter [Strg]–Taste kannst du auch mehrere Formen auf einmal auswählen, z. B. um im Register **Format**, Gruppe **Formenarten**, mit ◿ Formkontur ▾ eine andere Umrissfarbe auszuwählen.

 Du kannst den Text in den Formen auf gewohnte Weise formatieren. Wenn das ganze Organigramm, also eine der einzelnen Formen ausgewählt ist, betreffen Änderungen an der Zeichenformatierung (z. B. Schriftart) alle Formen.

6   Folien übergreifend bearbeiten

Übersicht

Mithilfe von Kopf- und Fußzeilen und mit dem Folienmaster kannst du wichtige folienübergreifende Bearbeitungen vornehmen. Konkret geht in es diesem Kapitel um folgende Punkte:

- Kopf- oder Fußzeile einfügen
- Folienmaster bearbeiten

Kopf- oder Fußzeile erstellen

Kopf- bzw. Fußzeilen sind Bereiche am oberen bzw. unteren Folienrand. Hier kannst du zusätzliche Informationen wie z. B. Datum oder Foliennummer anzeigen lassen.

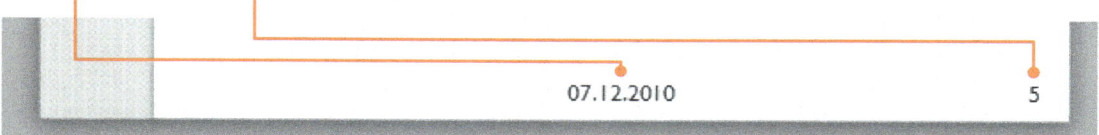

07.12.2010   5

- ▶ Klicke im Register *Einfügen*, Gruppe *Text*, auf *Kopf- und Fußzeile*.
- ▶ Bestimme im folgenden Fenster, welche Elemente eingefügt werden sollen:

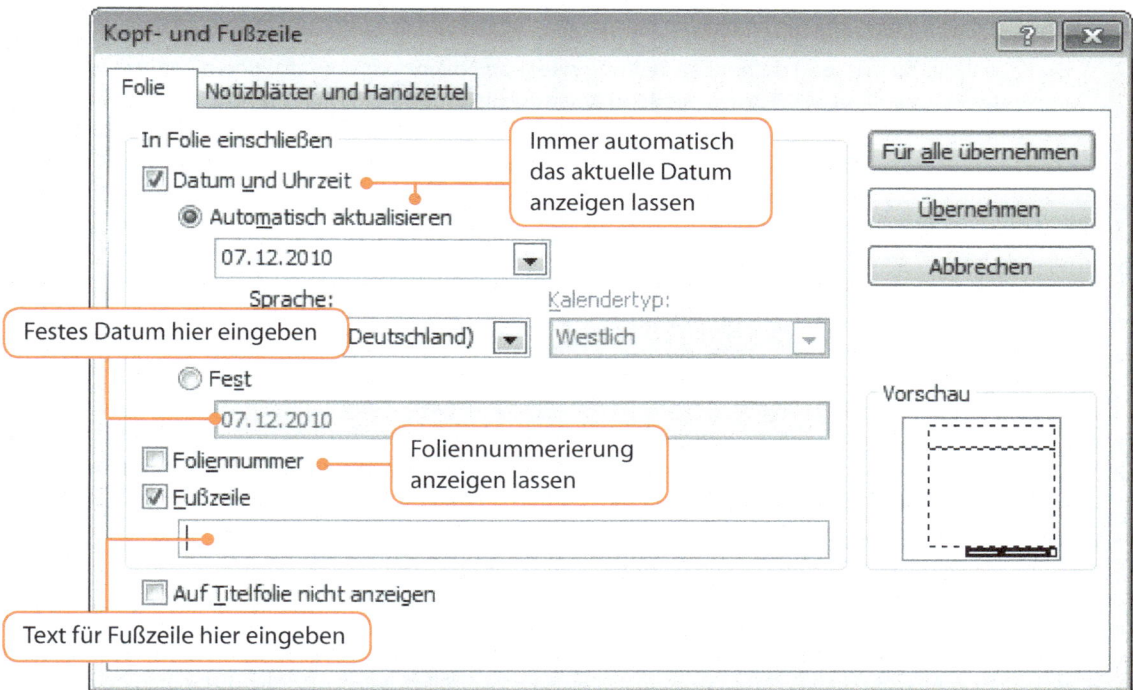

- ▶ Klicke auf *Für alle übernehmen*, um deine Angaben für die gesamte Präsentation zu übernehmen. Klickst du hingegen auf *Übernehmen*, dann werden die Angaben nur für die aktuelle Folie übernommen.

 Wenn du mehrere, aber nicht alle Folien mit den gleichen Kopf- bzw. Fußzeilen versehen willst, markierst du vor dem Öffnen des Fensters die Folien im Folienregister (Anklicken mit gedrückter [Strg]-Taste). Wenn du fertig bist, bestätigst du mit *Übernehmen*.

Folienmaster bearbeiten

Ein **Folienmaster** bestimmt die grundlegende Gestaltung aller Folien. Änderungen, die du am Folienmaster vornimmst, bestimmen automatisch auch die restlichen Folien deiner Präsentation.

▶ Klicke im Register **Ansicht**, Gruppe **Masteransichten**, auf **Folienmaster**.

Im Folienregister werden der Folienmaster und die Masteransichten der verfügbaren Folienlayouts angezeigt. Sollen die Änderungen alle Folien betreffen, wählst du im Folienregister den Folienmaster aus. Soll davon nur ein bestimmtes Folienlayout betroffen sein, wählst du im Folienregister das entsprechende Layout aus.

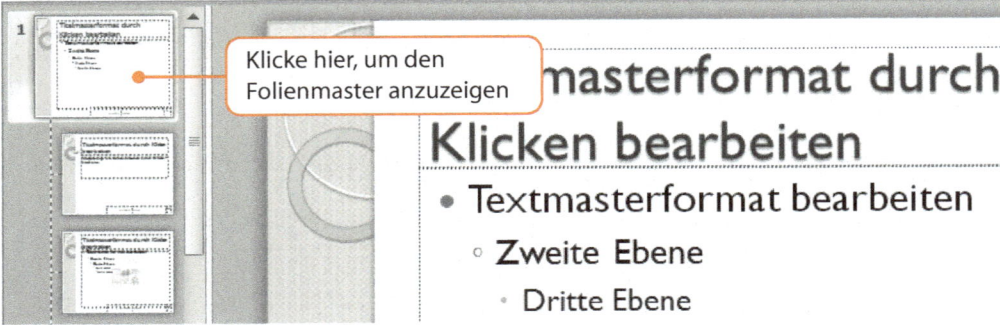

Den Folienmaster bearbeitest du wie jede andere Folie auch, z. B. indem du Farben änderst, andere Schriftarten einstellt oder andere Aufzählungszeichen auswählst.

 Du kannst die Auswirkung deiner Bearbeitung direkt im Folienmaster kontrollieren. Starte einfach die Präsentation mit ⟦F5⟧ bzw. ⟦⟧. Anschließend gelangst du automatisch zur Masteransicht zurück.

Wenn du mit der Bearbeitung des Folienmasters fertig bist, kehrst du folgendermaßen zur normalen Folienbearbeitung zurück:

▶ Klicke im Register **Folienmaster**, Gruppe **Schließen**, auf **Masteransicht schließen**.

Bild in Folienmaster einfügen

Du kannst den Folienmaster auch dazu verwenden, um Objekte einzufügen, die auf allen Folien erscheinen sollen, z. B. ein Logo. Liegt das Logo als Bilddatei vor, fügst du es folgendermaßen ein:

▶ Markiere den Folienmaster.

▶ Klicke im Register **Einfügen**, Gruppe **Bilder**, auf **Grafik**.

 Natürlich kannst du dem Folienmaster auch Zeichnungsobjekte, ClipArts oder andere Objekte hinzufügen.

- Um die Größe des eingefügten Bildes anzupassen, klickst du es an und stellst mit den Anfassern die gewünschte Größe ein. Durch Anklicken am Rahmen kannst du es an eine andere Position verschieben.
- Um ein Objekt vom Folienmaster zu entfernen, klickst du es an und drückst ⟦Entf⟧.

7   Effekte anwenden

Übersicht

Nachdem die Arbeit getan ist und du deine Folien mit den nötigen Inhalten gefüllt hast, peppst du deine Präsentation mit Animationen und Übergängen auf. Folgende Fähigkeiten lernst du nun kennen:

- Animationen zuweisen
- Übergänge auswählen

Animation zuweisen

Du kannst deine Folien mit einer **Animation** versehen, z. B. indem du Aufzählungspunkte nach und nach erscheinen oder ein Foto langsam einblenden lässt.

▶ Wähle auf der Folie jenen Platzhalter aus, der mit der Animation versehen werden soll.

▶ Klicke im Register *Animationen*, Gruppe *Animation*, auf ⏷ , um den gewünschten Animationsstil auszuwählen.

Gewünschte Animation auswählen

Wenn du oben in der Liste *Keine* auswählst, wird eine bereits zugewiesene   wieder entfernt.

In der Gruppe *Animationen* kannst du mithilfe der Schaltfläche *Vorschau* die Auswirkungen deiner Einstellung überprüfen.

Vorschau

Animationen können den Zuschauer ablenken oder verwirren, im schlimmsten Fall sogar nerven. Setze Animationen daher immer nur sehr sparsam ein. Achte außerdem darauf, dass du einheitliche Animationstile verwendest.

Übergang auswählen

Übergänge sind Effekte, die den Wechsel von einer Folie zur nächsten anzeigen.

▶ Wähle die Folie aus, die mit einem Übergang versehen werden soll.

▶ Klicke im Register **Übergänge**, Gruppe **Übergang zu dieser Folie**, auf ⟱ .

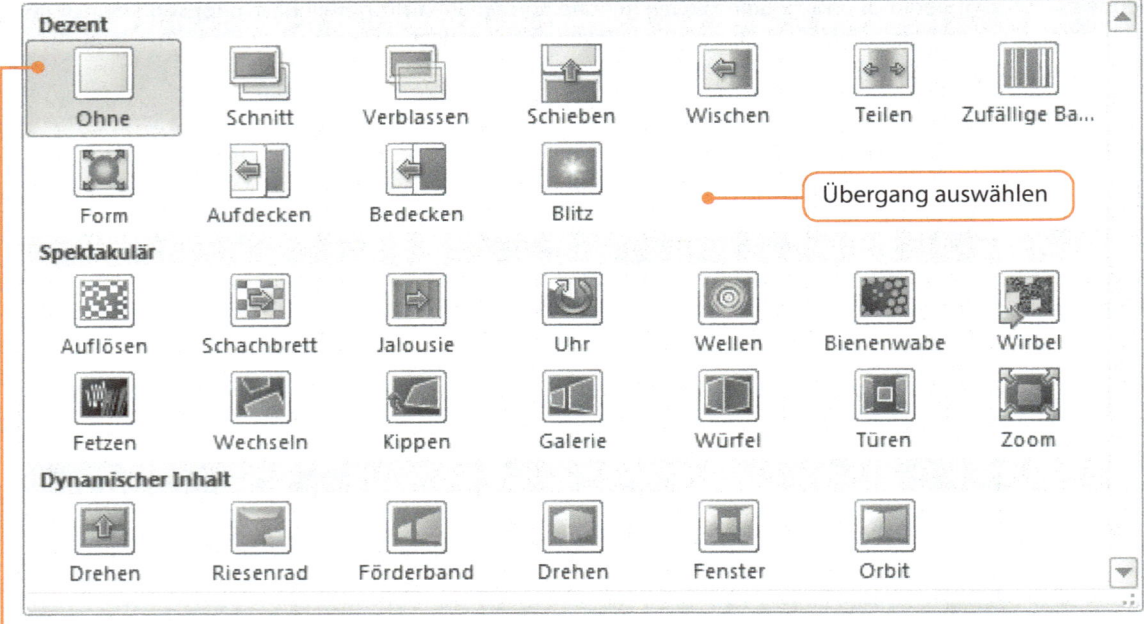

Um einen bestehenden Übergang zu entfernen, wählst du oben in der Liste **Ohne** aus.

Bestimmte Eigenschaften der ausgewählten Überblendung kannst du auch anpassen:

 Deine Präsentation wirkt professioneller, wenn du dezente und für alle Folien einheitliche Übergänge verwendest. Dies erreichst du am schnellsten über die Schaltfläche 🖫 Für alle übernehmen .

8   Präsentationen fertig stellen

Übersicht

Nachdem der Inhalt und die Gestaltung deiner Präsentation fertig ist, fallen noch verschiedene Abschlussarbeiten an, z. B. die Rechtschreibprüfung der Texte oder das Ausdrucken von Handzetteln.

- Rechtschreibung prüfen
- Folien, Notizen oder Handzettel drucken
- Seitenformat einstellen

- Präsentation exportieren
- Folie vorübergehend ausblenden

Rechtschreibung prüfen

Bereits während der Eingabe der Texte markiert PowerPoint falsche (bzw. für PowerPoint unbekannte) Begriffe mit einer roten Wellenlinie:

- „Mittelalter" bezeichnet bei europäischen
  Kulturen dei Zeitspanne zwischen Antike

Um auf den Fehler zu reagieren, klickst du das als fehlerhaft markierte Wort mit der rechten Maustaste an und wählst im Kontextmenü eine der folgenden Möglichkeiten:

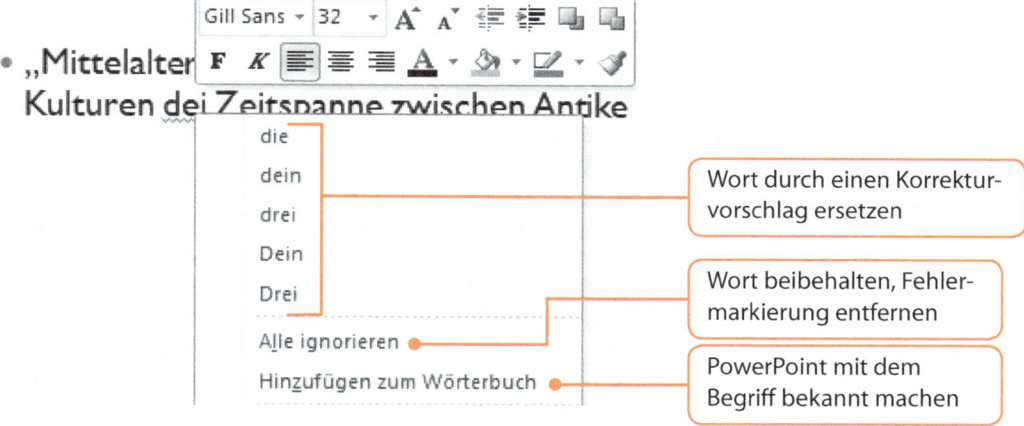

Wort durch einen Korrekturvorschlag ersetzen

Wort beibehalten, Fehlermarkierung entfernen

PowerPoint mit dem Begriff bekannt machen

In manchen Fällen zeigt PowerPoint keine oder nur ungeeignete Korrekturvorschläge an.

Die Rechtschreibprüfung merkt auch, wenn du versehentlich ein und dasselbe Wort zweimal hintereinander eingegeben hast:

Fehler korrigieren lassen

Klicke hier, wenn es sich um *keinen* Fehler handelt

Alternativ zum Kontextmenü kannst du Fehler auch in einem Fenster korrigieren:

▶ Klicke in das fehlerhafte Wort und drücke [F7] bzw. klicke im Register **Überprüfen**, Gruppe **Dokumentprüfung**, auf **Rechtschreibung**.

Folien, Notizen oder Handzettel drucken

In PowerPoint kannst du nicht nur die Folien deiner Präsentation, sondern auch Begleitmaterialien wie z. B. **Handzettel** oder **Notizenseiten** ausdrucken.

▶ Klicke auf `Datei` und wähle *Drucken*.

Im rechten Bereich wählst du aus, was in welcher Anzahl gedruckt werden soll:

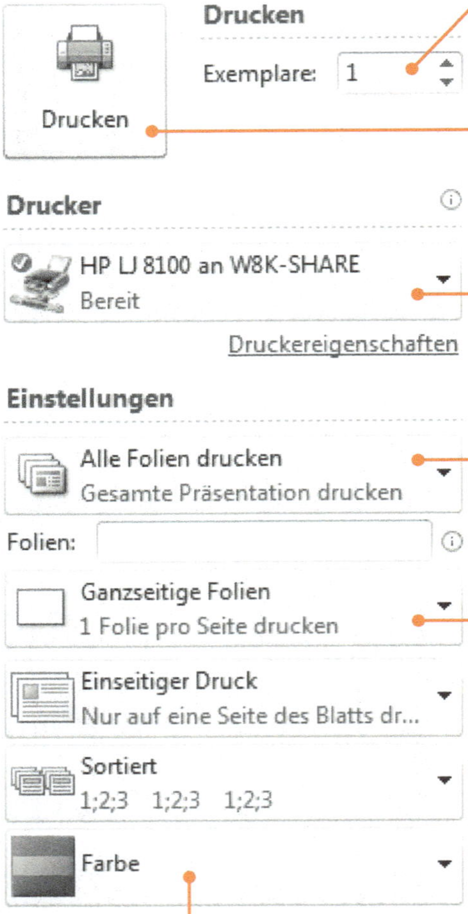

Drucken

Exemplare: 1

Drucken

> Wenn du mehrere Exemplare auf einmal drucken möchtest, stellst du hier die Anzahl der Kopien ein.

> Klicke hier, um den Druckvorgang zu starten.

Drucker ⓘ

HP LJ 8100 an W8K-SHARE
Bereit

Druckereigenschaften

> Falls mehrere Drucker ange-schlossen sind, wählst du hier den gewünschten Drucker aus.

Einstellungen

Alle Folien drucken
Gesamte Präsentation drucken

> Wähle hier aus, ob du die gesamte Präsentation oder nur bestimmte Folien bzw. Handzettel drucken möchtest.

Folien: ⓘ

Ganzseitige Folien
1 Folie pro Seite drucken

> Hier legst du fest, ob du Folien, Handzettel, Notizenseiten oder eine Gliederung drucken möchtest.

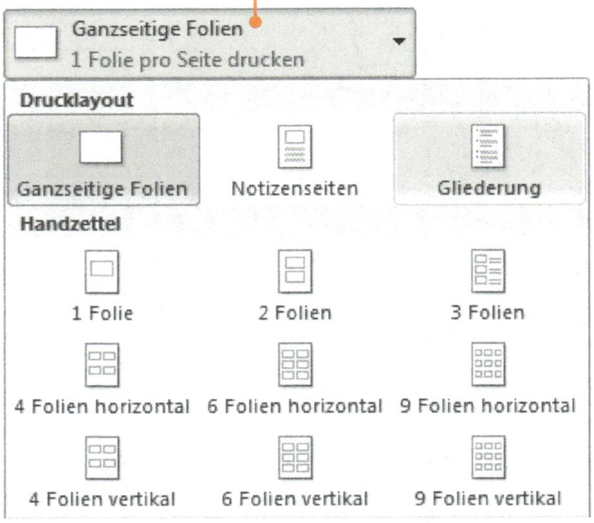

Einseitiger Druck
Nur auf eine Seite des Blatts dr...

Sortiert
1;2;3   1;2;3   1;2;3

Farbe

> Bestimme hier, ob die Folien farbig, in Graustufen oder schwarzweiß gedruckt werden sollen.

Ganzseitige Folien
1 Folie pro Seite drucken

Drucklayout

| Ganzseitige Folien | Notizenseiten | Gliederung |

Handzettel

1 Folie	2 Folien	3 Folien
4 Folien horizontal	6 Folien horizontal	9 Folien horizontal
4 Folien vertikal	6 Folien vertikal	9 Folien vertikal

 Du kannst beim Drucken von Handzetteln viel Papier sparen, wenn du mehrere Folien auf einem Blatt abbildest.

Seitenformat einrichten

Standardmäßig erstellt PowerPoint Folien für die Wiedergabe auf dem Bildschirm. Falls du deine Präsentation mit einem anderen Medium vorführen willst, z. B. mit einem Overheadprojektor, kannst du deine Folien entsprechend anpassen.

Wichtig ist dabei das **Seitenformat**, denn damit legst du die Größe und Ausrichtung deiner Folien, Handzettel und Notizenseiten fest.

▶ Klicke im Register **Entwurf**, Gruppe **Seite einrichten**, auf **Seite einrichten**.

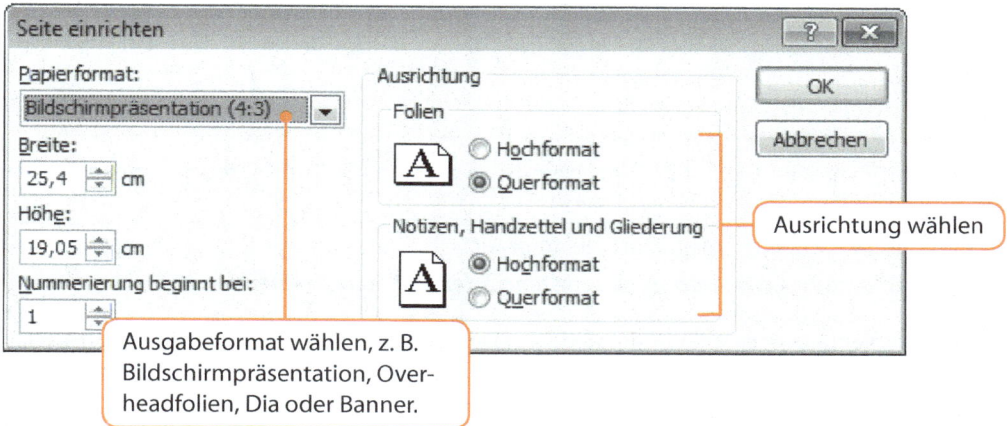

Ausrichtung wählen

Ausgabeformat wählen, z. B. Bildschirmpräsentation, Overheadfolien, Dia oder Banner.

 Wenn du das Seitenformat einer Folie nachträglich änderst, kann es sein, dass sich z. B. Platzhalter oder Bilder hinterher nicht mehr an den vorgesehen Positionen befinden.

Präsentation exportieren

Wenn deine Präsentation in einem anderen Programm bzw. in einer älteren PowerPoint-Version weiterbearbeitet werden soll, speicherst du sie in einem anderen Dateiformat. Das nennt man **Exportieren**.

▶ Klicke auf **Datei** und wähle **Speichern unter**.

▶ Öffne im Fenster **Speichern unter** das Listenfeld **Dateityp**:

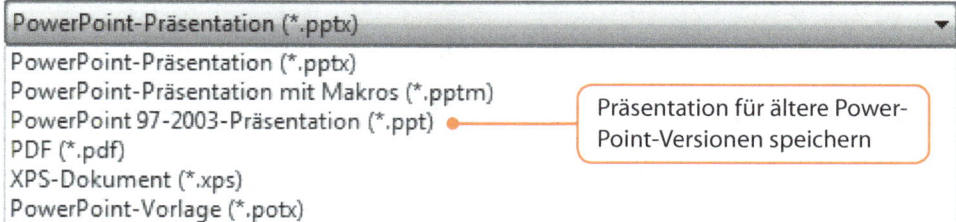

Präsentation für ältere PowerPoint-Versionen speichern

- Um den Text in deiner Präsentation als Gliederung zu speichern, wählst du den **Dateityp Gliederung/RTF**.

- Um deine Präsentation als Vorlage für andere Präsentationen zu speichern, wählst du den Dateityp **PowerPoint-Vorlage**.

- Präsentationen, die als **PowerPoint-Bildschirmpräsentation** gespeichert wurden, werden per Doppelklick direkt im Vollbildmodus gestartet. PowerPoint selbst wird nicht angezeigt, auch nicht am Ende der Präsentation.

- Um deine Folien als Bilder zu speichern, wählst du als Dateityp *Geräteunabhängige Bitmap* (BMP), *WMF*, *GIF*, *JPEG*, *PNG* oder *TIFF*. Anschließend kannst du wählen, ob nur die aktuelle Folie oder alle Folien als Bilder exportiert werden sollen:

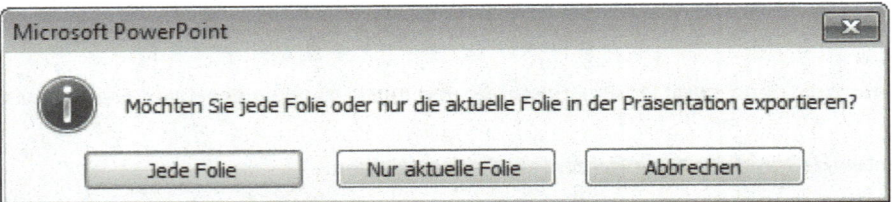

Folie vorübergehend ausblenden

Falls du einzelne Folien vorübergehend nicht benötigst bzw. du sie vor dem Publikum verbergen möchtest, kannst du sie folgendermaßen ausblenden:

▶ Markiere die auszuschließende(n) Folie(n) im Folienregister.

▶ Klicke im Register *Bildschirmpräsentation*, Gruppe *Einrichten*, auf *Folie ausblenden*.

Um eine Folie wieder einzublenden, markierst du sie wieder und klickst die Schaltfläche noch einmal an. Du kannst aber auch während einer Präsentation Folien anzeigen, die ausgeblendet sind:

▶ Starte die Bildschirmpräsentation mit F5.

▶ Klicke in der Navigationsleiste, die links unten auf der Folie angezeigt wird, auf das Symbol 🔲 .

▶ Wähle *Gehe zu Folie* und klicke auf die Folie, die du anzeigen möchtest.

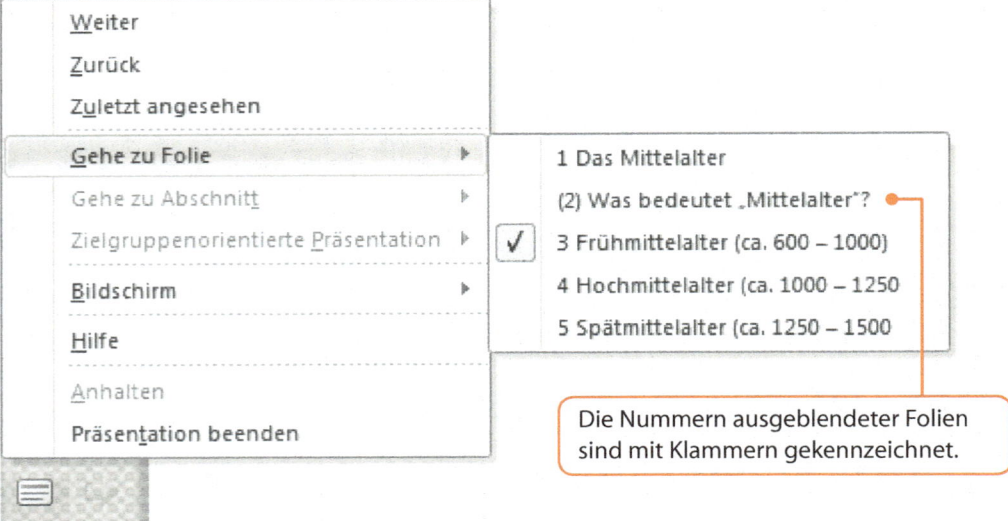

Die Nummern ausgeblendeter Folien sind mit Klammern gekennzeichnet.

Den Befehl *Gehe zu Folie* kannst du auch für Folien, die nicht ausgeblendet sind, verwenden. So kannst du während einer Präsentation auch zu nicht benachbarten Folien wechseln.

9   PowerPoint anpassen

Übersicht

Im letzten Kapitel zu PowerPoint lernst du, wie du die Programmeinstellungen an deine bevorzugte Arbeitsweise anpasst:

- Symbolleiste für den Schnellzugriff anpassen
- Programmeinstellungen ändern
- Hilfesystem aufrufen und bedienen

Symbolleiste für den Schnellzugriff anpassen

Mithilfe der Symbolleiste für den Schnellzugriff kannst du auf häufig benötigte Funktionen mit nur einem Mausklick zugreifen. Du kannst selbst entscheiden, welche Symbole in ihr zur Verfügung stehen.

▶ Klicke rechts neben der Symbolleiste für den Schnellzugriff auf ⩛.

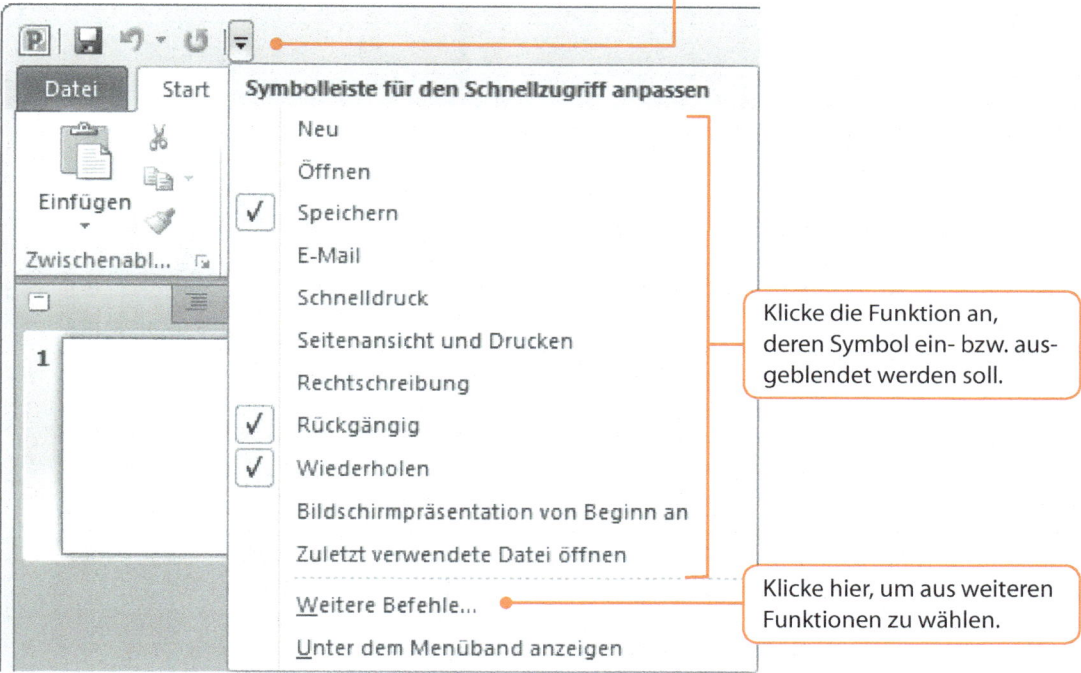

Programmeinstellungen ändern

PowerPoint bietet viele Einstellungen an, mit denen du das Programm an deine bevorzugte Arbeitsweise anpassen kannst.

▶ Klicke auf **Datei** und dann auf **Optionen**, um das Fenster **PowerPoint-Optionen** zu öffnen.

Wenn du in diesem Fenster unter **Benutzername** deinen Namen einträgst, werden alle gespeicherten Präsentationen mit deinem Namen versehen.

Microsoft Office-Kopie personalisieren	
Benutzername:	Stephan Barner
Initialen:	SB

Eine weitere Programmeinstellung, die du kennen solltest, ist der **Standardspeicherort**. Dies ist der Ordner, der beim Speichern deiner Präsentationen vorgeschlagen wird:

▶ Wähle links im Fenster *PowerPoint-Optionen* den Bereich *Speichern* aus.

▶ Gib rechts neben *Standardspeicherort* das gewünschte Verzeichnis ein.

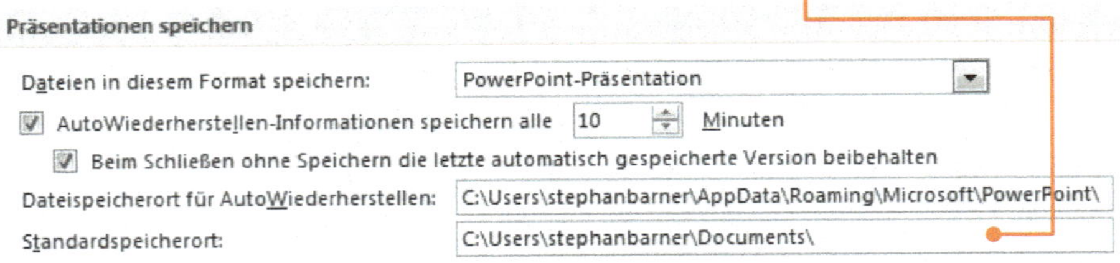

Präsentationen speichern

Dateien in diesem Format speichern: PowerPoint-Präsentation ▾

☑ AutoWiederherstellen-Informationen speichern alle 10 ⏶ Minuten

☑ Beim Schließen ohne Speichern die letzte automatisch gespeicherte Version beibehalten

Dateispeicherort für AutoWiederherstellen: C:\Users\stephanbarner\AppData\Roaming\Microsoft\PowerPoint\

Standardspeicherort: C:\Users\stephanbarner\Documents\

Hilfesystem nutzen

PowerPoint bietet ein umfangreiches Hilfesystem an, also eine Art elektronische Bedienungsanleitung, die dir bei Fragen und Problemen zur Seite steht.

▶ Drücke F1 oder klicke ganz rechts im Menüband auf ❓.

Das Fenster *PowerPoint-Hilfe* wird geöffnet. Hier hast du mehrere Möglichkeiten, um nach Informationen und Lösungen zu suchen.

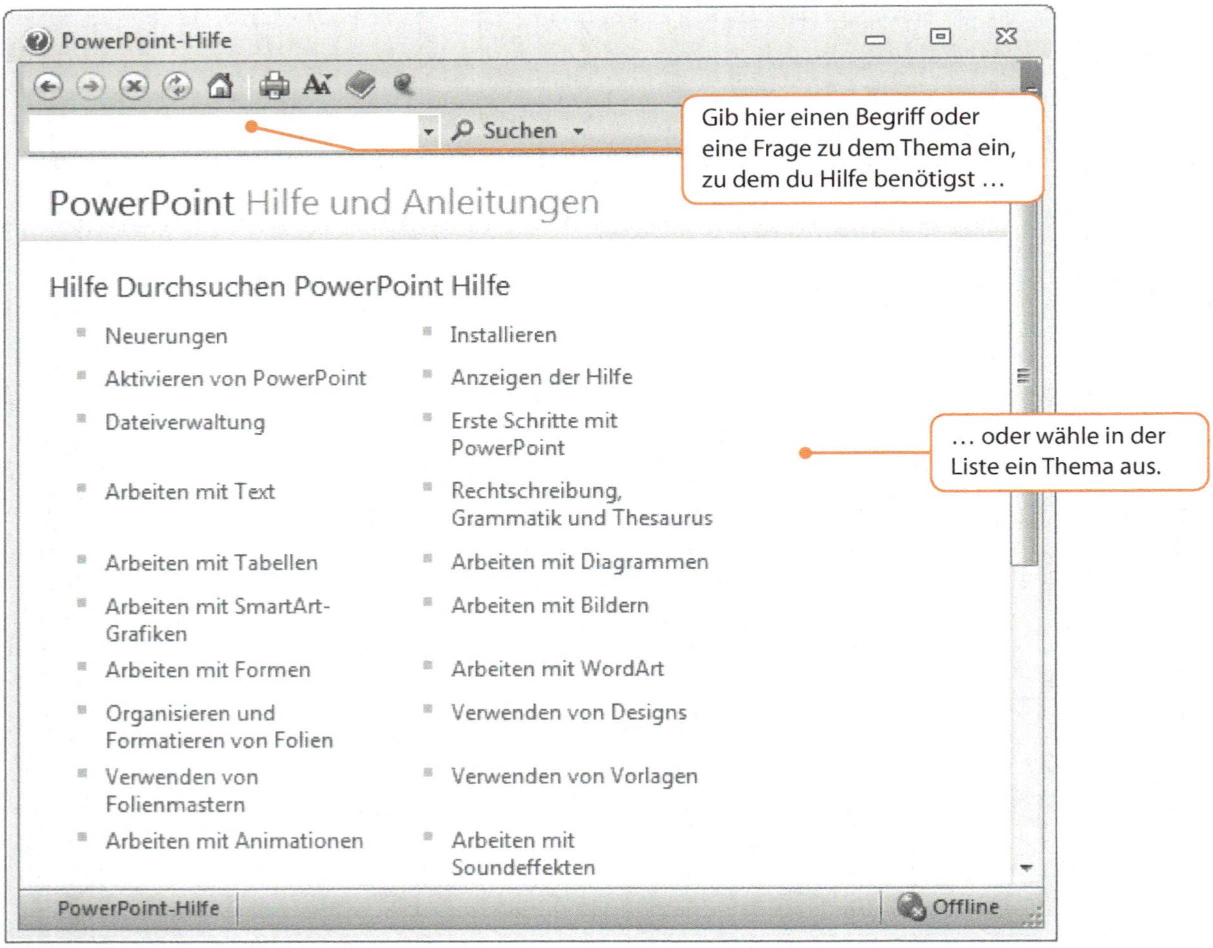

PowerPoint-Hilfe   ▭ ▢ ✕

◄ ► ⊗ ↻ ⌂ 🖶 A̅ 📑 ◉   ▾ 🔍 Suchen ▾

> Gib hier einen Begriff oder eine Frage zu dem Thema ein, zu dem du Hilfe benötigst …

PowerPoint Hilfe und Anleitungen

Hilfe Durchsuchen PowerPoint Hilfe

▪ Neuerungen   ▪ Installieren

▪ Aktivieren von PowerPoint   ▪ Anzeigen der Hilfe

▪ Dateiverwaltung   ▪ Erste Schritte mit PowerPoint

> … oder wähle in der Liste ein Thema aus.

▪ Arbeiten mit Text   ▪ Rechtschreibung, Grammatik und Thesaurus

▪ Arbeiten mit Tabellen   ▪ Arbeiten mit Diagrammen

▪ Arbeiten mit SmartArt-Grafiken   ▪ Arbeiten mit Bildern

▪ Arbeiten mit Formen   ▪ Arbeiten mit WordArt

▪ Organisieren und Formatieren von Folien   ▪ Verwenden von Designs

▪ Verwenden von Folienmastern   ▪ Verwenden von Vorlagen

▪ Arbeiten mit Animationen   ▪ Arbeiten mit Soundeffekten

PowerPoint-Hilfe   ◉ Offline

Möglicherweise bekommst du nun mehrere Themen angezeigt, aus denen du wählen kannst.

Verwenden von Folienmastern

Themen

Was ist ein Folienmaster?
  Artikel

Erstellen oder Anpassen eines Folienmasters
  Artikel

Einer Präsentation mehrere Folienmaster zuweisen
  Artikel

Der eigentliche Hilfetext sieht dann so aus:

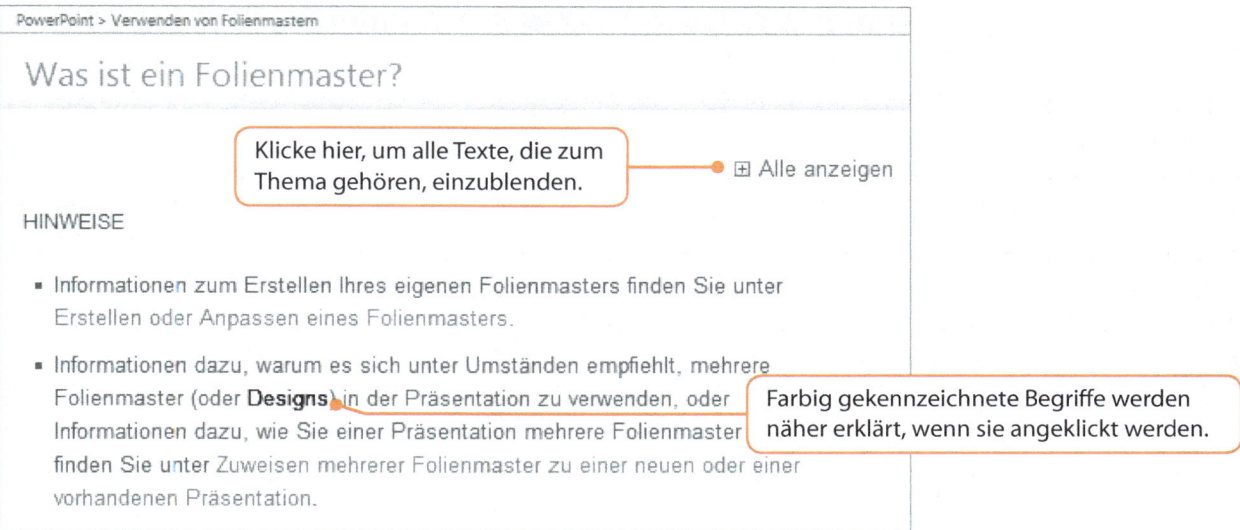

PowerPoint > Verwenden von Folienmastern

Was ist ein Folienmaster?

Klicke hier, um alle Texte, die zum Thema gehören, einzublenden. ⊞ Alle anzeigen

HINWEISE

- Informationen zum Erstellen Ihres eigenen Folienmasters finden Sie unter Erstellen oder Anpassen eines Folienmasters.

- Informationen dazu, warum es sich unter Umständen empfiehlt, mehrere Folienmaster (oder Designs) in der Präsentation zu verwenden, oder Informationen dazu, wie Sie einer Präsentation mehrere Folienmaster finden Sie unter Zuweisen mehrerer Folienmaster zu einer neuen oder einer vorhandenen Präsentation.

Farbig gekennzeichnete Begriffe werden näher erklärt, wenn sie angeklickt werden.

Mithilfe von Symbolen navigierst du durch die angezeigten Hilfeseiten:

- Mit den Symbolen ⊜ ⊜ kannst du zwischen bereits besuchten Hilfeseiten blättern und mit ⌂ die Startseite der Hilfe aufrufen.
- Mit ✎ gelangst du zum Inhaltsverzeichnis der Hilfe.
- Um ein Hilfethema auszudrucken klickst du auf 🖨.

Weitere Hilfen

- Wenn du mit der Maus auf einem Symbol verweilst, wird die Funktion des jeweiligen Bedienelements als **QuickInfo** eingeblendet:

- Wenn du in der Titelleiste eines Dialogfensters auf das Symbol 🔲 klickst, bekommst du automatisch passende Hilfetexte zum jeweiligen Fenster angezeigt. Diese Form der Hilfe nennt man **Direkthilfe**.

Stichwortverzeichnis

Windows 7

A

Abbrechen 11
Adressleiste 28
Aktualisierung 54
Alle Programme 20
Änderungsdatum 36
Animation 12
Anmeldebildschirm 9
AntiVir 54
Arbeitsplatz-Fenster 17
Audio 33
Auflösung 57
Ausführbare Datei 33
Ausschalten 13
Ausschaltknopf 13
Ausschneiden 30

B

Backup 41
Baumstruktur 19
Bedienungsanleitung 58
Benutzer 9
Benutzerordner 26
Betriebssystem 9, 17
Bibliothek 23, 27
Bildlaufleiste 21
Bildschirmauflösung 57
Bildschirmfoto 50
Bildschirmschoner 12
Booten 9

C

CD 18
CD-ROM 19
Computer ausschalten 13
Computer einschalten 9
Computer-Fenster 14, 26, 44
Computerviren 53
Cursor 21

D

Datei
    archivieren 42
    komprimieren 41
    öffnen 24
    sichern 41
    speichern 23
    suchen 37
    verschieben 28
    wiederherstellen 30
Dateieigenschaft 36
Dateinamenerweiterung 32
Datenbank 33
Datenträger 17
Datenträger formatieren 41
Datum und Zeit ändern 55
Deinstallation 46
Design 56
Desktop 9, 45
Desktophintergrund ändern 10
Desktopsymbole 13
Details 36
Diskette 18, 41

Diskettenlaufwerk 19
Dokumente (Bibliothek) 23
Drag & Drop 28
Drucker installieren 44, 46, 52
Druckermodell 47
Druckerstatus kontrollieren 53
Druckertreiber 48
Druckerverknüpfung 48
Druckerwarteschlange 53
DVD 18

E

Editor 20
Eigenschaften 34, 35
Einfügen 30
Erscheinungsbild 10, 56
Extrahieren 43

F

Farbschema 57
Favoriten 40
Fenster
    maximieren 16
    minimieren 16
    schließen 16
    vergrößern 16
    wiederherstellen 16
Fensterfarbe 57
Fensterstatus 16
Festplatte 18, 28
Film 33
Flachbildschirm 12
Formatieren 41
Foto 33

G

Gesamtlautstärke 56
Gigabyte (GB) 18
Grafik 33
Größe 36
Gummiband 31

H

Hilfe aufrufen 58

I

Installationsprogramm 44
Internet 54

K

Kennwort 9
Kilobyte (KB) 18
Komprimierte Datei 33
Komprimierte Datei auspacken 43
Komprimierung 42
Kontextmenü 10, 29
Kopieren 28, 30

L

Laufwerk 17, 26
Laufwerksbuchstabe 18
Lautsprechersymbol 56
Lautstärke einstellen 56

M

Mausrahmen 31
Megabyte (MB) 18

Mehrere Objekte auswählen 31
Menü 21
Menüband 51
Musik 33

N

Navigationsbereich 27
Netzlaufwerk 18
Netzwerk 18, 47
Neuer Ordner 28

O

Objekt 28
Objekt umbenennen 34
Öffnen 24, 27
Online 18
Ordner 19, 27, 54
    Eigenschaften anzeigen 34
    erstellen 28
    komprimieren 42
    verschieben 28
Ordnerfenster 15

P

Papierkorb 30
Papierkorb leeren 30
Persönlicher Ordner 26
Pfad 26
Platzhalter (Suche) 39
Präsentation 33
Programm 39
    abbrechen 49
    an Taskleiste anheften 17
    entfernen 46
    installieren 44
    starten 20
    suchen 39
Programmfenster 17

R

RAR-Verfahren 42
Register 32

S

Schadprogramm 53
Schaltfläche 11
Schnelldruck 52
Schreibschutz 35
Schreib- und Lesezugriff 35
Screenshot 50
Scrollbalken 21
Scrollen 21
Setup 44
Sicherheitskopie erstellen 41
Sicherungskopie 40
Snipping Tool 50
Sortieren 36
Sortierkriterium 36
Sortierrichtung 36
Spaltenkopf 36
Speichern 23, 27
Speicherort 23, 26
Sperren 35
Standarddrucker festlegen 48
Startmenü 14, 20, 40, 45
Statusleiste 53

Stern als Platzhalter 39
Suchbegriff eingeben 37
Suchfeld 37
Suchfilter 38, 39
Symbole auf dem Desktop 10
Symbolleiste 51
Systemeigenschaften 44
Systemsteuerung 46, 47, 53, 55
Systemvoraussetzungen 44

T
Tabelle 33
Task beenden 49
Taskleiste 17, 40, 53, 56
Task-Manager 49
Tastatur 56
Tastatursprache 56
Temporäre Datei 33
Terabyte (TB) 18
Testseite drucken 48
Text 33
    schreiben 20
Titelleiste 16, 24
Transparenz von Fenstern 57

U
Übernehmen 12
Uhrzeit ändern 55
Umbenennen 34
Untermenü 22
Unterordner 19
Update 54
USB-Speicherstick 18, 41

V
Verknüpfung 40, 45
Verschieben 28
Verzeichnis 19
Video 33
Virenscanner 54
Virus 53

W
Wechselmedium 19, 41
Wiederherstellen von Dateien 30
Windows
    herunterfahren 13
    Hilfe 58
    neu starten 50
WordPad 51

Z
Zielverzeichnis 28, 45
ZIP-Medium 41
ZIP-Verfahren 42
Zuletzt verwendete Dateien 40
Zwischenablage 29, 50

Word 2010

A
Absatz 79
    einziehen 80
    hervorheben 86
    markieren 63
Absatzabstand 82
Absatzformat 80, 83
Absatzmarken 79

Alle ersetzen 72
Ansicht wechseln 102
Anwendungsfenster 61
Aufzählung 83
Aufzählungszeichen 83, 84
Ausrichtung 80
Ausschneiden 69
Automatische Silbentrennung 82

B
Bedienelemente 61
Benutzername 112
Bild
    einfügen 97
    verschieben 98
Bildgröße bearbeiten 98
Blattkante 90
Blocksatz 80, 82
Briefumschlag 106

C
ClipArt einfügen 97
Cursor 62

D
Darstellungsgröße 101
Dateityp 105
Datenquelle 106, 108
Datensatz 106
Dezimalzahlen 85
Diagramm
    bearbeiten 100
    einfügen 100
Dokument
    anlegen 67
    drucken 66
    exportieren 105
    öffnen 68
    schließen 69
    speichern 65
    wechseln 68
Dokumentansichten 102
Dokumentformat 89
Dokumentprüfung 73
Druckauftrag starten 103
Drucker 66, 90

E
Einfügen 69
Einfügen-Modus 63
Einzugsarten 81
Entwurfsansicht 102
Erscheinungsbild prüfen 102
Ersetzen-Funktion 72
Erstzeileneinzug 80

Etikett 106
Exportieren 105

F
Farbe 76
Fehlerkorrektur 74
Formatieren 64
Formatierungszeichen 79, 91
    auswählen 79
Format übertragen 78
Formatvorlage 78
Fragezeichen als Platzhalter 73
Fußzeilen 91

G
Gesamten Text markieren 63
Gliederungsansicht 102
Grafik einfügen 97
Grammatikfehler 73
Großbuchstaben 77
Groß- und Kleinschreibung 72, 77
Gruppen 62

H
Hängender Einzug 81
Hauptdokument 106, 108
Hilfesystem 113
Hintergrundfarbe 86
    in Tabellen 96

K
Kleinbuchstaben 77
Kopf- und Fußzeile bearbeiten 91
Kopfzeilen 91
Kopieren 69
Korrekturhilfen 73
Korrekturvorschläge 74

L
Lesemodus 102
Lineal 81, 85, 86
    einblenden 81
Linker Einzug 81
Linksbündig 80
Listen 85, 93

M
Manueller Zeilenumbruch 79
Markieren 63
Menüband aus- und einblenden ... 62

N
Neues Dokument anlegen 67
Neue Seite einfügen 91
Nummerierung 83

O
Öffnen 68
Optionen 73, 79, 112
Orientierung 89

P
Papiergröße 89
Phrasensuche 72
Platzhalterzeichen 73
Proportional 98

Q
QuickInfo 114

R
Rahmen 86
    erstellen 87
Rahmenlinien von Tabellen 95
Rechter Einzug 81
Rechtsbündig 80
Rechtschreibfehler 74
Rechtschreibprüfung 73
Register 62
Rich-Text-Format 105
Rubrik 100
Rückgängig 64

S

Satz markieren 63
Schattierung 86, 88
   von Tabellen 96
Schnelldruckfunktion 104
Schriftart 64, 70
Schriftfarbe 76
Schriftgrad 64, 76
Schriftschnitt 64
Seitenansicht 103
Seitenausrichtung 89
Seitenlayoutansicht 102
Seitenlinien 87
Seitennummerierung einfügen 92
Seitenränder 90
Seitenumbruch einfügen 91
Seitenzahl 91
Serienbrief 106
Seriendruck-Assistent starten 107
Seriendruckfeld 106
   einfügen 109
Silbentrennung 82
Skalierung 98
Sonderzeichen einfügen 71
Spalte markieren 94
Spaltenbreite 95
Spaltenüberschrift 106
Speichern 65
Speicherort 65
Sprungmarke 85
Standardeinstellungen 67
Standardspeicherort 113
Stern als Platzhalter 73
Suchfunktion 71
Suchoptionen 72
Symbole 70
   einfügen 70
Symbolleiste für den
   Schnellzugriff 112

T

Tabelle 106
   anlegen 93
   ausfüllen 93
   markieren 94
   verschieben 94
Tabellenbereich markieren 94
Tabellenformatvorlage 96
Tabstopp 85
Tabulator 85
Tabulatorarten 85
Tabulatortaste 85
Taskleiste 68
Tastatur 62
Text
   eingeben 62
   ersetzen 72
   kopieren 69
   korrigieren 62
   markieren 63
   suchen 71
   verschieben 69
Textkasten 86
Textverarbeitungsprogramm
   . . . . 61, 105
Trennungen 82

U

Überschreiben-Modus 63
Überschrift 91, 100
Umbruch 91

V

Verzerrung 98
Vorlage 67, 105

W

Weblayoutansicht 102
Wellenlinie 73
Wertetabelle 101
Wiederholen 64
Wiederholtes Wort löschen 74
Word 2010 61
Word beenden 66
Word-Hilfe 113
Word-Versionen 105
Wort
   einrücken 85
   markieren 63
Wörterbuch 74

Z

Zeichenformat übertragen 78
Zeichnungsobjekt einfügen 99
Zeile 62
   markieren 63, 94
Zeilenabstand 82
Zeilenhöhe 95
Zeilenumbruch 79
Zeilen und Spalten hinzufügen 94
Zellen
   gleichmäßig anordnen 95
   markieren 94
Zellengröße 95
Zentriert 80
Ziehpunkt 98
Zoom-Funktion 101
Zwischenablage 69, 97, 99

Excel 2010

A

Absolute Bezüge 139
Aktive Zelle 118
Anwendungsfenster von Excel 117
Arbeitsblatt 118, 160
   löschen 160
   umbenennen/löschen 160
   verschieben/kopieren 161
Arbeitsmappe
   anlegen/öffnen 126
   schließen 129
Arbeitsmappe speichern 124
   als Mustervorlage 162
   für ein anderes Programm 162
   für eine ältere Excel-Version . . . 162
Argument 141
Ausfüllfunktion 127
Ausrichten, Zellinhalte 133
Ausschneiden 128
Automatischer Zeilenumbruch . . . 132
AutoSumme 142

B

Balkendiagramm 147
Benutzernamen ändern 168
Berechnung von einer Bedingung
   abhängig machen 143
Bezüge
   absolute 139
   relative 139
Blattregister 124, 160
Buchhaltungsformat 130

D

Datenreihen mit der
   Ausfüllfunktion erzeugen 127
Datum eingeben 119
Datumsformat ändern 131
Dezimalstelle hinzufügen/
   ausblenden 130
Diagramm
   als Diagrammblatt speichern . . . 153
   beschriften 150
   drucken 154
   erstellen 148
   Farbe ändern 151
   Größe ändern 152
   Legende ein-/ausblenden 152
   markieren 151
Diagramm-/Achsentitel einfügen
   151
Diagrammblatt 153, 160
Diagramme
   Beschriftungen formatieren . . . 152
   Datenreihen beschriften 152
Diagrammelemente markieren/
   bearbeiten 151
Diagrammlayout zuweisen 150
Diagrammobjekt
   löschen 154
   verschieben/kopieren 154
Diagrammtyp 147
Diagrammtyp/-untertyp ändern . . . 153
Druckbereich festlegen 165
Drucken 125, 167
   Anzahl der Kopien 167
   bestimmten Bereich 167
Druckseite einrichten 163
Drucktitel 164
Druckvorschau 163

E

Einfügen 128
   Tabellenblatt 160
Ergebniszelle optisch
   hervorheben 129, 132
Ersetzen-Funktion 158
Excel
   beenden 125
   starten 117
Excel 2010 117
Excel-Hilfe 169

F

Fehler in einer Formel finden 145
Fehlerkorrektur 159
Fehlerüberprüfung 146
Fehlerwert 146
Fixieren, Zeilen/Spalten 157

Formate
löschen 136
übertragen 136
Formel
erstellen 137
Fehler finden 145
kopieren 139
mit Zellbezügen eingeben 138
Füllfarbe ändern 135
Funktion
ANZAHL 142
ANZAHL2 143
ANZAHLLEEREZELLEN 143
Argument 141
erstellen 141
MAX 142
MIN 142
MITTELWERT 142
SUMME 141
WENN 143
Funktions-Assistent 144
Fußzeile 165, 166

G
Gitternetzlinien aus-/einblenden 132
Gruppen 118

H
Hilfesystem 169
Hochformat 164

K
Konstante 139
Kopfzeile 165, 166
Kopieren 128
Formel 139
mit der Ausfüllfunktion 127
Kreisdiagramm 147

L
Liniendiagramm 147
Löschen, Formate/Zellinhalt 136

M
Markieren 120
Diagramm 151
Diagrammelemente 151
Menüband 118
minimieren 118
Minisymbolleiste 122
Mustervorlage 162

N
Namenfeld 118

O
Optionsschaltfläche 128, 129

P
Papiergröße 164
Prozentformat 130
Besonderheiten 131

Q
Querformat 164
QuickInfo 127, 170

R
Rahmenlinien verwenden 132
Rechenoperator 137

Rechtschreibfehler korrigieren 159
Register 118
Relative Bezüge 139
Rückgängig 120

S
Säulendiagramm 147
Schriftart 121
Schriftfarbe anpassen 135
Schrift formatieren 121
Schriftgrad 121
Schriftschnitt 121
Schrifttyp 121
Seitenlayoutansicht 165
Seitenränder festlegen 164
Sortieren, Tabellen 155
Spalte 118
einfügen 129
löschen 129
Spaltenbreite anpassen 119
Spaltenüberschriften
automatisch drucken 164
Standardformat 130
Standardspeicherort ändern 168
Suchfunktion 157
Suchoptionen 158
SUMME 123

T
Tabelle
auf eine bestimmte Anzahl
von Seiten drucken 164
drucken 125
Tabellenblatt 118, 124, 160
auf Formelfehler prüfen 146
einfügen 160
Tabellenkalkulation 117
Tabellen sortieren 155
Taskleiste 127
Tausender-Trennzeichen 130
Text innerhalb einer Formel 144
Textorientierung festlegen 133

V
Vergleichsoperator 143
Verschieben 128

W
Wechseln
zwischen Arbeitsblättern 160
zwischen geöffneten
Arbeitsmappen 127
Wörterbuch 159

Z
Zahlen
addieren 122
formatieren 130
Zeige-Methode 138, 141
Zeile 118
einfügen 129
löschen 129
Zeilenhöhe anpassen 119
Zeilen/Spalten fixieren 157
Zeilenüberschriften automatisch
drucken 164
Zeilenumbrüche einfügen 132
Zellbereich 120
kopieren 128

verschieben 128
Zellbezug 118
mit der Zeige-Methode
eingeben 138
Zellbezüge in Funktionen
verwenden 141
Zellen 118
ausfüllen 118
markieren 120
verbinden 134
Zellinhalt
ausrichten 133
bearbeiten/löschen/
überschreiben 120
drehen 133
ersetzen 158
löschen 136
suchen 157
Zirkelbezug 145
Zoom 155
Zwischenablage 128

PowerPoint 2010

A
Abschnitte markieren 184
Abstand einstellen 187
Abteilung 205
Aktion rückgängig machen 184
Anfasser 193
Animation 209
entfernen 209
Ansicht wechseln 181
Anwendungsfenster 173
Aufzählung 176, 187
ausfüllen 176
Aufzählungspunkt 209
Aufzählungszeichen 208
Ausgabeformat 213
Ausschneiden 182, 199

B
Balkendiagramm 200
Banner 213
Benutzername 215
Bilddatei einfügen 193
Bildgröße verändern 193
Bildschirmpräsentation
.... 173, 189, 213
Bitmap 214
BMP 214

C
ClipArt 192, 193

D
Darstellungsgröße 183
Dateiformat 213
Datenbeschriftungen 204
Datenblatt 200
Datum 207
Designs 177
Dia 213
Diagrammbeschriftung
bearbeiten 204
Diagramm einfügen 200
Diagrammelement 203
Diagrammfarben ändern 203

Diagrammfläche 203
Diagrammtitel 204
Diagrammtyp 200
   ändern 202
Direkthilfe 217
Drehpunkt 198
Drucken 212

E
Ebene 185
Effekt 209
Einfügen 182, 199
Elemente einer Folie 199
Entwurfsvorlage 177
   speichern 213
Exportieren 213

F
Farbe auswählen 186
Fett 185
Folie 173
   drucken 212
   hinzufügen 176
   vorübergehend ausblenden ... 214
Folienfenster 173
Folienlayout 192, 208
   ändern 182
Folienmaster 208
Folienmitte 197
Foliennummer 207
Folienregister 173, 178, 182
Foliensortierung 181
Folientyp 182
Folienwechsel 210
Form 205
Formatierung 177
Formen 194
Foto 194
Fußzeile 207

G
GIF 214
Gliederung 185
   speichern 213
Gliederungsansicht 184
Gruppen 174
Gruppierung 199

H
Handzettel drucken 212
Hilfesystem 216
Hintergrundfarbe 186
Horizontal
   verteilen 197
   zentrieren 197

I
Illustration 192

J
JPEG 214

K
Kopfzeile 207
Kopieren 182, 199
Korrekturvorschlag 211
Kreisdiagramm 200
Kursiv 185

L
Liniendiagramm 200
Linksbündig 187

M
Medium 213
Menüband 173
   aus- und einblenden 174
Mitarbeiter 205

N
Navigationsleiste 214
Normalansicht 189
Notiz
   drucken 212
   eingeben 189
Notizenbereich 173
Notizenseite 189
Nummerierte Liste 188
Nummerierung 188

O
Objekt 199, 208
   löschen 199
Optionen 215
Organigramm 205
   bearbeiten 206
Overheadfolie 213
Overheadprojektor 213

P
Pfeillinien 196
Platzhalter 182
   für Inhalte 192
PNG 214
PowerPoint
   beenden 179
   starten 173
PowerPoint 2010 173
PowerPoint-Hilfe 216
Präsentation 214
   betrachten 179
   exportieren 213
   öffnen 180
   schließen 179
   speichern 178
   von bestimmter Folie aus
      starten 179
Präsentationsprogramm 173

Q
QuickInfo 217

R
Rangfolge 206
Rechtsbündig 187
Rechtschreibung prüfen 211
Register 174
Reihenfolge
   ändern 198
   der Folien verändern 181
RTF 213
Rückgängig 184

S
Säulendiagramm 200
Schatten zuweisen 196
Schattiert 185
Schriftart 185, 208
Schriftfarbe 186
Schriftgrad 185, 194
Seitenformat 213
   nachträglich ändern 213
Seitenverhältnis 194
Sinnbild 192
SmartArt 205
Spaltenbreite 201
Speichern 213
Speicherort 178
Standardspeicherort 216
Statusleiste 173
Symbolleiste 173
   für den Schnellzugriff 215

T
Tabelle anlegen 190
Taskleiste 181
Text
   ausrichten 187
   formatieren 185
   markieren 184
Textfelder 196
Textplatzhalter 174, 185, 194
TIFF 214
Titel 174
Titelfolie 174, 175

U
Übergang 209
Unterpunkte 176
Unterstrichen 185
Untertitel 174

V
Vertikal zentrieren 197
Vollbildmodus 179
Vorlage 174, 213

W
Wellenlinie 211
WMF 214

Z
Zeichnungsobjekt 208
   ausrichten 197
   bearbeiten 195
   drehen 198
   kippen 198
Zeichnungsobjekte 194
   beschriften 196
   gruppieren 199
Zeilenabstand 187
Zentriert 187
Ziehpunkt 193
Zoom 183
Zwischenablage 182, 199